全国基层文化队伍培训教材
QUANGUO JICENG WENHUA DUIWU PEIXUN JIAOCAI
公 共 图 书 馆 系 列

GONGGONG TUSHUGUAN
WEICHENGNIANREN FUWU

公共图书馆未成年人服务

范并思　吕　梅　胡海荣◎编　著

北京师范大学出版集团
BEIJING NORMAL UNIVERSITY PUBLISHING GROUP
北京师范大学出版社

图书在版编目(CIP)数据

公共图书馆未成年人服务/范并思,吕梅,胡海荣编著.—
北京:北京师范大学出版社,2012.8(2016.6重印)
(全国基层文化队伍培训教材)
ISBN 978-7-303-14485-3

Ⅰ.①公… Ⅱ.①范…②吕…③胡… Ⅲ.①公共图书馆
－青少年－读者服务－业务培训－教材 Ⅳ.① G252

中国版本图书馆 CIP 数据核字(2012)第 109054 号

营销中心电话　010-58802181 58805532
北师大出版社高等教育分社网　http://gaojiao.bnup.com
电子信箱　gaojiao@bnupg.com

出版发行:北京师范大学出版社 www.bnup.com
　　　　　北京新街口外大街 19 号
　　　　　邮政编码:100875
印　　刷:北京中印联印务有限公司
经　　销:全国新华书店
开　　本:730mm×980mm　1/16
印　　张:14
字　　数:210 千字
版　　次:2012 年 8 月第 1 版
印　　次:2016 年 6 月第 4 次印刷
定　　价:28.00 元

策划编辑:马洪立　　责任编辑:李洪波
美术编辑:毛 佳　　装帧设计:毛 佳
责任校对:李 菡　　责任印制:陈 涛

全国基层文化队伍培训教材

公共图书馆系列编委会

主　编：李国新

编　委：（以姓氏笔画为序）

于良芝　吴　晞　张广钦　李东来

李超平　杨玉麟　邱冠华　屈义华

范并思　金武刚

作者简介

范并思，华东师范大学信息学系教授，华东师范大学图书馆学硕士。研究兴趣包括图书馆学基础理论、公共图书馆的管理、信息技术的应用问题。

吕梅，广东中山市中山图书馆馆长，研究馆员，中国图书馆学会青少年阅读推广委员会主任。研究兴趣包括公共图书馆管理、未成年人阅读推广等。

胡海荣，浙江温州市少儿图书馆馆长，副研究馆员，中国医科大学医学信息管理学系学士。研究兴趣包括信息技术、少儿图书馆管理、未成年人阅读推广等。

序　言

推动社会主义文化大发展大繁荣，队伍是基础，人才是关键。2007 年中央"两办"发布的《关于加强公共文化服务体系建设的若干意见》中，就对加强公共文化服务人才队伍建设作出了部署，明确提出了提高公共文化服务人才队伍思想素质和工作能力的要求。2010 年《国家中长期人才发展规划纲要（2010—2020 年）》发布之后，文化部专门部署了开展全国基层文化人才队伍培训的工作。党的十七届六中全会通过的《关于深化文化体制改革，推动社会主义文化大发展大繁荣若干重大问题的决定》，提出基层文化人才队伍是文化改革发展的基础力量的论断，要求制定实施基层文化人才队伍建设规划，完善机构编制、学习培训、待遇保障等方面的政策措施。《国家"十二五"时期文化改革发展规划纲要》对加强基层文化队伍建设、完善文化人才培训机制作出了具体部署。建设一支德才兼备、锐意创新、规模宏大、结构合理的基层文化人才队伍，成为新时期公共文化服务体系建设的重要任务。

2010 年 9 月，为落实《国家中长期人才发展规划纲要（2010—2020 年）》，文化部发布了《关于开展全国基层文化队伍培训工作的意见》，主要任务是用五年时间，对全国现有约 24 万县乡专职文化队伍和 360 多万业余文化队伍进行系统培训，促使基层公共文化队伍素质显著提高，服务能力明显增强。为此要求建立健全基层文化队伍培训工作体制和机制，建立分级负责、分类实施的培训组织体系，其中文化部负责指导各地培训、组织编写教学纲要、建设远程培训平台、培养省级师资、举办示范性培训等工作。

按照文化部的统一安排，组织编写教学纲要和教材这一任务，由国家公共文化服务体系建设专家委员会负责实施。

专家委员会在广泛征求意见、充分讨论研究的基础上，形成了培训教材编写的整体方案：教材的内容规划为"公共文化服务通论系列"、"公共图书馆系列"、"文化馆（站）系列"三大系列；教材的形式设计为培训大纲性质的教学指导纲要和系统化的教材并举，为应培训之急需，先行编写出版公共图书馆系列和文化馆（站）系列的教学指导纲要；纲要和教材的编者在全国范围内遴选一流的专家学者和富有经验的实际工作者。2012年年初，先行组织编写的《公共图书馆业务培训指导纲要》和《文化馆（站）业务培训指导纲要》由北京师范大学出版社出版，文化部免费配送至全国县以上文、图两馆及相关部门。现在呈现在读者面前的，就是在指导纲要基础上编写的系统化教材。按照计划，三大系列共17部系统化教材在2012年年内全部出齐。

就公共图书馆系列的教材而言，由于图书馆学在大学里有专业，所以"学院派"的专业教材数量并不少，但是，专门面向基层公共图书馆从业人员在职学习、岗位培训的适用教材却比较缺乏。这类不是着眼于大学专业教学，而是着眼于提高基层从业人员职业素养和业务能力的教材应该体现出什么样的特点？经过反复研究讨论，我们达成了两大共识。首先是面向实践。内容设计以我国公共图书馆服务的现实需求为牵引，以提升从业人员的职业素养和业务能力为目标，以"学得会、用得上、有实效"为检验标准，注重总结、提炼、升华实践中成功的做法、经验和案例，适应启发式、案例式、研讨式教学的需要。其次是统筹兼顾。具体说就是统筹兼顾地处理好几个关系：体系科学性、内容基本性与实践导向的关系；观念阐述、政策解读、规律概括与服务能力提升的关系；注重应知应会、方法技能与体现学科体系、专业素养的关系。

"面向实践、统筹兼顾"的共识能否真正落实到教材的内容中去，关键在"人"——编写人员。2006 年以来在中国图书馆学会、国家图书馆和全国文化信息资源建设管理中心的主持下，图书馆界连续 5 年以"志愿者行动"形式开展"基层公共图书馆馆长培训"，初步构建起了一个针对基层公共图书馆的业务培训内容体系，凝聚起了一支高水平的专家队伍，并且经历了遍及全国 25 个省市自治区、累计面对 3000 多位基层公共图书馆馆长和业务骨干讲授的实际历练。这些都为这次编写指导纲要和教材奠定了坚实基础。参加公共图书馆系列培训指导纲要和教材编写的专家，许多人参与过图书馆界的"志愿者行动"，所以他们对基层文化工作者的需要并不陌生。在实际编写过程中，我们强调每一部分的编写人员尽量做到高水平的专家教授和经验丰富的馆长、实际工作者相结合，从而为编写过程中教授和馆长的交流、观念和视野的碰撞、知识和案例的互补创造了条件，为内容上理论和实践的紧密结合奠定了基础。

　　教材不是个人专著，因此编写组通过研讨、交流乃至碰撞、争鸣而形成共识就显得尤为重要。这套教材在编写过程中，不论是大牌教授还是知名馆长，都表现出了令人敬佩的高度重视、严肃认真、团队合作、学术包容态度和精神。每本教材的主持人都组织编写人员进行了多种形式的研讨交流，从内容划分到框架体系，从章节要点到附属材料，都经过了编写团队的反复研讨打磨。三大系列所有编写人员参加的研讨会先后召开了 4 次。2011 年底公共图书馆系列和文化馆（站）系列培训指导纲要预印本印出后，分别在南京图书馆和宁波文化馆召开了有省、地、县各级公共文化服务机构代表参加的征求意见会。可以说，目前形成的教材，不仅凝聚着全体编写人员的心血，同时也包含着众多业界同仁的智慧。尽管如此，我知道问题和不足肯定还存在。欢迎使用这套教材的各级文化部门和基层文化工作者提出修改意见和建议，我们将在今后适当的时候作必要的修订。

　　推出这样一套教材，仅有编写人员的努力还不够，还应该感谢中国文化传媒集团公共文化发展中心为编写工作提供的有力保障，感谢北京师范大学出版集团高教分社的江燕副社长以及各位责任编辑为教材的出版把了最后一道关口，付出了心血和努力。

由于在国家公共文化服务体系建设专家委员会的工作关系，我本人承担了这套教材编写的组织工作，并且出任公共图书馆系列指导纲要和教材的主编。在教材出版之际，把这套教材的编写缘起和过程记录如上，算是对这项工作的一个小结，也算是为这套教材的诞生留下一点历史记录。

李国新

2012 年 3 月 30 日

前　言

　　《公共图书馆未成年人服务》是文化部"全国基层文化队伍培训教材"系列之一。其主要目的是帮助基层公共图书馆的管理者和从业人员认识未成年人服务的基本原理、历史与现状、服务的意义与基本原则，帮助公共图书馆从事未成年人服务的图书馆员了解服务的专业知识和服务技能。

　　为未成年人服务是公共图书馆的重要使命。未成年人在他们生活的社区就近便捷地享受专业的公共图书馆服务，接受知识和信息，学会阅读和获取信息的技能，这对于未成年人的身心发育、社区认同及信息素养形成的作用是无法替代的。未成年人服务对于公共图书馆也十分重要。当前我国未成年人服务在公共图书馆服务中所占比重很大，无论是进馆人数还是文献利用数量，在很多图书馆甚至超过了成年人群体。图书馆未成年人服务具有拉动效应，未成年人进入图书馆能够带动他们的监护人走进图书馆，接受图书馆服务。更重要的是，未成年人将决定图书馆的未来。他们对于图书馆服务的认同，能够为明天的图书馆服务提供优质的成年人读者。因此，如何增加公共图书馆未成年人服务项目，提升服务质量与服务水平，已经成为摆在公共图书馆管理者面前迫切需要解决的现实问题。

　　在计划经济时代，我国形成了由专门少年儿童图书馆系统提供未成年人图书馆服务的体制，而公共图书馆则游离于未成年人服务的使命之外。近年来，随着公共图书馆服务理念的更新，公共图书馆的管理者和从业人员已经掌握了为所有人提供平等服务的基本理念。但由于管理者和从业人员未能很好掌握未成年人服务的理论，同时许多公共图书馆的服务设施和服务技能也存在的问题，致使许多公共图书馆仍无法很好地开展未成年人服务。特别是在基层公共图书馆或公共图书馆服务网点，图书馆员没有意识到为未成年人提供优质服务的意义，也没有掌握为未成年人服务的专业知识。这种状况，与我国社会发展对公共图书馆服务的要求很不相符，也是我国公共图书馆服务与发达国家的主要差距之一。

本教材是文化部"全国基层文化队伍培训教材"系列中的一部，也是该系列中唯一针对特定人群的教材。本教材的核心编写团队由从事图书馆学理论研究的大学老师和研究生、从事少儿阅读研究的公共图书馆馆长和少儿图书馆馆长组成。接到本教材编写任务后，我们全面调研并细心梳理国内外图书馆未成年人服务的相关理论，分析国内外图书馆未成年人服务的理念、方法与案例，多方考察、观摩各地公共图书馆未成年人服务的精彩实践，对本教材的每一个知识点进行苛刻地审视。由于以往我国图书馆未成年人服务理论相对较为匮乏，我们缺乏现成的教材可以借鉴。但是，近年来全社会未成年人服务理念的进步，国际上对图书馆未成年人服务的长期研究，以及国内外公共图书馆未成年人服务的丰硕实践，使我们有信心不辱使命，使本教材能够对基层图书馆从事未成年人服务的队伍提升理念、开拓视野、掌握方法、熟悉技术等方面，能够有实质性的帮助。

我们认为，由于图书馆未成年人服务对于公共图书馆的重要，无论是否专门从事未成年人的图书馆从业人员都有必要了解图书馆未成年人服务的知识。同时对于由于以往图书馆专业教育中缺乏未成年人服务内容，不仅没有受过图书馆学专业教育的从业人员非常需要弥补本教材的知识，而且受过图书馆学专业教育甚至受过研究生教育的人，也非常有必要了解本教材的内容。

本书各章节的分工如下：范并思：前言；张丽、范并思：第一章和第二章；吕梅：第四章和第八章；吕梅、王显斌：第五章；胡海荣、沙新蕾、陈璇、潘芳：第三章、第六章和第七章。范并思统稿并对各章进行了修改。本书编写过程中，文化部社文司和北京师范大学出版社提供了良好的框架性指导，中山市图书馆、中国图书馆学会少儿阅读分委员会和温州少儿图书馆提供了多方面的支持，"全国基层文化队伍培训教材"编写专家给予了大量批评和建议，这些将被我们永远铭记的帮助，是我们能够完成本书的精神动力。

范并思

2012 年 3 月于丽娃河畔

目　录

第一章 公共图书馆未成年人服务概述

【目标与任务】

本章回答了什么是图书馆未成年人服务，如何开展未成年人服务的问题，包括未成年人服务的定义、对象、服务主体、服务的组织形式、各国图书馆开展未成年人服务的历史和现状，我国公共图书馆从事未成年人服务的理由及服务的原则。学习者可以通过本章的学习，了解公共图书馆未成年人服务的概况，为学习具体服务知识和技能打下基础。

第一节 未成年人服务的对象、主体和组织形式

一、定义与类型

(一)未成年人的定义

未成年人是与成人相对的概念，泛指在一定年龄段以下或未达到某一年龄段的群体。未成年人属于法律术语，在不同的国家，对未成年人的年龄上限有不同的规定，通常体现在法律或相关的政策法规中。美国规定未满18周岁的为未成年人；日本规定未满20周岁的为未成年人；印度规定男性未满16周岁、女性未满18周岁的为未成年人。在我国，"未成年人"一般指的是未满18周岁的公民，目前已经颁布的《未成年人保护法》和《预防未成年人犯罪法》都对这个概念进行了界定，将未满18周岁的这个群体统一用"未成年人"来代替。

法律术语的未成年人概念，在多数场合并不适合直接应用于未成年人的教育与服务。因此人们会根据这个群体不同年龄段表现出的特点，划分出不同的阶段。未成年人的概念等同于儿童。联合国的《儿童权利公约》对

儿童的定义是："儿童系指 18 岁以下的任何人"①；在英美等国家，面向未成年人的服务常用儿童服务表示，服务于未成年人的图书馆通常称为儿童图书馆。上述的儿童都是广义的，涵盖了从婴幼儿到青少年的所有群体。而狭义的儿童是指 12 岁以下的群体，不包括青少年。

著名的儿童教育学家朱智贤先生在《儿童发展心理学》中将儿童时期分为乳儿期（出生—1 岁）、婴儿期（1—3 岁）、学前期（3—6、7 岁）、学龄初期儿童（6、7 岁—11、12 岁）、少年期（11、12 岁—14、15 岁）和青年期（14、15 岁—17、18 岁）。② 此外在不同学科，还有一些界定儿童的不同方式。

（二）未成年人的类型

在图书馆服务领域，人们对于未成年人的分类大致同于上述标准。国际图联对未成年人群体的划分主要分为三大类：（1）婴儿和学步儿童；（2）儿童；（3）青少年。国际图联针对上述三个未成年人群体的图书馆服务颁布了三部重要的服务指南，分别是《面向婴儿和学步儿童的图书馆服务指南》(*Guidelines for Library Services to Babies and Toddlers*)；《面向儿童的图书馆服务指南》(*Guidelines for Children's Library Services*) 和《面向年轻成人的图书馆服务指南》(*Guidelines for Library Service for Young Adults*)。其中，第二部有官方译本。③ 为保持三部指南与官方译本的一致性，并符合我国对不同年龄段未成年人的称呼习惯，本书将三部指南统一译为：国际图联《婴幼儿图书馆服务指南》，国际图联《儿童图书馆服务指南》（官译本名为《国际图联儿童图书馆服务发展指南》）和国际图联《青少年图书馆服务指南》。

在美国，一般将这类人群分为两个部分——儿童和青少年，儿童通常指的是 12 岁或 13 岁以下的未成年人，又可分为婴儿、学步儿童、学前儿童和学龄儿童；青少年，通常指 14 岁以上 18 岁以下的儿童，有时也到 16 岁以下。如 1969 年美国图书馆协会最早颁布的《公共图书馆儿童服务标准》

---

① 联合国. 儿童权利公约[OL]. [2010-11-24]. http://www. unicef. org/magic/resources/CRC_chinese_language_version. pdf.

② 朱智贤. 朱智贤全集（卷四）：儿童发展心理学[M]. 北京：北京师范大学出版社，2002.

③ 国际图联儿童图书馆服务指南[OL]. [2011-12-15]. http://www. ifla. org/files/libraries-for-children-and-ya/publications/guidelines-for-childrens-libraries-services-zh. pdf.

就将儿童的年龄段界定为 0—13 岁的儿童。①

　　在英国，未成年人一般指的是 16 岁以下的儿童和青少年。1997 年出版的《儿童和青少年：图书馆协会发布的公共图书馆服务指南》中明确指出书中所指的儿童和青少年指的就是 0—16 岁这个年龄段的孩子。② 通常这类群体分为学前儿童、儿童和青少年三类；儿童和青少年一般以 12 岁为分界点。英美等国家的图书馆通常将青少年看做是不同于儿童的一类特殊的服务群体，认为他们正在完成从儿童到成年人的一个过渡，不希望被大人将其看成是孩子，希望和儿童分开，但不论从生理和心理的发展来说，他们又不是完全意义上的成年人。

　　参考上述文献，可以将图书馆服务的未成年人划分为以下类型。

1. 婴儿和学步儿童

　　根据国际图联《婴幼儿图书馆服务指南》中的规定："婴儿指的是从出生到 12 个月大的儿童；学步儿童指的是 12 个月到 3 岁的儿童。"③在我国，婴儿和学步儿童通常用婴幼儿或低幼儿童表示，指 3 岁以下的儿童。

2. 学前儿童

　　一般指入学前的幼儿，不同国家入学年龄不同，因此学前儿童的上限也不同，中国、朝鲜、日本和联邦德国为 3—6 岁，英国为 3—5 岁，法国为 2—6 岁。④

3. 学龄儿童

　　指的是达到入学年龄的儿童，可以分为三个年龄段，小学阶段为学龄初期(7—12 岁)，初中阶段为学龄中期(11、12 岁—14、15 岁)，高中阶段为学龄晚期(14、15 岁—17、18 岁)。但在图书馆服务中，常常将高中阶段划入下一年龄段。

---

　　① ALA. Subcommittee on standards for children's services in public libraries. Standards for children's services in public libraries: fifth edition[M]. American Library Association, 1969.

　　② Youth Libraries Committee of the Library Association. Children and young people: library association guidelines for public library services [M]. London: Library Association Publishing, 1997.

　　③ IFLA. Guidelines for Library Services to Babies and Toddlers [OL]. [2010-10-26]. http://www.ifla.org/Ⅶ/d3/pub/Profrep100.pdf.

　　④ 中国大百科全书编委会. 中国大百科全书：教育卷[M]. 北京：中国大百科全书出版社，1985：499.

4. 青少年

广义的青少年指满 13 周岁但不满 20 周岁的(从生理、心理的发展角度上讲),也就是少年与青年相重合的阶段,处于儿童时期之后,成人之前。但实际上,青少年指 13 岁以上到成年之前(也就是满 14 岁不满 18 岁),这段期间的人多为学生且进入一种人生的转变期。

二、服务对象

国际图联《儿童图书馆服务指南》对儿童图书馆服务目标群体的定义是:"有单个的或群体的儿童,包括:婴儿和学步的儿童、学前儿童、13 岁前的上学儿童、有特别需求的群体、父母和其他家庭成员、看护人以及从事儿童工作、儿童书籍和儿童媒介工作的成人。"①下面就对公共图书馆未成年人服务的对象进行介绍。

(一)普通未成年人

未成年人是指 0—18 岁的未成年人,通常这类人群根据入学与否又区分为学前儿童和学龄儿童两类。

1. 学前儿童

学前儿童指的是还没有达到入学年龄的儿童。这类群体通常是馆员接触较多的、比较熟悉的群体,图书馆开展的讲故事活动主要就是面向学前儿童的。由于即将到学校接受正规学习的训练,因此他们需要掌握一些基本的阅读技能,尝试独立阅读。图画书是这类人群的主要读物,一般文字较少且浅显易懂,图画作为文字的辅助,往往能够恰如其分地揭示文字的含义,帮助孩子理解文字的深层含义。孩子通过与书籍的接触,了解熟悉图书,为以后的学习打下基础。

通常图书馆将针对这类人群的服务又进一步进行细分,分为 0—3 岁和 3—5 岁两个阶段。目前我国图书馆未成年人服务还没有延伸至婴幼儿,主要面向是 3 岁及 3 岁以上的孩子,国外图书馆的未成年人服务已经将婴儿和学步儿童包含在内。由于这类人群年龄非常小,通常需要由家长或监护人带领来图书馆,因此对这类人群的服务推广主要面向的是他们的父母和

---

① 国际图联儿童图书馆服务指南[OL]. [2011-12-15]. http://www.ifla.org/files/libraries-for-children-and-ya/publications/guidelines-for-childrens-libraries-services-zh.pdf.

监护人。在英美等国家，图书馆会主动和社区的儿童保健中心合作，利用定期体检的机会向婴幼儿的父母发放宣传单，对图书馆面向此类人群的服务进行推介，希望家长能够带领孩子参加本地图书馆的活动。

2. 学龄儿童

学龄儿童通常指的是小学到中学的学生，这个阶段的孩子开始到学校接受法定的正规教育，开始系统地学习科学文化知识和社会知识。学校传授的知识成为他们最重要的知识来源。他们同时拥有学校图书馆和公共图书馆，公共图书馆不再是他们唯一可以利用的图书馆。他们在开学期间每周的周一到周五有5—8个小时在学校学习和生活，因此相对于学前儿童来讲，公共图书馆针对这类人群的服务时间非常有限。针对学龄儿童的这一特点，公共图书馆重点利用周末和寒暑假时间开展服务，并将服务重心定位于学校教育的补充和辅助。

3. 青少年

青少年通常指的是12—18岁的未成年人，国外也称为过渡期读者，他们是儿童向成年人过渡的一个阶段。这类人群比较特殊，他们不希望别人把他们看做孩子，但又不是成人，是人们通常所称的"小大人"。这类人群处于青春期，比较叛逆、固执，想摆脱父母的看管，独立自主，有自己的思想和见解，喜欢争论，对很多事物好奇，对自己也充满了好奇，开始怀疑别人或很少接受别人告诉他们的事情，希望通过自己去认识事物本来的样子，人生的价值观、世界观和个人信仰在这个阶段开始形成。对于图书馆服务而言，青少年是一个具备独立阅读能力的群体。他们既可能在图书馆打打闹闹，也可能如成年人一样长时间地在图书馆阅读；既可能对图书馆员推荐的读物感兴趣，也可能更愿意尝试自己去找到喜欢的读物。这一阶段的孩子阅读能力增强，他们开始阅读一些传记类、地理类和科学类的读物，喜欢故事情节比较复杂、文字描述比较细腻的图书，此外还有更新比较及时的期刊和杂志。

(二)有特殊需求的儿童

除了普通未成年读者外，社会上还有一类特殊的儿童。他们不同于正常的儿童，在心理或生理方面存在着某种缺陷，图书馆需要为这类群体提供特殊的图书资源和服务。如针对视力有障碍的孩子，可以为他们提供有声图书或触摸图书，并配套提供朗读或讲故事的服务。在图书馆的设计和环境布局上，要考虑到身体有障碍的孩子，保障他们能够同正常的孩子一样平等获取图书馆的资源和服务。美国公共图书馆在设计规划时通常参照《联邦残疾人法案》，在馆外预留专门的残疾人停车位，入口处设置无障碍通道，书架选择合适的高度，配备专门的残疾人座椅和电梯以及临时用的轮椅，在洗手间等公共场所尽量考虑残障人士的需求。

除了心理和生理上有障碍的孩子外，有特殊需求的儿童还包括那些智力发展超常的儿童和有读写障碍的儿童，国外的图书馆通常将英语作为第二语言的儿童包含在内，需要根据这类人群的特点和需求提供针对性的服务，如针对英语为第二语言的儿童，图书馆通常要为之提供相应的图书资源，还要尽量开展不同语言的讲故事活动，这在一定程度上为馆员挑选资源和组织活动增添了难度。

面对有特殊需求的儿童开展的服务是图书馆未成年人服务的重要部分，同时也是难度比较大的部分，这些活动的开展或完善程度通常与公共图书馆的发展水平紧密相连，目前国外在对这类人群的服务整体水平上远远高于我国。

(三)其他服务对象

公共图书馆的未成年人服务除了面向未成年人这个主要群体外，同时还承担着为与其有密切相关的人群提供服务，通常这个人群范围比较广泛，他们同馆员有共同的兴趣点和关注点——未成年人。

1. 家长或监护人

孩子的家长及监护人是图书馆未成年人服务必须首先面对的一类人群，他们需要配合馆员开展活动，使儿童能够积极参与，并确保儿童的安全。儿童能够在很小的时候使用图书馆、了解图书馆，跟家长的图书馆意识有很大关系。很多家长会陪同孩子一起来图书馆看书、帮助孩子选书，这种亲子互动和良好的关系对孩子的成长非常有帮助。因此公共图书馆应该在儿童阅览室内放置一些有关育儿方面的图书，供陪同孩子一起来图书馆读书的家长使用。很多家长对图书馆的关注和使用源于孩子，实践证明以孩子为切入点来带动家长对图书馆的使用是一种很好的推广手段，有时一个孩子能够带动爸爸、妈妈、姥姥、姥爷、爷爷、奶奶等许多人光顾图书馆。

公共图书馆面向家长和监护人的服务可分三类：(1)儿童接受图书馆

服务，家长和监护人以陪同、接送的角色来到图书馆。这时图书馆应该设计适合家长和监护人的项目，使家长与监护人能够从事适合他们需求的阅读。这样既使家长和监护人充分利用时间，丰富他们的精神生活，也能使未成年人服务不受或少受干扰，或为未成年人利用图书馆做出榜样。(2)儿童接受图书馆服务，需要家长及监护人的参与和配合，这主要是针对低幼儿童或特殊儿童的图书馆服务。这类服务需要家长和监护人参与，并配合图书馆员一起进行图书馆服务，甚至可能在儿童离开图书馆回家后继续图书馆服务。其实，现在许多公共图书馆开展的面向婴儿和学步儿童的服务就是同时面向家长与儿童的。(3)直接面向家长的图书馆服务。由家长来引导儿童利用图书馆服务往往能够取得很好的效果，这就需要提高家长利用图书馆的能力，培养他们利用图书馆的意识。因此，公共图书馆在设计未成年人服务项目时，可以设计直接开展针对家长的服务项目，例如设立家长阅读专区，成立家长学校或家长俱乐部，等等。

2. 教师

对于学龄儿童，教师是他们生活中除家长以外最有影响力的人，教师对于图书馆的态度将影响到学生对于图书馆的态度，教师对于图书馆的熟悉程度也可能影响到学生对于图书馆的利用。因此教师是公共图书馆未成年人服务关注的人群。图书馆与教师的密切配合，对于图书馆开展未成年人服务至关重要。一方面，许多教师为了更好地了解学生，会去图书馆主动了解与阅读儿童图书，成为公共图书馆未成年人服务的对象。图书馆应该为这些教师提供必要的帮助。另一方面，为了配合学校教学进度和教师备课需要，公共图书馆也会主动为教师提供一些教学参考资料，将教师纳入自己的服务对象中。公共图书馆员可以与教师密切合作，了解课程进度，开展相似主题的读书活动。很多图书馆为未成年人提供的暑期阅读主题，就是征求了教师的意见，并与学生们的暑期作业相结合而产生的。为了满足学校课程需求，公共图书馆会增订复本，开展班级借阅，如北京西城区青少年儿童图书馆和石景山区少年儿童图书馆都开设了班级借阅窗口。此外，公共图书馆的班级参观活动也是与教师合作开展的，由教师带队以班级为单位熟悉和了解图书馆。针对学龄儿童的图书馆服务开展离不开教师的支持和参与。

3. 儿童文学和儿童图书馆学专业的研究者

儿童文学专业主要以儿童读物为研究对象，儿童图书馆学专业的学生为了今后能够更好地为儿童提供服务同样也需要了解和熟悉儿童读物，因此这两类人群也成为公共图书馆未成年人服务的对象之一。各种题材、各种类型的儿童读物成为这两个专业的重点研究领域，开设相关主题的课程，进行系统的学习与研究。英国拉夫堡大学的信息科学学院开设的《儿童和图书》课程，主要就是对各类儿童读物进行研究，包括图画书、硬板书、平装书、精装书、小说、非小说、电影和电视改编版等不同题材，目前国外很多图书馆学专业下大多设有儿童图书馆学分支，儿童文学成为该方向学生的必修功课之一。一个好的儿童图书馆员必须同时具备图书馆学、儿童文学、儿童心理学和教育学等多方面的背景，对儿童读物的熟悉及了解已经成为儿童图书馆学专业学生必须掌握的一项基本技能。出于自己研究的需要和相关知识的积淀，这两类人群会经常光顾儿童图书馆，成为图书馆未成年人服务的一类对象。

4. 儿童读物作家、出版者及其他从事儿童工作的人群

儿童读物作家和出版者作为儿童读物的创造者和生产者，需要了解孩子们的阅读兴趣和阅读特点，掌握出版物的最新动态和发展趋势，因此也会经常光顾图书馆，成为公共图书馆未成年人服务的对象之一。有时为了让孩子们了解更多图书之外的故事，公共图书馆经常会请一些作家来与孩子们交流，分享自己的写作过程，与孩子们交流书中的人物以及自己最初的设想，这种与作家的见面会，往往会使孩子们更加喜欢图书，引发对某种图书的阅读热潮。其他从事儿童工作的人群，为了更好地了解自己的服务对象，也会主动使用图书馆，阅读畅销的儿童图书，参与图书馆开展的活动，因此也是图书馆开展未成年人服务时需要关注的一类人群。

5. 其他对儿童读物感兴趣的人群

儿童读物因其自身具有浅显易懂、图文并茂的特点，因此不仅受到孩子们的喜爱，也受到许多成年人的青睐。因为每个人都曾经是孩子，都有自己美好的童年回忆。色彩鲜艳、文字简洁的儿童读物能够在某一刻将他们带回到自己的孩提时代，一些优秀的儿童读物往往并不缺乏对广泛而深刻的社会主题的揭示和映射，同样能够引发读者的思考，如1961年获纽伯瑞儿童文学银奖的《时代广场的蟋蟀》就是一本成人也非常喜欢的儿童读物，因为蟋蟀柴斯特的故事引发了人们对友谊和生命关爱的思考。① 在浅阅读和快速阅读盛行的今天，儿童读物以简单的情节、短小的篇幅、深度相对较浅的文字描述受到成年人的欢迎。一些识字较少、读写能力较差的人群也喜欢儿童读物，因为这类图书阅读起来相对容易。此外，很多老人也喜欢儿童图书，在某种程度上可能跟老人的儿童心理有很大关系，因此公共图书馆的未成年人服务还必须考虑到此类人群的需求。

三、服务主体

从事未成年人服务的图书馆很多，在公共图书馆系统内，有独立建制的少儿图书馆，有公共图书馆的少儿服务部门，还有未设立少儿服务部门的基层图书馆，在公共图书馆系统外，有学校图书馆和民间图书馆等。

(一)少年儿童图书馆(少儿图书馆)

广义的少年儿童图书馆包括所有为少儿服务的图书馆及其分支，如黄宗忠认为儿童图书馆工作包括独立设置的儿童图书馆工作、各级公共图书馆的儿童分馆、儿童阅览室工作，还包括中小学图书馆工作。② 此处少儿图书馆是指公共图书馆系统内专门从事未成年人服务的具有独立建制的图书馆。少儿图书馆一般具有独立的馆舍与管理人员，有独立的经费预算，承担各级政府规定的为未成年人服务任务。近年来随着各地文化管理体制改革的进行，也有不少少儿图书馆与当地公共图书馆合并，虽然挂有两块牌子，但体制上不再独立，成为类似于公共图书馆的少儿服务部或少儿阅览室的部门。

我国是少数几个计划建立独立的少年儿童图书馆体系的国家，1980 年中央书记处下发的《图书馆工作汇报提纲》提出："在中等以上城市和大城市的各个区都要设立少年儿童图书馆。"③这一举措使得我国部分大中城市中独立建制的少年儿童图书馆迅速发展，少儿图书馆体系初步形成。虽然各地发展很不平衡，且出现很多波折，但到 2009 年底，我国仍有独立建制

---

① 纪秀荣.《时代广场的蟋蟀》：成人也喜欢的儿童读物［N/OL］(2004-11-30).［2010-10-28］. http://www.southcn.com/edu/newbook/shuxun/200411301242.htm.
② 熊钟琪. 少年儿童图书馆(室)工作［M］. 北京：北京图书馆出版社，2000：2.
③ 文化部图书馆事业管理局. 图书馆工作文件选编［G］. 文化部图书馆事业管理局，1983：2—11.

的少儿图书馆91家。少儿图书馆的存在，使得公共图书馆服务体系内有一批图书馆员专注未成年人服务，他们不断推动未成年人服务事业的发展，保证了我国公共图书馆少儿服务的专业性和高品质。不足百所的少儿图书馆与我国2 820家县级以上公共图书馆，及更多的街道乡镇社区图书馆相比，数量的确不多，但它们对公共图书馆的未成年人服务的指导、推动与示范作用，是不容低估的。

(二)公共图书馆的少儿服务部门

公共图书馆设立少儿服务部门对未成年人服务，是国际图书馆界最普遍采取的一种未成年人服务形式。这种方式的好处是便于协调服务资源，在有限的人员和场地的前提下同时做好成年人的服务和未成年人服务。在我国，由于中等以上城市和大城市的区被要求建立少儿图书馆，公共图书馆需要将自身的服务职能与服务对象区别于少儿图书馆，因此很多公共图书馆是不对未成年人开放的。这种不开放或者是没有专门用于未成年人服务的设施与文献，或者不对未成年人开放办证业务，甚至不允许未成年人进入公共图书馆，等等。进入21世纪后，我国公共图书馆逐步接受了国际图联《公共图书馆宣言》所倡导的"公共图书馆应不分年龄、种族、性别、宗教、国籍、语言或社会地位，向所有的人提供平等的服务"①的服务理念，普遍设立了少儿服务部或少儿阅览室，对未成年人开放办证等作为落实"不分年龄""向所有的人提供平等服务"的一个重要措施。

当然，由于过去我国公共图书馆服务理论不够成熟，公共图书馆未成年人服务使命的重要性远没有深入到图书馆管理者的心目中。因此，由公共图书馆的某一部门承担未成年人服务，有可能因为管理者的忽略而使这种服务边缘化。一个图书馆同时承担成年人服务和未成年人服务，有时不但没有节约资源，反而使有限的图书馆资源被浪费。

(三)街道乡镇社区图书馆

街道乡镇图书馆是我国城市三级图书馆网的组成部分，曾经是公共图书馆的最基层。不少城市都以政府发文或领导讲话的形式要求街道乡镇图书馆要有固定场地和专职管理人员。但由于城乡差别、地区差别以及各地

---

① 联合国教科文组织，国际图联. 公共图书馆宣言(1994)[OL]. [2010-07-06]. http://portal. unesco. org/ci/en/files/4638/10322529274libraman_ch. pdf/libraman_ch. pdf.

对于基层图书馆建设认识程度的差别，街道乡镇图书馆的普及程度、馆舍规模、运作方式和管理有很大差别。近年来，随着公共图书馆服务理念的改变，公共图书馆管理者为更好地将图书馆服务延伸至居民身边，将社区图书馆建设作为图书馆服务体系或总、分馆建设，使社区图书馆得到较大的发展。街道乡镇社区图书馆点多、面广，贴近居民，受到城乡居民的欢迎。

街道乡镇、社区图书馆都承担未成年人服务的任务。有些场地较为宽裕的街道乡镇图书馆在服务空间中辟出未成年人服务专用空间，吸引未成年人来到图书馆，还有些街道乡镇图书馆虽然无法设立专门的场所，但能够主动承担未成年人的任务。由于街道乡镇图书馆的服务人员十分有限，除个别地区个别图书馆外，一般不可能设立专门的未成年人服务部门，而是由一两位图书馆管理员同时承担成年人和未成年人的服务。由于未成年人服务对于图书馆员有比较特殊的、专业化的要求，在缺乏专门人员的情况下，目前街道乡镇、社区图书馆基本只能承担被动的、非专业化的服务，很难组织专门活动，进行主动的阅读推广。

(四)学校图书馆

学校图书馆也叫中小学图书馆，它们是公共图书馆系统外最大的图书馆未成年人服务机构。联合国教科文组织/国际图联《学校图书馆宣言》(也译为《中小学图书馆宣言》)指出，学校图书馆的使命是："为学习提供服务、图书和资源，使校园内所有成员成为不同形式和不同载体信息的严谨思考者和有效使用者。""学校图书馆必须为校园内所有成员平等地提供服务，而不论其年龄、种族、性别、宗教、民族、语言、职业或社会地位的差别。对于那些无法使用图书馆主流服务和资料的人，必须提供特殊的服务和资料。"①

学校图书馆的未成年人服务是学校教育的补充，它们对学校儿童的阅读起着与公共图书馆未成年人服务同样的职能。

(五)民间图书馆

民间图书馆是由非组织或私人投资举办的图书馆，近年来在我国发展迅速。民间图书馆调动社会资源参与图书馆服务，填补了公共图书馆服务

---

① 国际图联，联合国教科文组织. 学校图书馆指南[M]. 北京：北京图书馆出版社，2003：37—41.

体系的某些不足，受到人们的欢迎。民间图书馆对于未成年人阅读十分关注，它们对于未成年人阅读的许多探索，值得公共图书馆学习与借鉴。

四、服务的组织形式

不同年龄段的孩子表现出不同的心理和生理特点，为了迎合不同年龄段孩子的需要，图书馆针对每个阶段孩子的发展特点提供了不同类型的服务方式，具体如下。

(一)婴幼儿服务的组织

婴幼儿包括婴儿和学步儿童，他们基本不具备阅读能力，婴儿甚至不具备独立的行动能力。图书馆的婴幼儿服务一般是让婴幼儿在他们父母、祖父母或其他监护人带领下进行被动阅读。现代心理学和幼儿教育理论已经证明，通过被动地与书籍、声像资料或益智玩具的接触，婴儿和学步儿童能够更好、更快地形成阅读兴趣和阅读能力。

国际图联认为，"面向婴幼儿群体的图书馆服务至关重要。早期大脑发育研究表明：对婴幼儿说话、唱歌及阅读有助于他们语言能力的发展。婴幼儿身处的环境对早期阅读能力的培养起着极大的作用。所有的家庭都希望能在当地的图书馆获得一定的帮助。要营造一定的阅读环境以激发婴幼儿的阅读兴趣并吸引他们到图书馆来。图书馆要努力营造一个舒适的、乐意提供帮助的环境氛围，使人们能够在图书馆和通过图书馆寻求答案、获取信息和技能。"①

为了做好婴幼儿服务，图书馆需要有专门设计的服务场所，有受过专门训练的图书馆员，有针对婴幼儿服务的文献。婴幼儿图书馆服务对场地、馆员和文献资源的要求与针对普通儿童的服务有很大区别，这些资源的缺乏，特别是专门图书馆馆员的缺乏，成为我国公共图书馆很难开展婴幼儿服务的关键。

国际图联所确定的图书馆对婴幼儿服务的部分具体目标包括：营造一个藏书丰富的环境来鼓励婴幼儿热爱阅读及书籍；培养幼儿的多媒体操作技能和动手能力；培养婴幼儿语言能力发展；告知父母等监护人阅读及朗

---

① IFLA. Guidelines for Library Services to Babies and Toddlers [OL]. [2010-10-26]. http://www.ifla.org/Ⅶ/d3/pub/Profrep100.pdf.

读对婴幼儿语言及阅读技能的发展有着至关重要的作用；通过朗读、运用书籍、其他设施及育儿技巧等方式对父母和监护人进行培训，以此促进孩子的学习能力的发展和学前阅读技巧；运用公共图书馆中适合其年龄阶段的工具和资源对父母及监护人进行培训；养成经常光顾图书馆的习惯，并养成终身阅读的习惯；为孩子及其看护人提供聚会、分享及交流的场所；为孩子及其家庭提供一个温暖、热情和安全的场所。[①]

(二)学前儿童的服务组织

学前儿童处于阅读能力的逐步形成过程中，主动阅读能力和活动能力明显加强，成为图书馆最重要的服务对象。学前儿童逐步识字，有阅读的兴趣，已经有了明显的求知欲望，具备通过听故事、看图画书、甚至阅读简单的文字读物获取书本知识的能力，愿意尝试从文献和语言中获得对于外部世界的认识。学前儿童尚未进入正式的学校教育，相对学生而言有更多的时间进入图书馆。由于识字能力、阅读能力和阅读对象的鉴别能力尚未完全形成，他们往往需要在父母、监护人、老师或图书馆员的帮助下进行阅读。无论这类儿童的家庭能否为他们提供较好的阅读机会和阅读指导，图书馆都能为他们提供家庭阅读的补充。

图书馆对学前儿童的服务方式很多，包括绘本阅读、讲故事、亲子阅读、参与阅读等。

(三)学龄儿童的服务组织

学龄儿童开始到学校接受正规的教育，他们按部就班地学习文化知识，接受学校为他们提供的阅读资料和阅读训练，因此他们对图书馆的需求是学校教育的补充。同时学龄儿童每天要有 5—8 个小时在学校度过，离开学校后还有家庭作业、课外补习和专长培训，因此他们可利用公共图书馆服务的时间非常有限。这些特点，决定了公共图书馆对于学龄儿童的服务的特殊性。

学龄儿童又可分为小学年龄段和初中年龄段。小学年龄段儿童初步具备识字能力和阅读能力。公共图书馆为这一人群的服务，应该定位于学校教育的补充。图书馆服务更侧重学龄儿童的个性化发展，满足个人阅读兴

---

① IFLA. Guidelines for Library Services to Babies and Toddlers [OL]. [2010-10-26]. http://www.ifla.org/Ⅶ/d3/pub/Profrep100.pdf.

趣。图书馆可与学校共同组织图书馆服务，也应该为自己到图书馆的读者提供服务。图书馆对他们的服务方式如班级访问、阅读指导、暑期阅读、木偶剧、手工制作等。初中年龄段儿童已经具备较强的阅读能力和自主行动能力，图书馆服务除了继续满足他们个性化阅读的需求外，还应该侧重培养他们的信息素养，即培养他们利用图书馆的能力和获取信息的能力。图书馆应该创造条件，鼓励他们自主选择阅读方式和阅读内容。图书馆对他们的服务方式如暑期阅读、书话会、参考咨询、益智活动、展览等。

在国内外的图书馆面向学龄儿童的服务实践中，利用寒暑假和周末时间组织阅读活动是最重要的服务形式。例如在美国，暑期阅读已经成为公共图书馆面向这个年龄段提供的最主要的服务之一，据美国图书馆协会2005年的统计显示有95％的公共图书馆提供暑期阅读服务，这个比例甚至高于公共图书馆讲故事的比例（统计显示89％的公共图书馆开展讲故事活动）。[①]

（四）青少年的服务组织

未成年人群体中包含的16—18岁年龄段群体，大致相当于高中年龄段，也可称为青少年。16—18岁年龄段群体开始完成由儿童向成人的过渡，他们不再希望被当做小孩子看待，他们开始关注社会、关注时事，喜欢讨论一些时尚的、现实的话题，开始去积极地探索和认识周围的世界，逐步形成自己的世界观、人生观和价值观。

对于这一年龄段的服务，以往在我国图书馆也是一个盲区。人们或者不将这一群体纳入少儿图书馆的服务范围，或者将他们与初中阶段的学龄儿童同样对待。而在《国际图联的服务指南》中，这一群体有专门的指南。这一群体的服务特征处于成人服务和儿童服务之间，图书馆服务应该立足于培养他们的社会意识、公民意识和成人意识，除了对成年人的服务可以对他们开放外，还可提供志愿者活动、讲座（关于择校、就业、两性话题等）、展览等。

---

① SULLIVAN M. ALA Fundamentals Series：Fundamentals of Children's Services［M］. American Library Association，2005.

第二节　未成年人服务的历史与现状

一、国外图书馆未成年人服务

(一)美国图书馆的未成年人服务

美国是公共图书馆未成年人服务开展最好的国家之一，其发展历史也得到了十分系统的整理。美国公共图书馆未成年人的历史，对我们了解公共图书馆的未成年人服务有很重要的价值。根据图书馆学家们的研究，美国公共图书馆的未成年人服务可以分为以下几个阶段。

1. 19 世纪的未成年人服务

1876 年以前，美国从事未成年人服务的只有宾汉姆公共图书馆、列克星敦青少年图书馆和匹兹堡乡镇图书馆的青少年图书馆。[①] 这三家图书馆可以看做是图书馆未成年人服务的雏形。但它们并没有将成人和未成年人服务明确区分开来。1876 美国图书馆协会成立，未成年人服务逐渐受到重视。1894 年美国图书馆协会年会上 Lutie Stearns 递交了"青少年阅读报告"，建议取消年龄限制，为未成年人提供专门图书馆空间和专业人员。这次会议成为图书馆未成年人服务开始被接受的标志。卡耐基图书馆的普遍兴起进一步推动未成年人服务。卡内基图书馆将未成年人的阅览室同成人阅览室进行了分离，室内布置也更适合未成年人。

2. 20 世纪上半段美国图书馆的未成年人服务

20 世纪初阅读指导项目发展很快，馆员关心未成年人阅读图书的质量，确定了很多选书标准。1900 年美国图书馆协会成立儿童馆员部门。1919 年儿童馆员部门开始对那些对未成年人服务做出贡献的出版家、书商和馆员颁发奖项，给予奖励。

1920—1950 年这三十年，图书馆未成年人服务中青少年服务发展最快。1925 年克利夫兰公共图书馆在新馆中开放了史蒂文森阅览室，这是第一个青少年阅览室。1929 年美国图书馆协会青少年阅读圆桌会议成立，

①　KENT A，LANCOUR H，DAILY JE. Public libraries，Encyclopedia of library and information science：volume 24[M]. CRC Press，1978.

1949 年发展成为青少年馆员协会，专门对图书馆的青少年服务进行指导。

3. 20 世纪后半段美国图书馆的未成年人服务

1950 年后美国的儿童教育迅速发展，促进了美国图书馆未成年人服务的发展与转型。公共图书馆的讲故事活动在这一时期重新受关注，很多图书馆专业学校开设了讲故事的课程和口头文学。学校成为公共图书馆进行宣传和合作的对象，中小学图书馆不能满足孩子们的需求时，就向公共图书馆求助。1976 年之后美国图书馆的未成年人服务逐渐完善，拥有了专门的空间和馆藏，还拥有了专业馆员，能够针对不同年龄段未成年人发展的特点和兴趣爱好提供不同类型的图书资源，其中还包括面向低幼儿童的玩具阅览室。同其他机构之间的合作也普遍开展，尤其是与学校图书馆之间保持密切联系。

4. 21 世纪的图书馆未成年人服务

进入 21 世纪后，信息化给阅读带来的挑战使美国图书馆人进一步思考未成年人服务问题，典型的就是美国国会图书馆对未成年人开放。国会图书馆成立后的 200 多年时间里，它既不对普遍公众读者开放，更不对儿童读者开放。但在 2009 年，国会图书馆成立了儿童阅读中心对未成年人开放。国会图书馆主页上写道："国会图书馆在其历史上第一次有了一个专门为少年儿童阅读兴趣的空间，该空间就在它的历史建筑托马斯·杰弗逊建筑内。"[1]

(二)英国图书馆的未成年人服务

图书馆对未成年人提供服务的思想最早出现在英国，早在公共图书馆还没有出现之前，在英国兴起的周末学校图书馆成为孩子们读书和学习的重要场所。公共图书馆出现后，1858 年有一位馆员建议设立一个专门针对男孩子的阅览室，里面摆放经过筛选后的馆藏，1861 年这个建议被通过。第一个有历史记载的面向儿童提供服务是 1862 年曼彻斯特的一家图书馆。1865 年伯明翰公共图书馆开始对儿童借书，1882 年诺丁汉公共图书馆系统中独立出来了儿童图书馆。在 1870 年《初等教育法》的推动下，1891 年伦敦大约有 40 个图书馆提供儿童馆藏，人们越来越意识到应该在图书馆内

---

[1] KIMBERLEY RIEKEN. A new center for young readers: library opens a place for children, teens[EB/OL]. [2012-02-20]. http://www.loc.gov/loc/lcib/0911/readspace.html.

购置儿童读物。到 1898 年，英格兰和威尔士的 300 多个图书馆中有 108 个提供青少年馆藏。

第一次世界大战的爆发使英国公共图书馆儿童服务也受到了影响，如 1917 年曼彻斯特的所有儿童阅览室都关闭了。直到 1919 年《公共图书馆法》颁布，这种状况才获得好转，图书馆经费在该法中得到保障，儿童图书馆也首次获得了补助。1924 年凯尼恩委员会进行统计，宣布有 151 家公共图书馆有儿童借阅部，87 家有儿童阅览室。1920 年图书馆未成年人服务迈出重要一步，馆员组织中学生在图书馆定期聚会、交流，鼓励他们自己创办报纸，图书馆为他们预留了特定的空间，图书馆的青少年空间逐渐在图书馆内形成。① 1932 年英国图书馆协会年会上成立了一个儿童图书馆服务工作组。1937 年成立儿童图书馆员协会。

第二次世界大战结束后，随着经济好转，图书馆的儿童服务也相应有所改变，据 1954 年一项调查显示，在被调查的 468 家图书馆中，大约 70％有儿童阅览室，66％有儿童部门，22％有儿童图书中心，10％有移动图书馆。1950 年中期，各公共图书馆的分馆数量增多，每个分馆都有儿童阅览室或儿童部门。这个阶段公共图书馆开始取消儿童入馆的年龄限制，只要他们能够使用图书馆的设备就允许他们入馆，图书馆中还备有供家长和孩子共同使用的图画故事书。

专业馆员的重要性受到重视，罗伯茨委员会强调图书馆有两个岗位需要专业馆员：一个是参考咨询馆员，另一个就是儿童馆馆员。由于当时图书馆通常设置在离居民区较远的地方，很多家长不鼓励孩子到馆，因此延伸服务显得非常重要。据英国图书馆协会 1954 年的报告显示，图书馆采取了很多延伸服务方式，在 468 所图书馆中有 332 所组织图书馆课程和班级访问，占到总数的 70％；250 所有图书展览，占到总数的 54％；164 所开展讲故事活动，占到总数的 35％。

1969 年的《苏格兰公共图书馆服务标准》建议儿童图书馆最多有 8 000 册藏书，不要少于 3 000 册。馆藏中要有适合学龄前儿童的图画书和简单故事书，在成人阅览室中设置儿童图书以方便家长借阅。这些具体的指标，给各个公共图书馆提供了一个参考标准。1972 年开始，英国的图书馆学在

---

① ALEC ELLIS. Public library services for children in England and Wales, 1915-1927[J]. Journal of Librarianship and Information Science, 1970, (2): 92-106.

院校中开始开设儿童图书馆学的相关课程，所有图书馆学专业的学生都能选修。图书馆协会建议所有经过训练的公共图书馆馆员都应该有一个机会到儿童阅览部门进行工作，参加馆内举办的各类活动。

近些年来英国的图书馆未成年人服务非常重视低幼儿童服务，从阅读起跑线(Bookstart)、确保开端(Sure Start)再到每个孩子的事(Every Child Matters)，政府出台了很多政策促进低幼儿童阅读的发展，为他们提供免费的图书，鼓励家长带孩子到当地图书馆。[1] 公共图书馆将学前儿童看做自己主要的服务对象，据统计 2006 年大约有 55％的 0—14 岁儿童是公共图书馆的注册用户。图书馆以孩子为桥梁将家庭的其他成员吸引到图书馆中来，基于这个理念以孩子为核心的家庭读写活动在英国开始兴起。儿童和青少年的服务逐渐区别开来，图书馆针对不同群体提供不同的图书资源和服务，其中，16—18 岁这个特殊的群体还被单独提取出来，在儿童阅览室和成人阅览室中间有一个过渡空间，专门针对这类群体。

(三)法国图书馆的未成年人服务

法国图书馆的未成年人服务开始于 20 世纪 20 年代，1919 年法国的公共图书馆第一次开设少儿图书室，1924 年巴黎少儿图书室在美国人的资助下开馆，不过当时法国图书馆的未成年人服务发展比较缓慢，到 1939 年仅有 15 家少儿图书馆。1945 年法国的国民教育局开始设置图书馆部，但 20 世纪五六十年代法国的图书馆未成年人服务依旧没有多大起色，据统计，1956 年在巴黎及其近郊有 25 个公共阅读室或阅读角面向儿童开放，有 41 所市图书馆有少儿阅览室。1964 年在法国所有省份中只有 60 个儿童部门，其中还有很多门可罗雀。[2] 法国图书馆的未成年人服务真正发展是在 20 世纪 60 年代中期以后，80 年代之前法国图书馆的整体落后于英、美两国，80 年代密特朗执政后，政府拨给公共图书馆的经费预算比以往增加了 3 倍，于是在不到 20 年的时间里法国兴建了大批市立图书馆和外借中心，使公共图书馆馆员的编制较之以前增加了 4 倍，与此相应，法国公共图书馆的未成年人服务也得到了极大的发展。据 80 年代末对 386 个城镇的抽样调

---

① GOULDING A. Public libraries in the 21th century：defining services and debating the future[M]. Great Britain：MPG Books Ltd. Bodmin，Cornwall，2006.

② GENEVIEVE PATTE. Children's Libraries in France[J]Int. Libr. Rev，1974(6)：435-448.

查，这些城镇共有 326 个儿童阅览室。另据 1998 年对 2 486 家市立公共图书馆的调查显示，仅有 2 家没有专门设置儿童阅览室，现在仅巴黎市就有34 家少儿图书馆，其中独立建制的少儿馆 13 家。在法国，这种独立建制的少儿图书馆并不多见，1924 年开办的巴黎少儿图书室并没有为儿童留出专门空间，当时只是由馆员根据需要随意划出了一块区域供 6—17 岁的读者使用。1963 年法国才有了第一个专门设计的区域独立的少儿馆，1977年开放的公共信息图书馆少儿分部是法国第一所建筑分离的少儿馆。大多数的少儿馆是坐落在公共图书馆内部的馆中馆，与成人馆不同，少儿馆往往在内部设计上注重和凸显儿童的特点，一般色彩鲜明，装饰和布局方面体现童趣，在采光、安全、环保、实用等方面进行独特的考虑。20 世纪 80年代以来法国图书馆的儿童服务获得了大发展，目前它与英美等国家的差距已经大大缩小了。①

(四)日本图书馆的未成年人服务

日本的儿童图书馆，是随着日本近代公共图书馆的发展而发展起来的。最早出现的儿童图书馆是 1887 年大日本教育会附属书籍馆所设的小学部。这个书籍馆收藏小学生的必要书籍，15 岁以下儿童，在校长认定的图书范围内获得校长许可，即可阅览。1902 年设立的山口县立图书馆设置了儿童阅览室，这是公共图书馆首次设立的儿童阅览室。同年设立的私立大桥图书馆，也设置了 12 岁以上儿童的阅览室。1905 年，京都市下京区开设了私立修道文库，这是公认的独立的儿童专门图书馆。1908 年，作为东京市立图书馆第 1 个馆，日比谷图书馆开馆，设置了儿童阅览室，1913 年该馆开始儿童图书的外借，1914 年起，儿童阅览免费。之后，东京市各区开始设置中小图书馆，到 1921 年达到了 20 家，各馆都设置了相应规模的儿童阅览室、儿童区等。当时一般成人在图书馆阅览、外借都需一定的费用，而且这些图书都在书库闭架收藏，经卡片目录检索后提出请求才得以办理借阅。但儿童利用的图书却全部开架、免费，儿童可以自己直接在书架上选择图书。第二次世界大战的爆发，使很多图书馆被烧毁，儿童阅览室相继关闭，1947 年，国家设立了儿童专门的私立图书馆"再生儿童图书馆"，第二年，国立国会图书馆儿童室开馆，这年起全国各地的儿童室全

---

① 石宏如. 中法少年儿童图书馆事业比较[J]. 图书馆工作与研究，2002(1)：68—71.

面开展起来。1953 年在神田的再生儿童图书馆产生了儿童图书馆研究会，第二年开始发行《儿童图书馆》杂志，1954 年在第 40 次全国图书馆大会，也是战后的第一次图书馆大会上，与会代表提出了儿童图书馆问题。1956 年，日本图书馆协会公共图书馆部会儿童图书馆分科会成立。

二、中国图书馆未成年人服务

1. 未成年人服务的起步阶段

中国图书馆未成年人服务伴随着近代图书馆的产生而产生。中国近代图书馆产生于 20 世纪初，受西方国家的影响极大。由于当时英美等国图书馆的未成年人服务理论已经形成，受此影响，起步之初的近代图书馆服务很快开始了未成年人服务。

我国第一家儿童图书馆于 1912 年在湖南省双峰县青树镇成立。① 据《教育杂志》第六卷第四期所载文章《参观北京图书馆记略》中的描述，至少在 1914 年京师通俗图书馆已设立了儿童阅览室。1917 年天津社会教育办事处创办了中国最早的儿童图书馆。20 世纪二三十年代，吉林、上海、浙江、天津也先后设立了儿童图书馆。到 30 年代末，国内共建有少年儿童图书馆和少年儿童阅览室 184 个，绝大部分公共图书馆都将为少儿提供阅读服务列为自身一项正式业务工作，1940 年由应永玉以两个儿子的名字进行筹款并发起创办了上海少年儿童图书馆，这就是上海少年儿童图书馆的前身。② 宋庆龄也非常关心少年儿童，她从中国福利基金会提出部分资金在上海为儿童设立图书馆。1937 年日本侵华战争使我国图书馆事业发展出现了严重的停滞和倒退，到 1949 年，我国公共图书馆机构数量仅剩余 55 家，少儿服务基本停顿。

2. 少儿图书馆的发展与暂时停滞阶段

1949 年后少儿图书馆有了快速的发展。20 世纪 50 年代北京图书馆曾设立过儿童阅览室，在北京、上海、兰州、天津、武汉等地新建了几所独立的少年儿童图书馆和成人馆的分馆。据 1953 年统计，儿童图书馆（室）及小学图书馆机构数量达到了 212 家，北京、天津、上海、重庆、兰州、武

---

① 张建国. 我国第一个儿童图书馆考证[J]. 图书馆，1987(6)：42-44.
② 应永玉. 我国首创的儿童图书馆上海儿童图书馆[J]. 图书馆学通讯，1981(2)：88-90.

汉、沈阳、杭州先后成立了独立建制的公共儿童图书馆，全国60％的公共图书馆设立了儿童阅览室。1957年7月在上海召开了儿童图书馆（室）工作会议，促进了20世纪五六十年代少儿图书事业的迅速发展。1965年公共图书馆机构数量达到了562家，全国县以上的少儿活动站（室）约有6 850所。在"文化大革命"中，我国少儿图书馆事业受到严重破坏，少儿图书馆有的被合并，有的被迫关闭，1970年全国公共图书馆数量仅剩余323家，刚刚步入正轨的少儿图书馆事业不可避免地也遭受重创。

3. 少儿图书馆体系的形成与波折

1980年中央书记处通过《图书馆工作汇报提纲》，1981年国务院转发《关于全国少年儿童图书馆工作座谈会的情况报告》，这两个文件的发布，推动了中国儿童图书馆事业的大发展。北京、天津、上海、杭州、重庆、沈阳、兰州七个省级少年儿童图书馆迅速恢复，许多地方新建了专门的少年儿童图书馆，掀起了少年儿童图书馆事业的发展高潮。到1989年全国有区、县以上独立建制的少年儿童图书馆75所，县以上的少年儿童阅览室1 000多个。进入20世纪90年代后，公共图书馆事业陷入低谷，独立建制的少儿图书馆大量关闭或与公共图书馆合并，少儿图书馆发展遇到了波折。

4. 公共图书馆的未成年人服务阶段

进入21世纪后，公共图书馆事业在国家文化事业大发展、大繁荣的背景下迅速发展。随着公共图书馆服务体系的建立与完善，未成年人服务更多地依托公共图书馆进行。特别是在县以下图书馆或分馆的未成年人服务，推动了公共图书馆未成年人服务的发展。虽然从现有统计材料中无法看到所有公共图书馆开设未成年人服务的状况，但依据我们对公共图书馆的观察，大多数能够正常开展业务的公共图书馆及其分馆都在开展未成年人服务。少数独立建制的少儿图书馆服务仍然活跃，但由于数量太少，在图书馆未成年人服务整体中所占比重不大，它们更多是作为少儿图书馆服务的专业指导机构存在。从此，公共图书馆的未成年人服务进入了新的阶段。

第三节　图书馆未成年人服务的必要性和原则

一、图书馆未成年人服务的必要性

(一)儿童权利和儿童优先原则的要求

未成年人享有与成人平等使用图书馆的权利。根据联合国《儿童权利公约》、中国《未成年人保护法》和《中国儿童发展纲要（2011—2020 年）》的要求，儿童的各项权利应该受到社会的保护。公共图书馆作为保障公民文化权利的机构，必须承担起落实保障儿童权利的要求。儿童和青少年不能因为年龄问题受到任何限制，这一点早在《公共图书馆宣言》颁布之际就已经得到了图书馆各界人士的认可，现在为全体公民提供平等服务已经得到了广泛的社会认可，成为图书馆义不容辞的责任和义务。

"儿童优先原则"在最近颁布的《中国儿童发展纲要（2011—2020 年）》中首次明确提出，成为该纲要的基本原则之一。所谓儿童优先原则，指的是在制定法律法规、政策规划和配置公共资源等方面优先考虑儿童的利益和需求。[①] 儿童优先原则是现代社会的基本价值，公共图书馆作为社会的公益性服务机构，更有理由在服务中体现这一原则。也就是说，公共图书馆不但必须按照儿童权利的要求对儿童平等开放，不得有任何歧视，而且还应该在馆舍布局，场所及设施设计，文献资源配备，服务人员安排等方面对未成年人服务有所侧重，使未成年人能够享受到更好的服务。特别对于阅读困难儿童，公共图书馆更需要优先落实服务资源，为他们搞好服务。目前，儿童优先原则已经成为指导我国图书馆未成年人服务的基本思想。

(二)公共图书馆自身使命的要求

未成年人是公共图书馆的重要服务人群。理论上，早在 1957 年，联合国教科文组织发布"公共图书馆手册"系列，其中最后一部(第 9 部)《公共图书馆为儿童服务》提出了儿童图书馆服务的目标："儿童图书馆的目标是确保所有孩子从现在到未来，从他们第一次认识文字和图片那天到能够接受

---

① 国务院. 中国儿童发展纲要（2011—2020 年）[OL]. [2011-12-15]. http://news. xinhua-net. com/edu/2011-08/08/c_121830087. htm.

满足他们需求的正常的成年人服务之时，都能够享有足够的合适的书籍，在利益最大化条件下，他们有选择的自由但在需要时有指导。"①国际图联《公共图书馆宣言》指出公共图书馆应该不分年龄地为所有人服务，未成年人理所当然地应该成为公共图书馆的服务对象。在实践中，未成年人处于认知能力、阅读或学习能力的形成时期，他们对于公共图书馆的需求甚至大于成年人。《公共图书馆宣言》规定的 12 个使命（任务）中，有 5 个与未成年人服务直接相关：第一，"从小培养和加强儿童的阅读习惯"；第二，"支持个人自学以及各级正规教育"；第三，"为个人发展创造力提供机会"；第四，"激发儿童和青年的想象力和创造力"；……第十二，"支持和参与并在必要组织不同年龄组的扫盲活动与计划"。② 因此几乎世界上所有优秀的公共图书馆都将未成年人服务放到重要位置，并使未成年人服务成为图书馆服务创新的重要阵地。

　　良好的阅读习惯不仅关乎一个人的发展，而且也决定了一个民族的发展，因此未成年人服务对图书馆具有战略意义。朱永新在《关于设立国家阅读节的建议》中写道："一个人的精神发育史实质上就是一个人的阅读史，而一个民族的精神境界，在很大程度上取决于全民族的阅读水平。"③ 2001 年法国国家统计局的调查报告《读书从家庭开始》中指出：成年人读书习惯的"根"在童年时期已经扎下，有 2/3 爱读书的成年人，在其 8 岁至 12 岁酷爱读书，不爱读书的成年人有一半在儿童时期就不爱读书。④ 良好的阅读习惯的养成主要在孩童时期，具有良好的阅读习惯更有可能成为图书馆的优良读者。美国国会图书馆开放儿童阅览室后，众议员沃瑟曼黛比·舒尔茨在开幕式上说，"我们需要在这个世界上最伟大的图书馆激发下一代读者。"⑤这句话非常中肯地说明了图书馆未成年人服务的深远意义。

---

①　McCOLVIN LR. Public library services for children. UNESCO, 1957：15.

②　联合国教科文组织，国际图联. 公共图书馆宣言（1994）[OL]. [2010-07-06]. http://portal. unesco. org/ci/en/files/4638/10322529274libraman_ch. pdf/libraman_ch. pdf.

③　朱永新：探索中国教育发展创新之路[N/OL]. [2008-04-24]. http://news. sina. com. cn/c/2006-09-04/145010917261. html.

④　王子舟. 图书馆学基础[M]. 武汉：武汉大学出版社，2004.

⑤　KIMBERLEY RIEKEN. A New Center for Young Readers：Library Opens a Place for Children，Teens[EB/OL]. [2012-02-20]. http://www. loc. gov/loc/lcib/0911/readspace. html.

(三)儿童的发展及儿童观的形成

儿童教育学心理学成果表明，儿童是人的心理和认识能力迅速发展的重要阶段。儿童不仅需要良好的家庭教育和学校教育，也需要良好的社会公共空间。公共图书馆是一个没有门槛、紧临社区的公共空间，公共图书馆优质、专业、便捷的未成年人服务，将对儿童的全面发展起到重要的作用。

不论东方还是西方，对于儿童的发现都经历了一定的阶段。西方中世纪曾认为儿童就是一个发育完成了的微型成人，年龄的概念在他们的头脑中是模糊的。儿童是独特的，特别的，与成人不同的这种观念首先出现在法律和医学领域。一些法律认为儿童需要来自成人的保护，医学著作认识到婴幼儿的娇弱，需要成人的呵护，为他们的护理提供了特别的提示。随着全社会"儿童观"的不断进步，关心和保护儿童利益的措施和设施出现，各种探究儿童问题的学科和门类蓬勃发展，儿童图书馆和儿童图书馆学就是在这一背景下出现的。

在我国古代，学者认为儿童是成人附庸，晚清时期认为儿童是"成人生活的预备"，直到"五四"期间，随着人的发展，形成了"以儿童为本位"的现代儿童观。[①] 正如鲁迅先生曾经说过："往昔的欧人，对于孩子的误解，是以为成人的预备；中国人的误解，是以为缩小的成人。"[②]晚清时期知识分子认识到了儿童作为一种生命形式的重要价值，梁启超在《少年中国说》中将国家的希望和民族的未来寄托在少年身上，自此以后儿童就与国家危亡联系在一起，儿童的重要性开始被人们认识到。[③]"五四新文化运动"促进了人的发现，儿童的本能和本性得到了社会的重视，"儿童本位"的儿童观在中国形成。[④]

随着儿童的发现和"以儿童为本位"的儿童观的形成，人们才开始意识到儿童与成人之间的不同，儿童作为一个独立发展阶段的理论在各个领域

---

① 王黎君. 儿童的发现与中国现代文学[M]. 北京：中国社会科学出版社，2009.

② 鲁迅. 我们怎样做父亲[OL]. [2011-05-13]. http://baike. baidu. com/view/3807409. htm.

③ 梁启超. 少年中国说[OL]. [2011-05-13]. http://wenku. baidu. com/view/caa86f24ccbf-f121dd36830a. html.

④ 王黎君. 儿童的发现与中国现代文学[M]. 北京：中国社会科学出版社，2009：3—27.

不断丰富起来，图书馆也开始将这个群体分离出来，探索未成年人服务的特点。可以说没有对儿童的认识和儿童观的指导，图书馆的未成年人服务不可能达到今天的发展程度。

(四)社会阅读的基础和推动力

公民的社会阅读能力是一个国家强盛与稳定的根本，儿童的阅读是社会阅读的重要组成部分。儿童早年的阅读行为对他们的阅读兴趣与阅读能力有着至关重要的影响，而图书馆服务则是促进和干预儿童阅读行为的有效手段。因此图书馆有必要将这个群体分离出来，探索他们的服务特点，帮助他们形成良好的阅读兴趣与阅读能力。

由于未成年人还不具备独立生活的能力，自理能力也比较差，常常需要成人的照顾与陪伴，因此形成了对成人很强的依赖。正是因为他们对成人的这种依赖使得他们成为构筑起不同人群和机构之间联系的纽带和桥梁。一个孩子可以很自然地将家长、教师、馆员等不同的人群连接在一起，一个孩子也可以带动周围很多的人来图书馆。英美等国的图书馆正是看到了这一点，他们大多选择以孩子为切入点，来吸引更多的人群到馆，如他们近几年大力开展的家庭学习计划和社区融入都是通过孩子来带动整个家庭成员，很多父母表示"他们第一次来馆的经历就是陪孩子参加图书馆举办的活动"。孩子个人不仅是社会阅读的基础，由于他与各类群体之间的密切关系，使得其成为将其他群体引入社会阅读的链接点，从而推动社会阅读的不断发展。

二、未成年人服务的原则

(一)阶段性服务原则

阶段性服务原则是图书馆未成年人服务必须恪守的基本原则，是公共图书馆未成年人服务最基本、最重要的原则之一。阶段性服务原则要求图书馆针对不同年龄段的未成年人群体设计相应的服务，并且不同年龄段的未成年人服务之间能够有所衔接。未成年人是一个行为能力、心理心智和阅读能力不断发展的有机体，在不同时期心理、生理和脑认知等各个方面存在极大差异。这就使未成年人这个群体涵盖了从不具备自主的行动能力的婴儿和学步儿童到自主阅读能力完全形成的"年青的成人"等不同的人群。如果图书馆服务缺乏阶段划分，未成年人服务的服务人群就会相应缩小，服务质量大大下降。

阶段性原则体现了图书馆未成年人服务与成年人服务的差异。一个 30 岁的读者可以阅读一个 50 岁读者的图书，但我们却不能奢望一个 3 岁的孩子去阅读 12 岁孩子的图书。从 20 岁到 80 岁的人都能够自主阅读，他们的阅读方式基本一致，而每隔 3、5 年的儿童阅读方式则完全不一样，0—3 岁儿童是被动的、在监护人陪伴的阅读，4—6 岁儿童仍需要陪伴，但有了主动接受知识的能力，7—13 岁儿童，开始学校生活，图书馆对他们的服务主要集中到了周末和假期，14 岁以上儿童有了强烈的自我意识，他们更愿意像成人一样自主选择阅读内容。因为不同年龄段儿童的身体发育情况、掌握的技能、具备的能力和关注的重点都不一样，图书馆如何针对不同年龄段的孩子设计不同的服务，成为儿童图书馆学最重要的研究课题。国内外图书馆根据不同年龄段根据孩子认知水平的发展，设计了丰富多彩的针对不同年龄段孩子的图书馆活动。一般而言，服务对象的年龄阶段划分越细，项目设计越多，则表明该图书馆的服务水平越高。

(二)安全性服务原则

安全性服务原则是图书馆未成年人服务非常强调的一项基本原则，确保未成年人的安全，也是图书馆未成年人服务的前提。在为未成年人提供图书馆服务时，务必将安全性原则放到重要位置。低幼儿童大多不具备自理能力，安全意识比较薄弱；而青少年则喜动好尝试，容易出现安全问题。此外一旦出现未成年人服务的安全问题，图书馆在处理时比成年人更加急迫与复杂。

为保证未成年人的安全，公共图书馆一般应制定儿童安全政策，或在安全政策中将儿童安全单列一章。以下为《托马斯·克兰公共图书馆的儿童安全政策》中的规则条文。

(1)4 岁以下的儿童在任何时间都必须被一位负责的成年人或 14 岁以上的儿童严密看管(在视线范围内)。

(2)5—9 岁的儿童必须得到一位负责任的成年人或 14 岁以上儿童的直接看管(在图书馆内的同一房间或地方)。当儿童参加图书馆内的活动时，看管者须留在图书馆内。

(3)10 岁或以上而没有被看管的儿童必须是懂事和能够服从图书馆使用守则的。违反有关守则可导致被要求离开图书馆。一般来说，如家长或监护人认为儿童在没有看管下不能单独留在家里的话，该儿童亦不能在没人陪伴下留在图书馆内。

(4)图书馆员不会特意找出没有被看管的儿童。但若有馆员发现没有被看管的儿童或被13岁以下的儿童看管的儿童，图书馆员将会尝试在图书馆内或用电话联络他的成年看管人，并向看管人派发和解释有关图书馆儿童安全政策。若未能联络上看管人，馆员将会通知警察。

(5)13岁以下没有被看管的儿童在图书馆关门时将被视为高危儿童。图书馆职员会尝试在图书馆内或以电话联络看管人。但在关门后15分钟内仍未能联络上看管人的话，馆员将通知警察。两位馆员将陪伴该儿童直至看管人或警察到达。如家长/监护人先警察到达，馆员将向他们派发和解释图书馆儿童安全政策。如警察先抵达及接管儿童，馆员将给警察一份儿童安全政策转交予儿童的父母/监护人。

(6)图书馆因无法估计的情况下提前关门，如因天气转变或停电，职员将尝试联络缺乏陪伴儿童的看管人。如关门后15分钟内仍未能联络到看管人，职员将通知警察。两位馆员将陪伴该儿童直至看管人或警察到达。如家长/监护人先警察到达，职员将向他们派发和解释图书馆儿童安全政策。如警察先抵达及接管儿童，馆员将给警察一份儿童安全政策转交予儿童的父母/监护人。

(7)图书馆员在任何情况下均无权接送任何儿童离开图书馆。

(8)如没有被看管或高危儿童遇到医疗紧急情况，图书馆职员将拨打911要求紧急援助，然后联络家长/监护人。

(9)如家长/监护人被知会儿童安全政策后，仍然重复地让儿童单独留在图书馆内，职员将会通知警方。

(10)图书馆所有服务台都提供儿童安全政策书，并会派发给没有被看管或高危儿童的看管人。①

(三)多样性服务原则

图书馆未成年人服务一定要做到丰富多彩，形式多种多样，以吸引不同年龄、不同家庭背景、不同智能水平与个人能力，不同兴趣爱好的儿童

---

① THOMAS CRANE. Public library safe child policy[OL]. [2011-12-15]. http://www.thomascranelibrary.org/sites/default/files/Safe%20Child%20Policy%202011.pdf.

都能积极参加。多样性原则也是国际社会倡导的图书馆多元文化服务的基本要求。

多样性服务原则要求图书馆未成年人服务注意以下方面。

1. 服务对象年龄的多样性

处于不同年龄段的儿童有不同的心理、生理特点，对图书馆的需求有很大不同，因此图书馆要为每个年龄段孩子提供适合他们自身发展需要的多种服务，保障每个孩子都能找到自己喜爱的服务和活动。通常图书馆会为孩子们提供适合他们年龄段发展需要的多样性服务，如为婴儿和学步儿童提供认识自己等活动；为学前儿童提供讲故事、亲子阅读和大声朗读等活动；为学龄儿童提供班级访问、阅读指导、暑期阅读、木偶剧、手工制作等活动；为青少年提供暑期阅读、书话会、参考咨询、益智活动和展览等。

2. 服务对象智力和能力的多样性

图书馆除了应该为家庭状况较好的儿童和健康儿童提供正常的服务，还应该为家庭条件较为困难的儿童和阅读困难儿童、社会交往困难儿童等提供特殊的服务。例如，图书馆开展竞赛类活动能够提升健康儿童和高智力水平儿童的阅读兴趣，取得很好的示范效果，但也有很多儿童可能因为自身条件的限制永远无法在此类竞赛上得到鼓励。因此图书馆还应该针对他们设计其他的活动，保证活动类型的多样化。

3. 文化多样性

图书馆的未成年人服务要坚持文化多样性，保持与社会多文化性的一致，是国外公共图书馆十分注意的原则。如丹麦自 20 世纪 60 年代以后接收大量来自欧洲和讲英语地区以外的移民和难民，产生大量多元文化家庭。哥本哈根公共图书馆的一些图书馆分馆为多元文化家庭的孩子提供特殊服务：图书馆员会在孩子出生到他上学年龄期间拜访 4 次。通过讲故事，向孩子(和他的家庭)介绍不同的图书馆服务。在每次造访时，孩子都会收到一本新书。① 近年来我国由于人口流动加速和国际化加速，公共图书馆也面临服务对象的文化多样性问题。因此，在为未成年人服务时，也应该注意保持与文化多样性的一致。如在外国人、我国港澳台地区同胞、城市

---

① IFLA. 多元文化社区：图书馆服务指南(第 3 版)[OL]. [2012-12-15]. http://www.if-la. org/files/library-services-to-multicultural-populations/publications/multicultural-communities-zh. pdf.

新移民(即上海的新上海人、北京的新北京人等)、外来务工者居住较为密集的地区,图书馆应该针对他们的子女设计不同的服务。

(四)平等性服务原则

未成年人同成人一样是一个独立的个体,拥有各项权利,未成年人应该与成人一样享有平等使用图书馆的权利,不能因为年龄的问题受到任何限制。图书馆未成年人服务的平等性原则主要体现在未成年人能够自由地使用图书馆及其拥有的各种资源、提供的各项服务,享有与成人同等的权利。由于这一问题十分容易被图书馆员忽视,国际图书馆界十分重视。例如,美国《马萨诸塞州公共图书馆青少年服务标准》所确定的服务原则,第一条就是:"青少年必须享有自由、平等获取图书馆所有服务和资源的权利,包括活动、信息服务、技术、教学参考书借阅和馆际互借、虚拟服务和远程服务。"①美国图书馆协会发布的《图书馆权利宣言》及其解读中就反复提及未成年人服务问题(详见第二章)。这些解读中的有些观点对我国可能过于极端,如认为对资源和信息技术的年龄限制"无论是否得到父母的允许"都损害未成年人的权利,但它们所揭示的对于未成年人平等服务的原则值得借鉴。

公共图书馆的早期传统就是教育。杜威认为图书馆员应该像牧师一样教化民众,1949年版的《公共图书馆宣言》认为公共图书馆是"人民的大学"。在我国,图书馆界往往强调图书馆员的教育责任。在阅读领域,人们认为既然现代公共图书馆仍承担社会教育职能,那么对于读者,特别是未成年读者,图书馆员希望自己是老师,不但可以对未成年人进行经典推荐、阅读方法指导,而且可以对学生的阅读行为和阅读习惯进行干预。但是,现代图书馆学观点认为,公共图书馆的使命是服务。教育儿童是全社会的责任,图书馆员理所当然地应该指导儿童阅读。但图书馆员应该有自己的角色。图书馆员的角色应该是以优质、平等、专业的阅读服务引导儿童阅读,而不是寻求对于儿童阅读行为的直接干预。这就需要图书馆员坚持对儿童平等服务的立场,尊重未成年人的人格与个人尊严,尊重未成年人选择的自由,充分保障未成年人利用图书馆的权利。中国图书馆学会的

---

① Standards for public library services to young adults in Massachusetts[OL]. [2012-12-15]. http://www.masslib.org/yss/REVISIONFeb051.pdf.

阅读组织成立之初名为"科普与阅读指导委员会",2009 年更名为"阅读推广委员会","阅读指导"到"阅读推广"的变化,正是反映了图书馆学从教育到服务的变化趋势。

为了落实平等服务原则,图书馆需要对馆员进行读者权利意识教育和平等服务理念的教育,并且在未成年人服务环境的设计、图书馆规章制度的制定和图书馆员工的文明礼仪等方面逐一落实这一原则。

(五)便捷性服务原则

为读者提供就近便捷的服务是公共图书馆追求的服务目标,这一目标对于未成年人显得更重要。便捷性服务要求公共图书馆的服务点必须设置在未成年人容易到达的地方,包括儿童所在社区或学校附近,使他们能够方便、快捷地使用图书馆的各项服务,不能因为距离上的问题造成他们使用图书馆的障碍。

理论上,由于未成年人的行动范围较成年人更小,图书馆未成年人服务对于就近便捷服务的要求理应更高。未成年人服务应该比公共图书馆通常规定的"15 分钟服务圈"或"1 公里服务半径"有更多的服务点,才可能满足未成年人就近便捷的服务要求。当然事实上由于公共图书馆服务资源的制约,未成年人服务点一般不可能多于成年人的服务点。但是,至少所有社区的图书馆都应该面向未成年人开放,才有可能基本满足未成年人服务的便捷性要求。

除了图书馆服务网点的数量外,图书馆未成年人阅读空间在图书馆的位置、阅读空间的大小和高度、书架的高度、馆内各种指引与标识等,都是图书馆未成年人服务中应该仔细考虑的问题。

【本章小结】

我国未成年人是指18岁以下儿童,图书馆未成年人服务的对象包括未成年人和相关人群。未成年人服务主体包括少儿图书馆和其他图书馆。未成年人服务按年龄段组成。未成年人服务受到各国图书馆界的关注,服务的内容丰富多样。图书馆开展未成年人服务是由儿童权利和儿童优先原则、公共图书馆自身使命决定的。图书馆未成年人服务应该遵循阶段性、安全性、多样性、平等性和便捷性等原则。

【思考题】

1. 为什么说图书馆未成年人服务的对象不仅包括未成年人？

2. 图书馆未成年人服务应该如何进行组织？

3. 为什么有了少儿图书馆，公共图书馆仍然需要大力开展未成年人服务？

4. 什么是儿童优先原则？公共图书馆服务如何体现儿童优先原则？

5. 为什么说未成年人服务应遵循多样性原则？

【推荐阅读】

1. 菲利普·吉尔. 国际图联/联合国教科文组织公共图书馆服务发展指南. 上海：上海科学技术文献出版社，2002.

2. 国际图联儿童图书馆服务发展指南. http://www.ifla.org/files/libraries-for-children-and-ya/publications/guidelines-for-childrens-libraries-services-zh.pdf.

3. 国际图联/联合国教科文组织. 学校图书馆指南. 北京：北京图书馆出版社，2003.

4. 国务院. 中国儿童发展纲要（2011—2020 年）. http://news.xinhuanet.com/edu/2011-08/08/c_121830087.htm.

5. 联合国. 儿童权利公约. http://www.unicef.org/magic/resources/CRC_chinese_language_version.pdf.

6. 联合国教科文组织/国际图联. 公共图书馆宣言（1994）. http://portal.unesco.org/ci/en/files/4638/10322529274libraman_ch.pdf/libraman_ch.pdf.

7. 熊钟琪. 少年儿童图书馆（室）工作. 北京：国家图书馆出版社，2000.

8. 郑莉莉. 少年儿童图书馆学概论. 长沙：湖南少年儿童出版社，1990.

第二章　未成年人服务的相关理论与政策

【目标与任务】

公共图书馆未成年人服务是一项具备专门知识的服务，图书馆未成年人服务人员需要不断研究服务过程中出现的新问题，改善自己的服务。本章介绍与图书馆未成年人服务相关的基本理论和政策法规，帮助学习者研究和改善未成年人服务。图书馆未成年人服务的相关理论十分广泛，涉及一般社会科学理论和图书馆学理论，图书馆未成年人服务涉及的政策法规包括未成年人保护类政策法规和图书馆服务类政策法规。

第一节　一般社会科学理论

一、发展心理学理论

未成年人与成人的一个最大不同就是未成年人始终处于发展变化的不稳定状态中，是一个不断发展的有机体。儿童的发展大致分为三个宽泛的领域：生理发展、认知发展、情感和社会发展。[①] 其中生理发展表现为明显的外部特征的变化，认知发展、情感和社会发展是内在的，与心理变化有关，并影响到个体的行为特征。

儿童心理发展是儿童在掌握了人类知识经验和行为规范的活动中，心理机能不断经过量变和质变而实现的改造和提高的过程。[②] 尽管由于社会和教育条件在儿童身上所起的作用不同，导致了儿童个体在心理发展过程和速度上的差异，但儿童心理年龄特征表现出一定的普遍性和稳定性。这些共性的东西提炼出来就成为图书馆未成年人服务活动组织、图书资源选择、馆员对儿童引导等各项具体工作开展的指导依据。

发展心理学是专门研究人心理发展的一门科学，主要研究集中于两个

---

① ［美］劳拉·E·贝克. 儿童发展[M]. 南京：江苏教育出版社，2002：3.
② 朱智贤. 儿童心理学[M]. 北京：人民教育出版社，2009：80.

方面：一是研究人在不同的年龄阶段中的感知、记忆、思维等认知过程的发展规律和特点；二是研究人在不同年龄阶段中的情感、自我意识、道德、人际关系等社会性的发展规律和特点。

(一)埃里克森的"人格发展阶段论"

埃里克森是美国著名的新精神分析主义者，通过临床观察和经验总结及大量病例分析，提出了人格发展的 8 个阶段理论。第一阶段为婴儿期，从出生到 2 岁，这个阶段婴儿主要任务是满足生理上的需要，发展信任感、克服不信任感，体验希望的实现。第二阶段为儿童早期，从 3 岁到 4 岁，这个阶段儿童主要是获得自主感而克服羞怯和疑虑，体验着意志的实现。这一阶段发展任务的解决，对于个人今后对社会组织和社会理想的态度将产生重要的影响。第三阶段为学前期或游戏期，从 5 岁到 8 岁，这一阶段儿童的主要发展任务就是获得主动感和克服内疚感，体验目的的实现。埃里克森认为，个人将来在社会中所能取得的工作上、经济上的成就，都与儿童在本阶段主动性发展的程度有关。第四阶段为学龄期，从 9 岁到 12 岁，本阶段的发展任务是获得勤奋感而克服自卑感，体验着能力的实现。埃里克森认为，许多人将来对学习和工作的态度和习惯可溯源于本阶段的勤奋感。第五阶段为青少年期，从 13 岁到 19 岁，这一阶段埃里克森提出了"合法延缓期"的概念，他认为这是青少年承继儿童期之后，自觉没有能力持久地承担义务，感到要作出的决断很多。因此在作出最后决断以前要进入一种"暂停"的时期，用以延缓承担的义务，以避免同一性提前完结的内心需要。第六阶段是成年早期，从 18 岁到 25 岁，发展任务是获得亲密感以避免孤独感，体验着爱情的实现。第七阶段是成年中期，约至 50 岁，主要是获得繁殖感而避免停滞感，体验着关怀的实现。这里的繁殖不仅指个人的生殖力，主要是指关心建立和指导下一代成长的需要。第八阶段为老年期(成年晚期)，直至死亡，主要是获得完善感而避免失望和厌倦感，体验着智慧的实现。①

(二)皮亚杰的认知发展阶段理论

皮亚杰是当代著名的发展心理学家，它的认知发展心理学对于图书馆未成年人服务和阅读推广有重要价值。认知发展"是指主体获得知识和解

---

① 龚维义，刘新民. 发展心理学[M]. 北京：北京科学技术出版社，2004：29—31.

决问题的能力承受时间的推移而发生变化的过程和现象。认知发展心理学的任务就是要探讨这种过程和现象的规律、特点以及各种影响因素，探索潜藏在这个过程和现象背后的微观机制，为指导儿童教育实践提供科学依据。"①皮亚杰的认知发展阶段理论对于图书馆员为不同年龄段未成年人提供有针对性的服务提供了依据。

皮亚杰将儿童的认知发展划分为了四个阶段：感知运动阶段（0—2岁）、前运算阶段（2—7岁）、具体运算阶段（7—11岁）、形式运算阶段（11—15岁）。感知运动阶段主要靠感觉和运动来认识、适应周围世界，依赖于身体的互动经验。前运算阶段与感知运动阶段相比有了质的飞跃，感知运动阶段只能对当前知觉到的事物施以实际的动作进行思维，而前运算阶段由于信号功能或象征功能的出现，可以从具体的动作中摆脱出来，凭借象征性的图式在头脑中进行思维。这个阶段认知开始具备符号功能，但是判断还是受直觉思维支配，依赖于感觉而不是依赖于推理。前运算阶段分为两个子阶段，2—5岁为前概念或象征思维阶段，4—7岁为直觉思维阶段。具体运算阶段的儿童借助具体事作出一定程度的推理，但只限于眼见的具体情境或熟悉的经验。形式运算阶段能够不借助具体事物，作出符号形式的推理假设，在具体运算阶段儿童只能在联系具体事物时才能解决问题，形式运算阶段儿童已经能对命题进行运算。皮亚杰的理论非常细致，比如仅感知运动阶段又可分为六个亚阶段，每个阶段的儿童认知特征不同。② 认识发展阶段理论对图书馆未成年人服务的指导意义，一是图书馆服务要适应儿童认知发展的阶段特征；二是通过图书馆服务促进儿童认知发展阶段的过渡，提高儿童认知发展的水平。

（三）洛伦茨印刻现象与关键期/敏感期

1935年奥地利的动物学家洛伦茨通过观察发现了动物的印刻行为（imprinting），即在动物个体生命的一个特定时期，由于遇到某一特定刺激而建立的一种固定的模式。小鸡、小鸭等幼鸟对它们所遇到的第一个客体产生跟随行为，并在以后对这个客体表现出偏爱，就是最典型的例子，通常这个客体是它们的母亲。如果它们第一眼看到的不是它们的母亲，它们以

---

① 陈英和. 认知发展心理学[M]. 杭州：浙江人民出版社，1996：6.
② 同上书，37—41.

后就会错误地将自己首先遇到的这个客体当做母亲的替代物。

印刻现象是无须强化的，在一定时期内容易形成，这个时期又被称为关键期，指的就是个体发展过程中环境影响能起最大作用的时期。关键期中，在适宜的环境影响下，行为习得特别容易，发展特别迅速，但这时如缺乏适宜的环境影响，也可引起病态反应，甚至阻碍日后的正常发展。[①]在关键期内，机体对环境影响极为敏感，对微细刺激即能发生反应。人们通过观察和实验发现，2—3 岁是儿童学习口头言语的关键年龄；4—5 岁是开始学习书面语言的关键年龄。[②] 在这一阶段儿童学习东西非常快，错过这个时期，效果就会差些。因为这个时期非常短暂，必须抓住并充分利用。在这个理论的指导下，人们发现了儿童幼年的巨大潜力，开始对早期教育和早期阅读进行重视，尤其是对 6 岁以前孩子的培养。对于几岁入学从事正规学习会更好地适合儿童心理发展，儿童在某一特定年龄时期学习语文、数学的潜力会更大，从什么年龄开始对孩子进行教育更有效等问题进行研究，希望能够在最有效的时间内发挥最大的效用。

关键期的理论对于图书馆未成年人服务的意义在于促进了对儿童早期教育的重视，促使图书馆配合父母选择最佳时机对儿童进行教育，使知识技能容易为儿童掌握，智力及性格容易形成。

二、教育学理论

教育是根据一定的社会要求和受教育者身心发展的规律，由教育者对受教育者施与有目的、有计划、有系统地影响，使受教育者发生预期变化的活动。[③] 教育的过程伴随着受教育者智力和心理发展水平的变化，同时教育作为一个外部力量也是促进儿童心理发展的一个重要影响因素。教育学和心理学由于研究对象之间的重合，彼此之间存在着交叉，因此本文所说的教育学理论更加偏向于教育心理学的方向。

（一）加德纳的多元智能理论

对于智力的认识是心理学、教育学中一个重要的问题。1983 年，哈佛

---

① 中国大百科全书总编辑委员会《心理学》编辑委员会. 中国大百科全书：心理学[G]. 北京，上海：中国大百科全书出版社，1991，09：119.
② 朱智贤. 儿童心理学[M]. 北京：人民教育出版社，2009：82.
③ 莫雷. 教育心理学[M]. 北京：教育科学出版社，2007：4.

大学教授加德纳发表《智力的结构：多元智能理论》的著作，提出著名的多元智能理论。加德纳认为"智力是在特定文化背景或社会中解决问题或制作产品的非常重要的能力"，这一定义至少包括三个方面的含义：（1）智能离不开实际生活情景；（2）智能应能解决实际问题；（3）智力与创新分不开。① 加德纳认为人的智力不是单一的能力，而是多种能力构成的，不同的人会有不同的智能组合。在《智力的结构》一书中他将人类的智能分为七个范畴（后来增加至八个），分别是：语言智能、数学逻辑智能、视觉空间智能、身体运动智能、音乐节奏智能、人际关系智能、自我内省智能、自然观察智能。从中可以看出："智能并不是只有传统的语言和数学逻辑智能，还有空间、节奏、交际、自省等八种智能。"多元智能理论为教育改革提供了新方向和新思路，该理论认为人的思维只有领域的不同，而没有优劣之分、轻重之别，教师或辅导者要从不同视角、不同的层面看待每一个学习者，关注学习者的发展，针对每个孩子的差异，为他们提供具有针对性的指导。②

培养学生的多元智能发展应该从小做起。多元智能理论告诉我们，图书馆在未成年人服务中应该转变服务观念，放弃以单一语数能力和智力竞赛为核心的活动模式，更加全面地培养未成年人的智能发展。

（二）维果茨基的最近发展区理论

维果茨基的最近发展区理论是论述教学与发展关系的重要理论。最近发展区指的是儿童已经能够做的与其尚不能很好完成的之间的差距，是儿童现有的发展水平与在得到一定支持或指导的条件下可能达到的潜在发展水平之间的范围。③ 对特定任务而言，处于最近发展区的儿童差不多能够靠自己完成任务，然而，如果有了某种正确的指导，他们就能做得非常好。维果茨基认为首先要确定两种发展水平。第一种水平是现有发展水平，即儿童独立活动时所达到的解决问题的水平；第二种水平是在有指导的情况下所达到的解决问题的水平，也就是通过教学所获得的潜力。教学创造着最近发展区，第一个发展水平和第二个发展水平之间的动力状态是

---

① ② 吴志宏，郅庭瑾. 多元智能：理论、方法与实践[M]. 上海：上海教育出版社，2003：5—8.

③ 陈萍，迟立忠. 发展心理学[M]. 长春：吉林教育出版社，2001：46.

由教学决定的。① 在儿童能够掌握和内化学习内容之前，成年人(或更有经验的同伴)必须对儿童的学习进行指导和组织，就像孩子刚学习游泳时，成人首先会用手在水里托着孩子帮助他练习漂浮，当孩子能够自己控制着将身体放松成水平状态时，成人再逐渐松手，直到孩子能够自由漂浮，维果茨基的追随者把这一教学方式比喻为"搭脚手架"。② 在儿童能够独立完成任务之前，父母、老师或其他人要给儿童提供暂时的支持。在教学过程中，一方面要考虑孩子现有的发展水平，同时根据儿童最近发展区的理论给儿童提出更好的发展要求。因此，好的教学必须首先建立在正在开始形成的心理机能的基础上，同时应该适当走在心理机能形成的前面。③

图书馆可以围绕"最近发展区"设计服务活动，通过鼓励性活动让儿童看到成功的希望，获得前进的动力。

第二节　图书馆学领域

一、阅读推广理论

阅读推广是图书馆学研究的重要内容，与未成年人服务关系最为密切的阅读推广理论是分级阅读理论。分级阅读理论源于西方，到目前为止已经有 60 多年的历史，国外对于分级阅读的测评标准经过长时间的实验，通过对词汇、句法、读写能力等进行精确的划分，已经推导出相关公式，设计出合理的检测标准，指导具体实践的开展。由于汉语与英语在语词、句法等方面的差异，不能照搬西方现成的理论，目前我国还处于引进、介绍和进一步探索的阶段。

分级阅读就是按照少年儿童不同年龄段的智力和心理发育程度为儿童提供科学的阅读计划，为不同孩子提供不同的读物，提供科学性和有针对性的阅读图书。分级实际上就是分年龄，分级阅读简单用一句话概括就是"什么年龄段的孩子读什么书"，这也是儿童阅读的黄金定律。分级阅读理论就是从少年儿童的年龄(身心)特征、思维特征、社会化特征出发，研究

---

① 林崇德. 发展心理学[M]. 北京：人民教育出版社，2009：48.
② 雷雳. 发展心理学. [M]北京：中国人民大学出版社，2009：44.
③ 连榕，李宏英等. 发展与教育心理学[M]. 福建：福建教育出版社，2007：38.

适合于不同年龄阶段少年儿童阅读需要的读物并指导他们如何阅读理论。分级阅读理论是对分级阅读方法与策略的指导。阅读这一种智力活动需要有人生的阅历、经验、体识去补充、阐释和完善作品的意义。人生的阅历、经验、思想水平是与他的年龄成正比的，年龄越小，对作品的理解也就越难，分级阅读就是建立在这个认识的基础之上。分级阅读理论已经成为目前我国图书馆学界、出版界、儿童文学界、脑认知和心理发展学界共同关注的一个理论，成为指导儿童阅读开展的一个重要理论。

二、公共图书馆服务理论

公共图书馆是对全社会普遍开放的图书馆，社会管理者用公共资源建立和维护公共图书馆，向社会提供公共图书馆服务，其目的是保障公民的信息权利或者文化权利。而要做到这点，公共图书馆必须对全社会普遍开放、平等服务、人性化服务。

《公共图书馆宣言》规定公共图书馆必须对不同年龄的人提供平等服务，这意味着公共图书馆必须对未成年人开放。公共图书馆服务不能够限制对于儿童的开放，更不能因为儿童的经济状况、身体状况或地域而有所歧视。《公共图书馆宣言》还规定公共图书馆必须对不能正常使用图书馆的人提供特殊的服务，未成年人的行为能力和阅读能力处于形成过程中，属于需要公共图书馆提供特殊服务的人群。公共图书馆建立儿童阅览空间或儿童活动空间，提供儿童专用设施，配备专门服务人员，就属于提供特殊服务的范畴。

公共图书馆是促进社会包容的场所，它鼓励不同的社会群体在这个公共空间里促进相互理解，学会共存。公共图书馆通过免费服务消除经济困难家庭儿童使用图书馆的障碍，通过建立和完善公共图书馆服务体系消除远离中心图书馆家庭儿童的障碍，通过残障人士通道和残障阅读设备消除残障儿童走进图书馆和利用图书馆的障碍，通过阅读推广和阅读辅导消除识字不多儿童利用图书馆的障碍。在网络时代，图书馆承担着缩小社会信息鸿沟的使命。

三、儿童图书馆管理与服务理论

未成年人是图书馆服务的主要对象之一，也是具有特殊性的对象。图书馆未成年人服务理论首先应该考虑未成年人的特点，保障儿童权利并落实儿童优先原则。根据《儿童权利公约》的要求："缔约国尊重确保其管辖范围内每一个儿童均享受此种权利，不因儿童或其父母或法定监护人的种族、肤色、性别、语言、宗教、政治或其他见解、民族、族裔或社会出身、财产、伤残、出生或其他身份而有任何差别，"①未成年人服务必须尊重儿童权利，包括不歧视儿童；儿童的利益最大化；确保儿童的生命权、生存权和发展权的完整；尊重儿童的意见。根据儿童权利的基本要求，未成年人享有平等接受图书馆服务的权利。图书馆应尽可能减少对于未成年人服务的限制，除法律法规限制儿童阅读的文献外，尽可能对儿童开放各类服务。《中国儿童发展纲要(2011—2020 年)》确立了儿童优先原则，即在制定法律法规、政策法律法规、政策规划和配置公共资源等方面优先考虑儿童的利益和需求。② 根据儿童优先原则，图书馆必须充分考虑未成年人接受公共图书馆服务时的困难，在图书馆总分馆布局、图书馆建筑设备和装饰、馆藏文献资源建设、人员配备、规章制度及图书馆服务理念等各个方面全方位落实儿童优先原则。

　　由上述原则出发，图书馆学内部派生出内容丰富且独特的儿童图书馆的管理与服务理论。这一理论是公共图书馆未成年人服务的研究和从业人员必须掌握的。

第三节　相关政策与法规

一、有关儿童权利的国际文件

　　联合国的许多文件中都有儿童条款，其中与图书馆服务关系最密切的是《公民权利和政治权利国际公约》和《儿童权利公约》。

(一)《公民权利和政治权利国际公约》

　　《公民权利和政治权利国际公约》是联合国在《世界人权宣言》的基础上

---

　　① 联合国. 儿童权利公约[OL]. [2010-11-24]. http://www.unicef.org/magic/resources/CRC_chinese_language_version.pdf.

　　② 国务院. 中国儿童发展纲要(2011－2020 年)[OL]. [2011-12-15]. http://news.xinhuanet.com/edu/2011-08/08/c_121830087.htm.

通过的一项公约，1966 年由联合国大会决议通过，1976 年生效。它以法律形式具体规定了公民权利和政治权利等个人权利和基本自由，在国际人权领域具有重大影响，在促进和保护人权方面具有积极意义，目前已为大多数国家接受，我国政府于 1998 年 10 月 5 日在联合国签署了《公民权利和政治权利国际公约》。该公约共 6 部分 53 条，其中第 24 条是针对未成年人的，它提出："每一个儿童应享受家庭、社会和国家为其未成年人地位给予的必要保护措施，不因种族、肤色、性别、语言、宗教、国籍或社会出身、财产或出生而受任何歧视。"①

该条的基本精神对全球儿童政策产生重大影响，它也是公共图书馆从事未成年人服务时必须遵循的基本精神。公共图书馆未成年人服务实践中遇到的许多问题，应该以这一基本精神作为判别的主要依据。

(二)《儿童权利公约》

《儿童权利公约》是第一部全面对儿童权利进行保障并具有法律约束力的国际性约定。1989 年 11 月 20 日第 44 届联合国大会第 25 号决议通过，1990 年 9 月 2 日正式生效，目前已获得 193 个国家批准，已经有超过 70 个国家将该公约有关条款的有关规定纳入到了国家立法之中，它已成为世界上广为接受的公约之一。

《儿童权利公约》共有 54 项条款，它所确立的最基本的权利为四种，即生存权、受保护权、发展权和参与权。该《公约》确立了 4 项基本原则：不歧视原则，儿童的最大利益原则，确保儿童的生命权、生存权和发展权的完整原则，尊重儿童的意见原则。

《儿童权利公约》中规定的儿童所应享有的四项基本权利中与图书馆联系密切的是发展权，图书馆能够为儿童精神、智力、品德、性格等各项因素的发展提供资源、服务、设备和环境等支持。《儿童权利公约》规定缔约国应该确认每个儿童均有权享有足以促进其生理、心理、精神、道德和社会发展的生活水平(第 27 条)；最充分地发展儿童的个性、才智和身心能力；培养对儿童的父母、儿童自身的文化认同、语言和价值观、儿童所居住国家的民族价值观、其原籍国以及不同于本国的文明的尊重；培养儿童

---

① 联合国. 公民权利和政治权利国际公约[OL]. [2010-07-15]. http://www.un.org/chinese/hr/issue/docs/3.PDF.

本着各国人民、族裔、民族和宗教群体以及原为本地居民的人之间谅解、和平、宽容、男女平等和友好的精神，在自由社会里过有责任感的生活（第 29 条）；确认儿童有权享有休息和闲暇，从事与儿童年龄相宜的游戏和娱乐活动，以及自由参加文化生活和艺术活动，尊重并促进儿童充分参加文化和艺术生活的权利，应鼓励提供从事文化、艺术、娱乐和休闲活动的适当和均等的机会（第 31 条）。① 公共图书馆作为文化事业机构在保障儿童平等、自由获取各项资源，促进儿童身心健康发展方面有着不可推卸的责任。公共图书馆如果因为自己的服务政策将未成年人排除在服务范围之外，或因服务设施达不到要求无法开展未成年人服务，将违背《儿童权利公约》的某些规定。

二、联合国教科文组织/国际图联的两部宣言

国际图联发布过许多宣言类文件，其中最重要的文件常常同时也由联合国教科文组织发布。《公共图书馆宣言》和《学校图书馆宣言》就是这样的宣言类文件。这两部宣言对公共图书馆未成年人服务具有很直接的指导意义。

(一)《公共图书馆宣言》

《公共图书馆宣言》1949 年由联合国教科文组织发布，现在通行的是1994 年联合国教科文组织和国际图联联合发布的版本，共分为"公共图书馆、公共图书馆的任务、资助、法规与网络及本宣言的实施"等几部分。《公共图书馆宣言》的主要思想是联合国教科文组织鼓励各国政府支持并积极参与公共图书馆的发展，基本服务原则就是对所有人平等服务与无偿服务。它陈述的是国际公共图书馆的原则声明，代表了整个行业的声音，因此成为公共图书馆界的纲领性文件和各国图书馆事业发展的行动指南。

1994 年修订的《公共图书馆宣言》中明确规定："公共图书馆应不分年龄、种族、性别、宗教、国籍、语言或社会地位，向所有的人提供平等的服务，""不同年龄的人都应该在图书馆中找到适合其需要的资料。"从而保障了未成年人使用图书馆的权利。在公共图书馆的 12 个使命（任务）中，第

---

① 联合国. 儿童权利公约[OL]. [2010-11-24]. http://www.unicef.org/magic/resources/CRC_chinese_language_version.pdf.

一个就是"从小培养和加强儿童的阅读习惯",此外,还有很多任务都与未成年人密切相关,如"支持个人自学以及各级正规教育"、"为个人发展创造力提供机会"、"激发儿童与青年的想象力和创造力"、"支持与参与并在必要时组织不同年龄组的扫盲活动与计划"等。①

《公共图书馆宣言》是公共图书馆发展过程中非常重要的一个文件,带有图书馆界根本大法的意味。《公共图书馆宣言》对政府、公共图书馆管理者和从业人员提出了明确的要求,是各国图书馆事业发展都必须遵循的准则。《公共图书馆宣言》有关不分年龄平等服务的要求和有关未成年人服务的使命陈述,从法理上规定了公共图书馆未成年人服务的必要性和服务范围。

(二)《学校图书馆宣言》

《学校图书馆宣言》在 1980 年由国际图联在菲律宾首都马尼拉召开的中小学图书馆会议上通过,并于当年 12 月由联合国教科文组织正式发布。20 年后,为了适应科技进步和社会发展的需要,适应教育信息化的要求,国际图联和联合国教科文组织联合倡导,于 1999 年 11 月在联合国教科文组织的全体会议上批准通过了新的《学校图书馆宣言:全员教与学中的中小学图书馆》。②《学校图书馆宣言》奠定了中小学图书馆开展的各项基本原则,突出了中小学图书馆在教育发展中的重要作用,全世界各个国家和地方的图书馆决策者都应该认真贯彻执行宣言中的各项原则。

《学校图书馆宣言》(新版宣言)规定中小学图书馆服务的宗旨是"向学校辖区内的所有成员提供平等的服务,不论他们年龄、种族、性别、宗教、国别、语言、专业和社会地位的差异,向不能获得图书馆正常服务和资源的用户提供特殊服务",保障学校辖区内的所有人都能享受到图书馆的服务。因为实践证明,只有当图书馆员和教师密切合作,图书馆在教学过程中充分发挥作用时,学生们的文字能力、阅读能力、学习能力、解决问题能力、获取知识和交流技术的技能才能得到更进一步的提高,因此中小学图书馆成为教育活动中不可缺少的部分。该宣言还对中小学图书馆服

---

① 联合国教科文组织/国际图联. 公共图书馆宣言(1994)[OL]. [2010-07-06]. http://portal. unesco. org/ci/en/files/4638/10322529274libraman_ch. pdf/libraman_ch. pdf.

② IFLA/UNESCO. School library manifesto: the school library in teaching and learning for all[OL]. [2011-07-11]. http://archive. ifla. org/Ⅶ/s11/pubs/manifest. htm.

务开展中所必需的因素——资金保障、图书馆员、服务内容等作了基本阐述。① 目前，《学校图书馆宣言》已经成为世界各国图书馆员提升中小学图书馆形象的依据。

三、国际图联的四部服务指南

为规范和指导图书馆服务，国际图联有关委员会制定了一系列指南/标准类文件，这些文件并不具备法律的约束性，只是为各国图书馆开展服务提供了一个参照的框架。国际图联的四部服务指南：《婴幼儿图书馆服务指南》、国际图联《儿童图书馆服务指南》、国际图联《青少年图书馆服务指南》和《国际图联公共图书馆服务指南》（原名为《公共图书馆服务：国际图联/联合国教科文组织发展指南》），是各国公共图书馆开展未成年人服务参考的主要依据。

(一)国际图联《婴幼儿图书馆服务指南》

国际图联《婴幼儿图书馆服务指南》由儿童和青少年服务部同国际图联其他部门联合制定，2007 年发布。基于脑认知发展科学所作的儿童早期读写锻炼对语言发展产生影响的实验结果，图书馆面向低幼儿童的服务重要性越来越受到重视。该指南即在此背景下产生的，并面向自出生—12 个月的婴儿、12 个月—3 岁的学步儿童、他们的家庭成员、早期读写机构、服务于低幼儿童的各种服务机构、教育者、健康护理专业人员、以服务儿童、图书和各种媒介为对象的工作人员。

该指南共分为四个部分：第一部分包括基本情况的介绍、指南目的和指南面向的读者；第二部分包括儿童图书馆的使命、满足三岁以下儿童家庭的需求、目标群体、服务于婴儿和学步儿童的目标、服务、馆藏和筛选标准、环境、合作、宣传推广、馆员、管理、评估和资金；第三部分是一个清单，针对每一个具体问题，分为需要考虑、规划中、已经在规划之中、完成和评估四个选项，以了解每个问题目前的状态；第四部分是各国精选出的优秀案例。②

---

① IFLA/UNESCO. School library manifesto: the school library in teaching and learning for all[OL]. [2011-07-11]. http://archive. ifla. org/Ⅶ/s11/pubs/manifest. htm.

② IFLA. Guidelines for library services to babies and toddlers[OL]. [2011-07-08]. http://archive. ifla. org/Ⅶ/d3/pub/Profrep100. pdf.

(二)国际图联《儿童图书馆服务指南》

国际图联《儿童图书馆服务指南》由国际图联儿童和青少年服务部制定,1991 年初次发布,2003 年发布最新修订版。目前该指南被翻译成了 15 种语言,其中 13 种都能够通过国际图联网站方便地获取。主要面向的群体包括:13 岁以下的儿童,包括婴儿和学步儿童、学前儿童、13 岁以下的在校生、特殊需求群体、家长及其他家庭成员、监护人、其他以儿童、图书和各种媒介资源为服务对象的成人。目的就是通过提供各种资源和讲故事等服务活动为孩子提供一个良好的读书环境,掌握自我学习的技能,形成终身学习习惯,今后能够积极地参与社会活动推动社会发展。

该指南共分为三部分:第一部分是儿童图书馆的使命;第二部分是满足儿童的需求、服务群体、目标、经费、馆藏及其筛选标准、空间、服务、合作网络、宣传推广、馆员、管理和评估;第三部分是寻求更多的帮助和补充信息,通过倡导鼓励更多的人加入并投身于图书馆儿童服务中来。①

(三)国际图联《青少年图书馆服务指南》

国际图联《青少年图书馆服务指南》于 1996 年由儿童和青少年服务部制定,2006 年最新修订。目的是为图书馆的青少年服务开展提供一个可供参考的框架,修订版增加了最佳实践部分,选取各国做得比较好的青少年服务活动为例,通过将前面的文字描述和后面的具体实践活动相结合,使指南变得更加形象、生动,此外在指南的最后还附有图书馆自我评估的列表和青少年健康成长所需的 40 个有利条件,以供图书馆和教育部分参考使用。②

该指南共分为六个部分:第一部分的内容包括指南简介、指南目标、面向的群体、服务青少年的目标和使命;第二部分的内容包括服务对象的界定(主要是 12—18 岁的青少年)、服务对象的需求、服务、推荐服务的实例、活动和青少年的参与、推荐活动的实例、馆员;第三部分内容包括同

---

① 国际图联儿童图书馆服务指南[OL]. [2011-12-15]. http://www.ifla.org/files/libraries-for-children-and-ya/publications/guidelines-for-childrens-libraries-services-zh.pdf.

② IFLA. Guidelines for library services for young adults[OL]. [2011-06-17]. http://archive.ifla.org/Ⅶ/s10/pubs/ya-guidelines-en.pdf.

其他机构的合作，细分为同教育机构的合作、同文化机构的合作、同其他
服务于青少年的专业机构的合作；第四部分是规划和评估，主要是对服务
的评估，其中有五个基本的评估指标，分别为青少年馆藏的人均流通量、
青少年人均馆藏费用、青少年人均馆藏拥有量、青少年人均借阅率、青少
年参加项目的人均数量；第五部分是宣传推广与促进；第六部分为精选的
优秀案例；最后是两个索引，一个是图书馆自我评估的清单，共分为四个
等级(与国际图联《婴幼儿图书馆服务指南》的清单所列四个等级是相似
的)，另一个是青少年发展的 40 个有利条件，分为外部条件和内部条件。
外部条件包括支持、授权/激励、界线与期望、时间的有效利用；内部条
件包括学习保证、树立正面的价值观、社会竞争力、自我肯定。

(四)《国际图联公共图书馆服务指南》

2001 年，国际图联发布由菲利普·吉尔主持的工作小组代表公共图书
馆委员会起草的《公共图书馆服务：国际图联/联合国教科文组织发展指
南》①，该指南中文译名为《公共图书馆服务发展指南》，于 2002 年在我国
出版。中译本包括译序、前言、导论、主体、附录和参考文献，主体部分
共六章：(1)公共图书馆的作用与目标；(2)法律与经济制度；(3)适应用
户的需求；(4)馆藏建设；(5)人力资源；(6)公共图书馆的管理与宣传。
2010 年，该指南改为《国际图联公共图书馆服务指南》②，第一章改为"1 公
共图书馆的使命与目标"，第六章拆分为"6 公共图书馆管理"和"7 公共图
书馆营销"，其他部分也进行了一些修改。

该指南两个版本对于未成年人服务的论述一致，均在第一章声明了公
共图书馆对于未成年人服务的责任，并在第三章有两个小节分别论述为儿
童服务和为青少年服务。该指南称通过提供大量的资料和举办各种活动，
图书馆为儿童提供了一个体验阅读乐趣、探索知识的激情和丰富他们想象
力的机会。公共图书馆应培养孩子和家长们如何充分利用图书馆的能力以
及使用纸质和电子载体资源的技能。公共图书馆负有支持儿童学会阅读、
为他们推荐书籍和其他载体资料的特殊责任。公共图书馆必须为儿童开展

---

① The public library service：IFLA/UNESCO guidelines for development [OL]．[2011-12-
15]．http://archive.ifla.org/Ⅶ/s8/proj/publ97.pdf.

② IFLA Public library service guidelines(2010)[OL]．[2011-12-15]．http://www.ifla.org/
en/publications/ifla-publications-series-147.

如讲故事之类的一些特别活动，以及开展与图书馆服务和资源相关的其他活动。应该鼓励孩子们从小使用图书馆，因为这样就更有可能使他们日后一直成为图书馆的忠实读者。①

四、国家图书馆行业组织宣言

(一)《图书馆权利宣言》及有关解读

《图书馆权利宣言》(*Library Bill of Rights*)由美国图书馆协会于1939年制定，之后多次修订。该宣言采用美国宪法修正案《权利法案》(*Bill of Rights*)作为标题，表明它具有图书馆界的"宪法"意味。《图书馆权利宣言》共6个条款，其中第5条"个人利用图书馆的权利不应因为出身、年龄、背景或观点的原因而受到拒绝或消减"为未成年人使用图书馆提供了依据。为帮助协会成员理解和执行《图书馆权利宣言》，美国图书馆协会相继发布了20多个解读条款，其中与儿童和青少年有关的有四个：《未成年人自由利用图书馆》是专门针对图书馆年龄限制问题做的进一步解释，提出了"使用图书馆的权利包括自由获取，不受限制的使用图书馆提供的所有服务、资源和设施。任何以年龄、教育背景、读写能力为借口对图书馆资源进行限制获取或使用都违反了第五条的内容"；《儿童和青少年利用非印刷资料》是对《图书馆权利宣言》第5条内容的进一步深化，确保了未成年人对磁带、CD、DVD、计算机游戏、软件和数据库等新兴非印刷资料的使用；《学校图书馆媒体计划中资源与服务的利用》认为馆员需要积极营造一种知识自由的氛围，确保所有的学生都能够平等享受学校图书馆的设备、资源和各种服务；《未成年人与网络的互动性》从网络环境下信息资源的自由使用方面进行了更深入的阐述，同样是围绕《图书馆权利宣言》第5条内容确立的基本原则展开论述的。②

(二)《图书馆服务宣言》

2008年10月，中国图书馆学会发布《图书馆服务宣言》，该宣言包括

---

① 菲利普·吉尔. 国际图联/联合国教科文组织公共图书馆服务发展指南. 上海：上海科学技术文献出版社，2002：28—29.

② ALA. Interpretations of the library bill of rights[OL]. [2011-12-15]. http://www. ala. org/ala/aboutala/offices/oif/statementspols/statementsif/interpretations/Default675. cfm.

导言和七个条款。导言中宣布中国图书馆人接受了对社会普遍开放、平等服务、以人为本的基本原则。七个条款中规定图书馆要保障全体社会成员普遍均等地享有图书馆服务，消除弱势群体利用图书馆的困难，促进全民阅读。① 该宣言虽然没有直接提及未成年人服务，但它提出的基本服务原则和具体条款，能够指导我国公共图书馆从事未成年人服务。

五、中国的相关政策与文件

(一)《中华人民共和国未成年人保护法》

《中华人民共和国未成年人保护法》于 1991 年通过，2006 年中华人民共和国主席令第六十号公布，于 2007 年 6 月 1 日起实行。该法共 7 章 72 条，第一章：总则；第二章：家庭保护；第三章：学校保护；第四章：社会保护；第五章：司法保护；第六章：法律责任；第七章：附则。其中与儿童图书馆相关的条款主要集中于第四章，分别是："爱国主义教育基地、图书馆、青少年宫、儿童活动中心应当对未成年人免费开放；博物馆、纪念馆、科技馆、展览馆、美术馆、文化馆以及影剧院、体育场馆、动物园、公园等场所，应当按照有关规定对未成年人免费或者优惠开放"；"县级以上人民政府及其教育行政部门应当采取措施，鼓励和支持中小学校在节假日期间将文化体育设施对未成年人免费或者优惠开放；"主要强调了图书馆要免费向儿童和青少年开放，保障他们使用图书馆的权利不因年龄问题而受到限制。②

(二)《中国儿童发展纲要(2011—2020 年)》

继《九十年代中国儿童发展规划纲要》和《中国儿童发展纲要(2001—2010 年)》颁布后，新一轮的儿童发展纲要——《中国儿童发展纲要(2011—2020 年)》于 2011 年 8 月出台。新纲要参照了我国儿童发展的实际情况，依照《中华人民共和国未成年人保护法》等相关法律制定，并遵循了联合国《儿童权利公约》的宗旨。新纲要从儿童健康、教育、福利、法律保护和环境 5 个领域提出了儿童发展的主要目标和策略措施，设置了未来 10 年的

---

① 中国图书馆学会. 图书馆服务宣言. 中国图书馆学报，2008(6)：5.
② 中华人民共和国未成年人保护法[OL]. [2011-09-14]. http://www.gov.cn/flfg/2006—12/29/Content_554397.htm.

52 项主要目标，提出了 67 项策略措施。新纲要共 5 个部分：(1)指导思想和基本原则；(2)总目标；(3)发展领域、主要目标和策略措施；(4)组织实施；(5)监测评估。新纲要从立法、执法层面体现了儿童优先原则，为未来十年我国儿童生存、发展、受保护和参与权利的获取提供了保障。

该纲要与儿童图书馆事业密切相关的条款是："培养儿童阅读习惯，增加阅读时间和阅读量。90％以上的儿童每年至少阅读一本图书；增加县、乡两级儿童教育、科技、文化、体育、娱乐等课外活动设施和场所，坚持公益性，提高利用率和服务质量。"针对此的实施策略："为儿童阅读图书创造条件。推广面向儿童的图书分级制，为不同年龄儿童提供适合其年龄特点的图书，为儿童家长选择图书提供建议和指导。增加社区图书馆和农村流动图书馆数量，公共图书馆设儿童阅览室或图书角，有条件的县(市、区)建立儿童图书馆。'农家书屋'配备一定数量的儿童图书。广泛开展图书阅读活动，鼓励和引导儿童主动读书"。[①]

六、图书馆工作文件

(一)20 世纪 80 年代出台的两个重要工作文件

1.《图书馆工作汇报提纲》

《图书馆工作汇报提纲》是中国国家文物事业管理局向中共中央书记处提交的有关中国图书馆事业的汇报文件，中央书记处 1980 年 5 月第 23 次会议通过。该提纲共分三个部分：(1)基本情况，回顾了新中国事业 30 年的历程。(2)当前存在的主要问题，表现在五个方面：①事业规模亟须发展；②图书馆的物质条件困难；③图书馆之间缺乏必要的协作与协调；④专业干部；⑤有些主管部门不重视图书馆工作。其中在①中提到了儿童图书馆"除北京、上海、天津、武汉、重庆外，儿童图书馆在我国基本上还是空白，给少年儿童的课外阅读和自学造成很大的困难"。(3)对今后工作的几点意见，提出了五点解决方法：①发展图书馆事业；②改善图书馆条件；③加速北京图书馆新馆建设；④发展图书馆教育和科研事业，加速图书馆专业人员的培养；⑤加强和改善对图书馆事业的领导。其中①中提

---

① 中国儿童发展纲要（2011—2020 年）[OL]．[2012-01-16]．http://news.xinhuanet.com/politics/2011-08/08/c_121830087.htm.

出"中等以上的城市和大城市的区都要设立少年儿童图书馆,县、区、市图书馆要设立少年儿童阅览室"。

2.《关于全国少年儿童图书馆工作座谈会的情况报告》

1981年7月,国务院转发文化部、教育部、共青团中央于1981年6月30日联合通过的《关于全国少年儿童图书馆工作座谈会的情况报告》。为了切实加强和改进少年儿童图书馆工作,该报告共提出了九点建议:(1)加速少年儿童图书馆的建设;(2)各级公共图书馆、特别是专、市以下的图书馆和文化馆的图书室,要积极创造条件,向少年儿童开放;(3)办好中、小学图书馆(室),是解决中、小学生课外图书阅读的重要措施;(4)图书阅读活动是少年宫、少年之家活动的必要组成部分,各级宫(家)必须加以重视;(5)城市街道民办图书馆,要把青少年和儿童作为主要服务对象;(6)我国80%以上的少年儿童在农村,县图书馆和文化馆(站、室)以及基层文化中心,要积极帮助农村社队和学校开展图书借阅活动,尽可能地组织图书下乡;(7)城镇集体或个人开办的租书摊(店),对解决青少年和儿童的图书阅读问题,在目前和今后一个相当时期内均为一种必要的补充渠道;(8)少年儿童图书馆管理人员,是图书馆工作者、更是少年儿童教育工作者;(9)少年儿童图书馆为社会全体少年儿童服务。其中第1条中规定:"因时、因地制宜,在中等以上的城市和大城市的区,逐步建立专门的少年儿童图书馆。今后凡新建公共图书馆,都必须考虑少年儿童阅读设施的安排,"[①]明确对儿童图书馆的建立进行了规定。

3. 两个文件对于国内儿童图书馆事业发展的推动

两个文件的发布极大地推动了我国儿童图书馆事业的发展,并迎来了我国儿童图书馆事业发展的第一个高潮,在两个文件出台之前,我国只有少数几个大城市有专门的儿童图书馆,儿童阅览室数量也远远不能满足需求,20世纪80年代伴随两个文件的出台,儿童图书馆事业出现了新景象,文件对儿童图书馆进行了明确规定,以纲领的形式对儿童图书馆(室)的建设提出了希望和要求,并在文件中进行了明确规定,如《图书馆工作汇报纲领》中要求"中等以上的城市和大城市的区都要设立少年儿童图书馆,

---

县、区、市图书馆都要设立少年儿童阅览室"等，此后儿童图书馆事业出现了迅猛发展的势头：据统计，20世纪70年代末我国只有少数几个大城市有专门的儿童图书馆，共有阅览座席1 600个；90％的公共图书馆没有少年儿童阅览设施，中小学和少年宫、少年之家图书馆（室）的基础薄弱；经过20世纪80年代少儿图书馆的迅猛发展，到20世纪90年代末我国已经建立了80所独立建制的少年儿童图书馆，其中包括5个省级少年儿童图书馆，8个单列市、副省级城市少年儿童图书馆，43个地级少年儿童图书馆，24个县级少年儿童图书馆。① 两个文件在我国儿童图书馆事业发展史上具有划时代的意义，提起我国的儿童图书馆就无法绕开这两个文件。

（二）《文化部关于进一步加强少年儿童图书馆建设工作的意见》

2010年12月文化部发布了《关于进一步加强少年儿童图书馆建设工作的意见》，指出少年儿童图书馆是我国图书馆事业的重要组成部分，是以广大未成年人为对象的重要的社会教育机构，并就进一步加强少年儿童图书馆建设，提出了七点意见：(1)提高认识、切实加强少年儿童图书馆建设；(2)加大投入、积极构建覆盖城乡的少年儿童图书馆服务体系；(3)丰富文献信息资源，逐步建立资源共建共享体系；(4)发挥教育职能，深入开展阅读指导和服务工作；(5)推进公共电子阅览室建设，努力为未成年人提供安全、绿色的公益性上网服务；(6)加强人才培养，不断提高队伍的专业化水平；(7)扩大宣传，为少年儿童图书馆事业发展营造良好的社会氛围。② 文件下发后，各省、市文化厅纷纷转发文化部该意见，并根据各省少年儿童图书馆及公共图书馆少年儿童阅览室建设现状，提出了适合本地实际的意见。③ 文化部该文件的出台引起了各地对少年儿童图书馆的重视，为推进我国少儿图书馆的发展提供了有力保障。

---

① 刘小琴. 我国少年儿童图书馆事业发展概况[J]. 图书馆工作与研究，2001(6)：69—71.

② 文化部关于进一步加强少年儿童图书馆建设工作的意见[OL]（2010-12-14）. [2012-01-16]. http://www.gov.cn/zwgk/2010-12/14/content_1765361.htm.

③ 关于转发《文化部关于进一步加强少年儿童图书馆建设工作的意见》的通知[OL].（2011-01-14）. http://www. ahwh. gov. cn/gov/tamplates/news _ content. jsp? news _ id = 102102100111115823.

【本章小结】

与图书馆未成年人服务相关的发展心理学理论包括埃里克森的人格发展阶段论、皮亚杰的认知发展阶段理论和洛伦茨印刻现象与关键期/敏感期理论，教育学理论包括加德纳的多元智能理论和维果茨基的最近发展区理论，图书馆学理论包括阅读推广理论、公共图书馆服务理论、儿童图书馆管理与服务理论。相关政策与法规包括有关儿童权利的国际文件、联合国教科文组织/国际图联的宣言和服务指南、国家图书馆行业组织宣言、我国的政府儿童工作政策文件和图书馆工作文件。

【思考题】

1. 图书馆未成年人服务与发展心理学理论有何关系？
2. 图书馆未成年人服务与教育学理论有何关系？
3. 阅读理论对图书馆未成年人服务有何指导意义？
4. 公共图书馆理论对图书馆未成年人服务有何指导意义？

【推荐阅读】

1. 陈英和. 认知发展心理学. 杭州：浙江人民出版社，1996.

2. 菲利普·吉尔. 国际图联/联合国教科文组织公共图书馆服务发展指南. 上海：上海科学技术文献出版社，2002：28-29.

3. 龚维义，刘新民. 发展心理学. 北京：北京科学技术出版社，2004.

4. 国际图联儿童图书馆服务发展指南. http://www.ifla.org/files/libraries-for-children-and-ya/publications/guidelines-for-childrens-libraries-services-zh.pdf.

5. 国务院. 中国儿童发展纲要(2011—2020 年). http://news.xinhuanet.com/edu/2011-08/08/c_121830087.htm.

6. 劳拉·E·贝克. 儿童发展. 南京：江苏教育出版社，2002.

7. 林崇德. 发展心理学. 北京：人民教育出版社，2009.

8. 连榕，李宏英，等. 发展与教育心理学. 福州：福建教育出版社，2007.

9. 联合国. 儿童权利公约. http://www. unicef. org/magic/resources/CRC_chinese_language_version. pdf.

10. 联合国教科文组织/国际图联. 公共图书馆宣言(1994). http://portal. unesco. org/ci/en/files/4638/10322529274libraman_ch. pdf/libraman_ch. pdf.

11. 莫雷. 教育心理学. 北京：教育科学出版社，2007.

12. 吴志宏，郅庭瑾. 多元智能：理论、方法与实践. 上海：上海教育出版社，2003.

13. 中华人民共和国未成年人保护法.

http://www. gov. cn/flfg/2006-12/29/content_554397. htm.

14. 中国儿童发展纲要(2011—2020 年)[OL]. [2012-01-16]. http://news. xinhuanet. com/politics/2011-08/08/c_121830087. htm.

15. 中国图书馆学会. 图书馆服务宣言//中国图书馆学报，2008(6)：5.

16. 朱智贤. 儿童心理学. 北京：人民教育出版社，2009.

第三章 未成年人文献资源

【目标与任务】

文献资源是图书馆服务的基础，本章介绍未成年人文献资源的概况，文献类型与组织等基本知识，对儿童文学、图画书和特殊儿童读物等具有未成年人特点的文献分别进行了专门讨论，介绍了未成年人文献资源的新动向。通过本章的介绍，学习者将对儿童读物有初步的了解，并掌握图书馆未成年人文献资源建设的基本知识。

第一节 文献资源建设

一、文献概况与特点

（一）文献概况

未成年人服务所需的文献资源十分广泛，包括适合各年龄段的文献，本章涉及的未成年人文献专指具有鲜明特征的少儿类文献，也就是通常说的童书。《图书馆儿童服务发展指南》指出，"儿童图书馆应该拥有促进儿童成长的、各种形式的、大量的和合适的资料，包括：印刷型资料（图书、期刊、连环漫画、手册等）、多媒体（CD、DVD、磁带）、玩具、学习性的游戏器具、计算机、软件和网络连接。"[①]在目前情况下，印刷型资料是主要资源，多媒体、玩具、学习性游戏器具和计算机网络资源是辅助资源。

未成年人文献资源建设与未成年人出版现状密切相关。没有优质、丰富的可供充分选择的儿童读物，未成年人文献资源建设就会成为无米之炊。在相当长的一个时期内，我国儿童作品出版状况不尽如人意。一些古代文学改编本没有很好区分精华与糟粕，一些反映战争年代的作品大量表

---

① 国际图联儿童图书馆服务指南［OL］.［2011-12-15］. http://www.ifla.org/files/libraries-for-children-and-ya/publications/guidelines-for-childrens-libraries-services-zh.pdf .

现儿童参加战争、仇恨和血腥的一面，还有一些表现建设时代的作品宣扬儿童劳动甚至是不顾自身安全的劳动。更多的作品形式八股化，内容中充斥着大话、空话。这些作品或者引不起儿童阅读兴趣，或者宣扬错误的价值观，给公共图书馆的未成年人服务带来极为不利的影响。

近年来儿童读物出版逐渐走上正轨。中国版协副主席、儿童出版物专家海飞先生2009年曾系统介绍过我国儿童读物出版概况。① 根据海飞先生提供的数据，中国儿童出版物现状为：(1)中国儿童读物的出版已经进入到历史最好时期，中国已经是一个少儿读物的出版大国。全国576家出版社，现在有521家在出版少儿读物(其中专业的少儿出版社34家)。全国每年出版少儿图书1万多种，销售6亿多册，销售额40个亿。(2)作家队伍形成规模，有一批非常优秀的作家。少儿出版物作家有5000多人，有一些已经成为品牌作家了，如上海的秦文君，25年写了400多部儿童作品，其中有50多部获奖，《男生贾里》获得安徒生奖的文学奖提名。北大教授曹文轩，一边教书一边给小孩子写纯美儿童文学作品，如《草房子》、《山羊不吃天堂草》、《青铜葵花》等市场上很认可。张之路是搞电影电视创作的，30年写了30部儿童小说，其中有10多部拍成电影电视，像《霹雳贝贝》、《第三军团》都是他的作品。郑渊洁的《皮皮鲁总动员》发行量达到1 050万单册。杨红樱的《淘气包马小跳》和《笑猫日记》系列发行3000多万册，销售额达到4个亿。(3)国外优秀的儿童读物源源不断地进来。引进速度很快，像《哈里·波特》第七册就是中外同步出版。少儿图书引进版在国内所有图书板块中是最多的，2008年安徒生诞辰200周年，丹麦根据安徒生作品销售情况选择庆祝国，中国是第一。引进图书的质量也很好，近年来，世界上最好的儿童小说被大批引进到中国，像中国少年儿童出版社引进了瑞典的《林格伦作品集》，法国的《淘气包小尼古拉》，浙江少年儿童出版社引进了《冒险小虎队》，接力出版社引进了美国的《鸡皮疙瘩》等，都是非常优秀的儿童读物。就连价格比较昂贵的图画书、动漫图书在国内也很畅销，《丁丁历险记》、《史奴比》、《蓝精灵》都被引进来了，引进版的图书丰富多彩。

据开卷公司的调查，2011年1—8月，少儿类图书零售市场占整体图书零售的码洋比重达14.88%。近五年间，少儿类图书市场均保持着较高

① 海飞. 中国儿童阅读出版物及作家的情况分析[OL]. [2011-12-15]. http://baobao.sohu.com/20090423/n263584015.shtml.

的增长速度，其占整体市场的码洋比重亦持续增长。尤其在 2010 年整体市场增幅放缓，在同比增长率仅为 1.83％的情况下，少儿类出版物依旧保持了 11.11％的高增长幅度，发展速度是整体市场的 6 倍以上，童书出版占据图书市场的 40％。①

（二）基本特点

1. 从图文并茂到 ACG 模式

出版社为迎合少儿的阅读习惯，激发未成年人阅读兴趣，更愿意为未成年人出版装帧精美的读物。书内根据需要都配有插图，一些高质量的绘本读物更是图文并茂。精美的装帧与插图提高了图书的质量，同时也增加了出版的成本。由于信息技术的发展，动画、漫画、游戏三者共同构成的"ACG 模式"对少儿读物出版产生极大影响。对于少儿读者来说，动画、漫画、游戏都极富表现感，能够短时间内迅速吸引小读者，同时这三者也是少年儿童与同龄人交流时讨论最多、最易引发共鸣的话题。因此，在某类题材的动画或游戏成为热点话题之后，相应内容的图书就会成为热点。特别是少儿类中的游戏益智及少儿卡通类图书，因其以图画为主的特点使得自身与动画及游戏的关联度最高，使得相当一部分此类畅销图书都属于这一模式成功运作下的衍生产品，在信息化程度不断提高、内容展现形式多样化的今天，其他产业与图书行业的联动性逐渐增强，小读者往往在观看电影或接触游戏后容易将这种兴趣投射至图书及其他衍生物中，从而引发对特定题材内容图书的阅读需求。融合了动画、漫画、游戏的 ACG 模式为少儿图书市场带来发展的契机，同时也是图书馆文献资源建设需要特别关注的。

2. 系列套装图书

系列套装图书是深受儿童欢迎的图书。早年的套装图书是小册的连环画，所占空间小、价格便宜，适合于家庭拥有而不适合于图书馆收藏，但是现在的套装图书开本大，册数多，保存在家中占用空间很多，总体价格也比较贵，不太适合儿童家庭购买。因此图书馆所提供的套装儿童读物就成为图书馆中最受儿童欢迎的读物之一。系列图书主要有知名作家的系列

---

① 雷悦. 市场持续增长，内容开发多元——2011 年 1—8 月全国少儿图书零售市场[OL]. http://www.openbook.com.cn/Information/2220/1744_0.html.

图书和经典名著结集丛书两种。由于知名作家和经典名著在少儿中有很强的号召力，而儿童阅读又有连续性，出版社往往喜欢推出名人名著的系列套装童书。如郑渊洁的"皮皮鲁"系列推出了 70 本，杨红樱的"马小跳"系列推出了 20 本，海豚文学馆的"中国儿童文学经典 100 部"、"外国儿童文学经典 100 部"，湖南少年儿童出版社的"全球儿童文学典藏书系"（40种）等。①

3. 版本多

儿童读物中书名相同或相似、内容重复的随处可见。这些相互复制的图书，你中有我，我中有你的"克隆"现象，特别在没有版权限制的童话、作文、古典诗词等少儿图书方面显得十分突出。各种童话书，有些虽然书名和出版社不同，包装也各有各的特色，但内容却大同小异。如标题同样为《十万个为什么》的书有近 10 个版本，标价从几十元到几百元不等，内容大同小异。

这一特点的负面影响是表面上看起来儿童读物丰富了，实际上是同一内容的不同版本罢了。但是对这一现象也不应该完全排斥。未成年人服务的特点之一就是阶段性，不同年龄段的儿童可能的确需要不同的形式。一部文学名著，从婴幼儿的有声读物到学前儿童的图画书、拼音读物，再到学龄儿童的简化本，青少年的完全本，同一书名的每个版本的内容可接受程度有很大差异，读者对象也完全不一样。因此对图书馆而言，这些同名而不同版本的图书不应该视作同一种内容的书。

(三)未成年人对文献的选择

未成年人对于文献的选择没有成年人那么强的功利性或目的性，他们选择文献的行为将影响到图书馆的未成年人服务，应该作为图书馆文献资源建设的考虑因素。著名儿童阅读专家朱永新曾指导研究生通过两个实验研究，对儿童选择图书得出以下结论。

(1)童书的主题不同对儿童的选择影响显著，其中最受欢迎的是侦探主题和科学主题的童书。

(2)只要标题有童趣，儿童对书的评价就很高，购买的倾向也很大。

---

① 海飞. 2010：中国童书出版的"强国元年"——2010 年中国少儿出版述评[J]. 编辑之友，2011(3)：18-20.

（3）不管书的标题童趣高低，只要封面上有图画儿童就很愿意购买。但若书的封面没有图画，儿童则退而求其次更愿意买标题童趣高的童书。

（4）不管书里面有无插图，只要封面上有图画儿童就很愿意购买。但若书的封面没有图画，儿童则退而求其次更愿意买书中有插图的童书。

（5）当有童趣的标题和有图的封面两者不同时具备，儿童对书中有插图的书，评价很高，但若两者同时具备或同时不具备，书里面是否有插图就无关紧要。①

尽管这只是对特定年龄段的小范围读者的实验结果，但从结果中可以看出，儿童对于文献选择意向与成年人有极大差异。只有了解并尊重他们的需求意向，才能真正做好未成年人文献资源建设工作。

二、图书馆未成年人文献选择标准

近年来，计算机和互联网的普及使人们的阅读方式发生了很大的改变，少年儿童的阅读需求和阅读行为也随之发生变化，他们获取知识和信息的途径不再局限于纸质读物。但在家长和教师的心目中，上网的主要目的只是娱乐休闲，而不是阅读和学习。此外，家长和教师十分担心孩子受到网络上不良负面信息的影响，因此家长和教师更愿意让孩子阅读传统的印刷型文献，并鼓励和支持孩子到图书馆看书、借书。在家长和教师的共同影响下，大部分少年儿童主要阅读的还是印刷型文献（包括各种图书、报纸、刊物），图书馆仍然是他们开展阅读活动的重要场所。

受客观条件限制和传统意识的影响，综合性公共图书馆一般是以成年读者作为服务重点，面向少儿读者的服务工作常常被放在较为次要的位置。这种"重成人轻少儿"的工作模式反映在少儿类图书采访工作上就是资金投入不足、工作缺乏计划性、少儿类图书采访的质量不高。如果没有丰富多彩、结构合理的少儿类馆藏，公共图书馆无法满足少儿读者各个层次的精神文化需求，公共图书馆对少年儿童就难以形成强大的吸引力。加强文献资源建设是公共图书馆少儿工作的物质基础，公共图书馆要充分体现以人为本的原则，根据不同年龄段少儿读者的借阅规律与借阅特点，开展少儿类图书采访工作，积极营造良好的阅读条件，为少年儿童提供充满人

---

① 陈丽玫. 关于影响小学高年级学生童书选择因素的实验研究[D]. 苏州大学，2009.

性化的服务。

　　未成年人文献资源选择是一件非常慎重的事情。未成年人服务的文献若选择不好，带来的直接后果是读者没有合适的图书可读及部分图书无人读，造成资源浪费。但未成年人文献内容选择不好，不但造成资源浪费，而且影响未成年人的身心和智力发展，还可能导致家长的投诉或媒体的批评，给图书馆带来负面影响，从这方面讲，未成年人文献的选择要比成年人文献选择更显重要与慎重。除图书馆文献建设应该遵从的普遍原则，如实用性原则、系统性原则、经济性原则、发展性原则、特色化与协调原则外，选择少儿类图书资料，还需要学科知识与经验的配合，为孩子选择好书，需要眼光和趣味。选择时必须考虑整体情况，务求符合图书馆的宗旨与目标，兼顾大众和个别读者的需要和兴趣。分配购书经费时需运用专业知识并考虑各类读者的需要。选书时应该考虑：流通数据统计、公众的购书建议和学校以及学者专家的书目推荐、读者调查、目标读者的年龄特点、可能引发新阅读兴趣的事物、本地和国际畅销书目、长销书的副本数量及电子资源还需注意时效性，更新频率等因素。未成年人文献选择还应有以下标准。

　　国际图联《儿童图书馆服务指南》为儿童文献选择制定了六条标准：

　　(1)高质量；

　　(2)适合于儿童所处的年龄阶段；

　　(3)时效性和准确性；

　　(4)反映各种价值观和各类观点；

　　(5)反映当地社区文化；

　　(6)介绍世界各种文化。[①]

　　此外，很多专家学者也出版过儿童读物选择方面的论著。美国巴尔的摩郡为该郡公立学校制定了《学校媒体中心藏书选择标准》，其中规定的文献资源选择标准为：

　　(1)适当的推荐水平；

　　(2)与课程和教学计划的目标相关；

　　(3)准确的内容项目(应客观地提出事实)；

---

　　①　国际图联儿童图书馆服务指南[OL]. [2011-12-15]. http://www.ifla.org/files/libraries-for-children-and-ya/publications/guidelines-for-childrens-libraries-services-zh.pdf.

（4）反映一个全球性社会的多元性；

（5）没有偏见和刻板印象；

（6）表达有争议问题的不同观点；

（7）适当的载体格式以有效满足课程教学；

（8）视不同主题而确定的较近的出版日期；

（9）可接受的文献风格和技术质量；

（10）根据使用确定的成本效益；

（11）适用于有特殊需要的学生。[①]

这些标准或者偏重于原则，或者有过多的当地特色，对于我们的可操作性并不强。目前我国也没有图书馆或青少年教育管理部门制定的文献选择标准。但是，图书馆管理者可以参考上述基本原则，邀请当地教育专家、儿童家长，与从事未成年人服务的图书馆员一起共同制定适合本馆的文献选择标准。

三、未成年人文献选择技巧

少儿类图书与一般成人图书有不同的出版发行特点，少儿读者的阅读需要与成人读者也有较大的差别。公共图书馆进行少儿类图书馆采访工作时应采取一些特殊的策略。

1. 以选购少儿出版社出版的图书为主

由于少儿类图书出版的门槛低，利润比较丰厚，大部分出版社都进行少儿类图书的出版工作，少儿图书出版的种类和数量都有大幅度的增长，但相当一部分出版社为了获得可观的经济利润，出版的少儿类图书粗制滥造，不论是内容上还是印刷质量上都不尽如人意。特别是一些出版社缺乏对儿童问题有研究的专家和编辑队伍，也没有对儿童图书的内容进行开发和策划，这些出版社出版的图书缺乏原创性，内容基本上都"克隆"其他出版社图书。针对少儿图书出版市场存在的问题，采访人员在图书采访中应以少儿出版社出版的图书为主，兼顾其他出版社的图书。少儿出版社长期出版少儿图书，有一支懂得儿童阅读心理和阅读兴趣的编辑队伍，他们出

---

① Baltimore County Public Schools. Selection criteria for school library media center collections[OL]. [2012-03-15]. http://www.bcps.org/offices/lis/office/admin/selection.html.

版的图书针对性、可读性强，图书装帧设计和装订质量都比较好。

2. 加强少儿类图书采购工作的计划性

不少公共图书馆在少儿类图书采购工作方面显得比较随意，采购工作缺乏计划性，购书经费安排不合理。为了提高少儿类图书采购质量，公共图书馆应该制订出少儿类图书采购计划，对馆藏数量目标、购书质量问题、特色目标做出具体的规定，对各类文献的选择标准和经费预算等也应有所确定，以使采购工作能有计划、有目的、有步骤地进行。特别是少儿读物的出版物具有明显的季节性，出版商一般会在"六一儿童节"以及寒暑假期间集中推出大量优秀少儿读物，因此图书馆采购要讲究时效性，根据图书市场的变化选择最佳采购时间。

3. 处理好复本量的问题

少儿读者借阅时间主要是集中在节假日，而且少儿读者阅读需求也比较集中，经常在同一时间对同一种热门图书形成很大的需求。此外，由于少儿天性好动及良好的读书习惯尚未形成，少儿类图书的破损率比较高，因此在条件许可的情况下应该购入较多的复本。但在图书采购总量和购书经费不变的条件下，复本量和品种成反比的关系，复本量过多必然造成品种减少，这就要求采购人员要处理好"冷热"问题，控制少儿图书馆的复本与入藏品种、复本与读者需求之间的平衡，最大限度地满足人们的信息需求。对于一些"热门"图书(如《皮皮鲁总动员》系列、《哈里·波特》系列等)应适当增加复本量，满足众多少儿读者对热门图书的集中需求；对于一些"冷门"的书籍可以减少复本量，尽可能地省下钱来，增加图书品种；对于一些百科知识、中外名著、童话故事等内容基本相似的图书，它们满足读者阅读需求的功能一样，可以通过增加同类图书的品种，减少每种图书的复本数量，以图书品种"替代"复本。

4. 现场采购和网上采购相结合

由于儿童类图书不适合采用书单订购的方式进行采购，公共图书馆进行儿童类图书采购的主要渠道是到新华书店或者书市进行现场采购。现场采购可以让采购人员直接面对图书，对书的内容和质量一目了然，能有效地降低图书采购的盲目性。随着电子商务软硬件环境的逐步完善以及当当网、卓越网等大型网上书店的出现，网上采购成为图书馆进行图书采购的一种重要渠道。网上采购图书是以网络为平台来开展的，大型网上书店提供的图书内容丰富、种类齐全，采购人员可以利用平台多角度地充分了解图书的内容及其各方面的特征，极大地优化了图书文献的采购环境，为提高采购质量奠定了坚实的基础。此外，网上采购的选书、订书、付款、结算等各个环节，都是通过电子化、网络化的方式进行，减少了传统图书采购过程中的许多中间处理环节，大大缩短了图书到馆周期。现场采购和网上采购两种采购模式可以互相补充，提高图书采购的工作效率和质量。

第二节　文献类型及组织

一、未成年人文献资源的分类

　　未成年人文献种类繁多，按文献的种类可分为图书、期刊、声像读物、电子读物、益智玩具等。国际图联《青少年图书馆服务指南》把未成年人文献分为："书籍、杂志、手册、海报、漫画、图画小说、其他（包括盲文和手语）、非书资料（包括有声读物、音乐、光盘等多媒体光盘、计算机软件、视频磁带和 DVD、电子游戏、电子网络和数据库产品）。"按照图书内容、属性和用途的不同，少儿类图书可以分为低幼启蒙、卡片挂图、少儿古典读物、少儿卡通、少儿科普、少儿文学、少儿艺术、少儿英语、游戏益智以及幼儿园教师用书十个细分类。

　　按《中图法（少儿版）》分为五大部类，主要部类的未成年人文献出版热点、专业少儿馆藏书范围和重点如下。

　　1. 哲学类图书

　　哲学是自然科学知识和社会科学知识的概括和总结。在未成年人文献中，少儿图书馆收集较多的为哲学普及类图书。近些年，随着图画书的兴起，专业少儿社也出版了哲学知识与图画故事相结合的一系列优秀哲学图画书。

　　2. 社会科学类图书

　　此部类图书包括了政治、军事、经济、文化教育、语言文字、文学、艺术、历史与地理类的图书。文学类图书收藏量高居榜首，语言类图书最有特色的是拼音读物及蒙学读物，艺术类图书主要是漫画以及图画书。这些应该成为未成年人文献资源建设的重点。

3. 自然科学类图书

少儿自然科学类图书的文献资源建设重点是科学普及读物和知识型读物。

4. 综合性图书

归于此类图书的为少年儿童的百科全书以及适宜中学生读的国学概况类图书和一些名著藏书目录。

二、文献组织

未成年人服务的文献组织，可分为公共图书馆未成年人服务区域的文献组织和少儿图书馆文献组织两部分讨论。二者虽然服务对象相同，所需文献资源大致相同，但因为环境要求和服务要求略有区别，导致文献组织要求有所不同。

(一)公共图书馆未成年人阅览区的文献组织

根据文化部的要求，现在一般公共图书馆都设有未成年人阅览室，专门陈列未成年人文献，开展未成年人服务。因隶属于公共图书馆，主要馆藏文献均按《中图法》进行组织，一般不特别为未成年人服务另外使用《中图法(少儿版)》。此外，阅览区的文献一般只针对未成人读者，成年人(如家长)可以到其他服务区间接受服务，所以未成年人服务区域的文献相对专一，文献量也不会很大。

根据这些特点，公共图书馆未成年人服务区域的文献可按照文献的不同类型陈列，图书可按照《中图法》进行排架。对空间较大的阅览室，可以按照文献的属性专门设区，如绘本区、教育参考类书籍区等。如果空间允许，可以再按文献内容进行大致分类。

1. 思想品德与励志类的文献

帮助少年儿童实现社会化过程，建立正确的价值观、人生观、道德观的图书，它包括爱国主义、精神文明、素质教育等读物。

2. 传播人文历史知识的读物

这类读物重在培养少年儿童的人文精神与高雅素养，开阔视野，陶冶情操，包括人与社会、人与自然、人与世界、人与自我的关系，因此有关人文、历史、艺术、审美以及生态文明等方面的读物属于这一范畴。

3. 科普科学科技知识文献

这类读物培养少年儿童的科学技术和科学思维，让他们树立追求真理、面向未来的精神。偏重自然科学知识的百科全书属于这一类。

4. 以中学生为对象的中学生文学文献

以中学生年龄段为对象，由幼稚向成熟的过渡阶段，因此中学生的文学读物特别关注少男少女的生活与内心情感世界，是有关青春、校园、成长、时尚这类读物锁定的目标。少年文艺、青春文学等，是被非常看好的读物，提供给中学以上的学生看。

5. 小学生文学文献

一方面小学生还没有应试教育的压力，因而是儿童文学的核心读者群体；另一方面小学生的自主阅读能力与中学生相比，还没有进入自主方式与评判的层次，因而小学生文学的度最难把握，最难写。小学生文学读物的创作基调是阳光、健康、向上，强调可读性，注重快乐、幽默、幻想、游戏等元素。所以有关童话、儿童小说、动物小说、幻想文学等锁定的主要目标是小学生。小学生文学正是当下少儿出版、阅读推广的核心与重点。

6. 儿童启蒙文献

儿童启蒙文献是以学前的低龄幼儿为对象。一种是认知启蒙，向小小孩传授最基本、最简单、最实用的一般常识性读物，比如图画书就属于这个范围之内。二是文学启蒙，如儿歌、童谣。

7. 儿童童话书与卡通读物

这类对象主要还是幼儿园小朋友与小学生。以连续的画面讲述故事，深受孩子们的喜欢，成为少儿阅读出版物的一个主要门类。

(二)少年儿童图书馆的文献组织

少年儿童图书馆也属于公共图书馆的范畴，但因为其主要服务的对象更具体、提供的服务更专业，所以少儿馆收藏的文献种类更多，数量更大。同时少年儿童图书馆还需要为未成年人相关人员服务，因此需要收藏一些成年人读物，如提供成年人休闲读物为儿童家长服务，提供教辅读物为幼教或中小学老师服务，提供儿童研究文献为儿童读物作家、儿童工作者等服务。

对于具体的少儿图书馆，文献组织方式一般有两种。一种是根据不同的读者对象来组织文献，如温州市少年儿童图书馆，开设了低幼天地、小学阅览室、中学阅览室、教育参考阅览室等，各阅览室再按照不同的文献内容来组织排架与区分空间。这种方式是国内外较为普遍的一种方式，它充分考虑到未成年人分级阅读的特点，使不同群体的读者在共同的阅览区域内阅读，在该区域内就能得到不同的文献。但因为有的文献不容易区分读者群体，有时会满足不了读者的需求。另一种是根据文献的特色来组织，如深圳少年儿童图书馆，开设了文学馆、国学馆、绘本馆、教育参考阅览室等，每个馆内再按分类进行组织。这种方式能够体现图书馆服务创新的特色，易于形成服务品牌，也能使同一类文献集中在一起，方便不同读者使用。由于不同年龄段的未成年人阅读习惯不同，容易造成读者之间的相互干扰。一些具有较大空间的图书馆，会同时采用两种组织方式，以达到读者与文献的统一协调。

儿童文学基础理论知识对于图书馆员和家长认识儿童文学作品具有重要意义，公共图书馆未成年人部门应该考虑收藏；儿童阅读推广的理论对于图书馆员做好未成年人服务具有很大的帮助，公共图书馆应该挑选有价值的儿童阅读文献予以收藏。这方面书籍的主要内容涉及阅读心理，不同年龄的阅读发展特点，阅读方法与策略等；儿童教育心理是教育学心理学的重要分支，从事未成年人服务的图书馆是儿童教育心理学研究和实践的重要场所，无论是儿童工作者、图书馆员还是家长、监护人，都需要有强烈的儿童教育意识。

对于少儿图书馆，儿童文学基础理论书籍、儿童阅读推广理论书籍与儿童教育心理等理论书籍的组织是一个较为困难的问题，组织不好很容易割裂少儿图书馆的整体形象，破坏图书馆的整体服务环境。比较好的方式是在青少年阅览室设立参考咨询部门，由参考馆员兼管这些文献并对特定人群提供服务。这样组织文献的好处是，参考馆员既可以在读者服务的第一线承担难度较大的读者服务任务，如对阅读困难儿童的阅读引导或阅读校正，又可以方便利用儿童文学基础理论、儿童阅读推广理论与儿童教育心理等书籍。

第三节　儿童文学

20 世纪末，科普被放到未成年人服务的重要位置，少儿科普也就成为少儿类畅销书最主要的组成部分,《中国少年儿童百科全书》与《十万个为什么》就是那个阶段少儿类畅销书的代表。近年来,随着一批优秀儿童文学作家的崛起,以及国外儿童文学作品的大批引进,儿童文学读物在未成年人文献构成中逐渐占据了极其重要的地位,根据开卷公司 2011 年 1—8 月的统计数据显示,在少儿类畅销书排行榜前 100 名中,儿童文学类上榜图书多达 85 种,少儿卡通类图书上榜 7 种,其余细分类上榜图书均低于 5 种。少儿畅销热点的类别分布不平衡,畅销书前 100 名的榜单集中在较少的细分门类中,特别是少儿文学类呈现一家独大的局面。① 以"想象力"和"趣味性"为典型特征的少儿文学作品成为少儿类畅销书的主力,在一定程度上反映出少年儿童对通俗易懂、故事趣味性较强的文学类作品的浓厚兴趣,这些作品在故事情节、人物设定中往往将善良、诚实、勇气、宽容等传统美德融入在内,小读者在阅读图书时,已经潜移默化地树立起正确的价值观,这种寓教于乐的功能也正是儿童文学作品的重要意义所在。儿童文学作品在未成年人服务中的作用日益显著,图书馆从业人员必须具备一定的儿童文学知识。

一、儿童文学的概念和特点

(一)儿童文学概念

19 世纪初,人们开始专门为儿童创作文学作品。随着 18 世纪末浪漫主义的复兴,儿童越来越受到成人的尊重与重视,逐渐形成儿童独立于成人而存在的教育观念。在此影响下,一直到 19 世纪末,欧洲的作家开始打破以死板的教化为主题,创作逐渐走向多元,更加贴近孩子的天性,儿童文学也迎来了它的黄金时代,一直延续至今。

在中国,单以《儿童文学教程》这一个名字命名的书籍就有八本,《儿童文学概论》有六本。但每个作者对儿童文学所下的定义有同有异。

蒋风:儿童文学是根据教育儿童的需要,专为广大少年儿童创作或改编,适合他们阅读,能为少年儿童所理解和乐于接受的文学作品。②

王泉根:儿童文学简单地说就是"大人写给小孩看的文学",具体地

---

① 雷悦. 市场持续增长,内容开发多元——2011 年 1—8 月全国少儿图书零售市场[OL]. [2012-03-15]. http://www.openbook.com.cn/Information/2220/1744_0.html.

② 蒋风. 儿童文学概论[M]. 长沙:湖南少年儿童出版社,1982:3.

说，儿童文学是为 18 岁以下的少年儿童服务的，具有适合儿童审美意识与心理发展的艺术特征，有益于儿童精神生命健康成长的文学。①

李利安·H·史密斯：我们就把儿童的书堪称：不管在心灵的成长或知性的启发，都有永恒的价值的作品。②

对儿童文学下一个准确定义，是有相当大的难度的。以下，是我们在认识儿童文学的过程当中，绕不开的一些重要而且亟待去厘清的几个关系。

1. 儿童之于成人

从生物学的角度来看，儿童期可以被认为是一个人经历的一个阶段。在这个阶段，人的身体与智力处于一个高速成长上升期，人也逐渐由完全的一个自然产物慢慢变成一个社会人。

从社会学的角度来说，儿童与成人一样都是社会人。无论是儿童或成人，我们自身的存在状态既处于"自在"（即自然天性的存在）；同时也处于"自为"（即个体接受并主动回应社会对一名社会成员的要求与改变）之中。

但是，在十七八世纪的欧洲，儿童普遍被看做是成人的一个过渡阶段，一个被成人塑造与教化的时期，在当时那些人看来，儿童自跨入成人期后，所谓的"童年"也就不复存在了，因此在当时，儿童的天性受到巨大的压抑，这从学校严厉的体罚制度可以窥见一斑。

直到 19 世纪后半叶，人们开始将儿童视为具有独立人格的个体，不再仅仅是成人的附属品，儿童同样具有作为人存在于这个社会的"天赋人权"。也是在这种对儿童自身生命尊重的观念的影响下，无论是现代教育者还是儿童文学作家，都越来越真诚地通过自己的工作或者文学作品与儿童进行平等的对话。因此，儿童之于成人，本质上是平等的。儿童是成人的边界，是成人企图用自己的权力与欲望建构与塑造这个世界的边界。

2. 文学之于教育

每一个对儿童稍有关注的人，都会注意到除去儿童文学在文字与内容上比成人文学有更高的准入门槛，如禁止在儿童文学作品里面掺杂暴力色情等内容。此外，儿童文学自产生以来还一直与"教育"纠缠不清，而成人

---

① 李节. 儿童文学：写给有童心的人——北京师范大学文学院教授、博士生导师王泉根访谈[J]. 语文建设，2010(2)：4－9.

② 李利安·H·史密斯. 欢欣岁月[M]. 台北：富春文化事业股份有限公司，1999：30.

文学却幸运地发展得更加自在多元。几乎每一个学者都已经发现了儿童文学的教化作用，但同时也有越来越多的学者在质疑这样的教育功能，并企图将儿童文学安置在一个无比单纯的境地。

人类的历史是一个关于追求自由的故事，即人类不断走向自我觉醒的过程，因此教育最根本的目的就是帮助学习者自我教育，任何的强加最终都会在自我的真实面前归于无效。所以，真正具有永恒文学价值的文学作品，它不会讨好任何人，包括作者自己，它只是道出关于真实的知识和情感而已。而真实就是最好的教育家，任何的教育格言在真实面前都显得苍白无力。

(二)儿童文学的特点

儿童文学作品除了在语言上以浅语表达为主，内容上远离暴力色情等不健康思想外，还具有以下几个突出的特点。

1. 作品主角几乎都是少儿或者动物

我们很少会在儿童文学作品当中读到以一个大人为主角的故事，除了改编自成人文学作品的儿童读物。一方面，儿童文学主要的读者群是孩子，以孩子为主角也很符合孩子的意识形态，容易让孩子心生共鸣；比起成人，动物依然存有大自然所赋予的天性，一种渴望自由自在的本能，因此选取以动物为主角，很能迎合孩子爱自由的天性，而且孩子天生就对动物有比较强烈的亲近感。另一方面，一些作家选取孩子作为自己故事的主角，以抒发对童年的向往，既是对自身处境的一种质疑，也是借儿童来挑战成人世界的权威。

2. 趣味性

霍夫指出：只有当人们觉得他们的玄想或一些貌似幼稚的做法不会产生意义重大的结果时，他们才能带着最大的自由去进行哲学思考或作出那些游戏性的行为。当我们能轻松地去做一些事情的时候，我们更愿意去尝试那些未曾接触过的东西……当人们始终拘泥于生活的必需时，我们十分怀疑他们是否再有能力作出真正的、有创造性的反应。①

人类的天性就是喜欢有趣的游戏，而处于童年时期的孩子们更甚，他们天生就有灵敏的触觉，准备随时捕捉"有趣"。因此他们尤其喜欢阅读让

---

① 朱自强，何卫青. 中国幻想小说论[M]. 北京：少年儿童出版社，2006：62.

他们感觉好笑、惊险的故事，对于他们来说一本有趣的书就是游戏，通过阅读这本书能够让他们感受到自在的快乐。

3. 故事性强，有强烈的幻想色彩

热爱故事是人类的天性，哪怕是早已被人类文明与社会文化所改造的成人，心里也期盼着在平淡的生活中会发生一些故事，依然保有人类绝大多数天性的孩子们自不必待言。所以，儿童文学作品希望博得孩子们的喜欢，有引起孩子兴趣或者共鸣的故事是必不可少的。

但是在充斥着大量虚实结合的故事当中，并不是所有的故事都是有趣的，也并不是所有的故事都能够被作家描述的绘声绘色。其实，在热闹而混乱的儿童图书市场，粗制滥造的故事书始终在与有责任心的大人们争夺着孩子们，而且这些有责任心的大人们还经常败下阵来，没办法，人天生喜欢快乐，无论粗俗还是精致。而要让孩子能够真正在优秀的儿童文学作品当中体验到恒久而且高贵的快乐，是要经过后天的文化熏陶，并且浸润在崇尚艺术和爱美的大环境下。

4. 教育性

在国内外早期的儿童文学作品之中，大多数儿童读物都鲜明地带有此特点，如古老的寓言故事，里面充满了教训。

现如今，虽然人们已经普遍意识到尊重孩子独立人格的重要性，但教育儿童的目的始终笼罩着儿童文学。看看这本书的书名——《我要做好孩子》[①]，里面隐含了讨好成人，规范孩子的成人权威意识，这个"好孩子"的标准依然是由成人定义，并且被成人把持着权威的解释权。甚至在台湾地区，许多儿童读物仍是由学校里的老师创作的。可见，教育性这个特点在儿童文学发展中的尴尬处境，既被需要又被拒斥。

5. 文学性

文学性，在长期与教育性和理性此消彼长的"斗争"中，终于迎来了它的春天，成为儿童文学最重要的特点之一。同时，它也是衡量文学作品经典的最重要标准之一。

尽管充斥于图书市场的大量儿童文学作品当中，真正具有永恒文学价值的文学作品始终是少数。一旦成为经典，它又是经得起时间与地域的考

---

① 黄蓓佳. 我要做好孩子[M]. 南京：江苏少年儿童出版社，1996.

验，因为它必然带有普世的人文关怀。而其他许多儿童文学作品不过是迎合了孩子追求趣味、新奇的心理而已。

6. 优秀的儿童文学作品具有普世的美学价值

约瑟夫·布罗茨基曾说过："美学是伦理学之母。"几乎所有关于人类个体自身处境、与他人关系、与世界的关系最后都归结到自己对美丑的感受，而对美丑的感受将会决定你的行动。反观自身，我们会发现对于善的东西就会觉得美，觉得美了，也就喜欢了，也就有意愿按美的原则去行动；相反，对于邪恶的东西，我们下意识地从心理到身体就会排斥，感到丑陋不堪，不愿接近。因此，一部优秀的儿童文学作品一定是经得起世界各个时间段、各地读者的审美考验，即使各自都处在不同文化意识形态的限制之下。

二、基本大类

儿童心理发展的过程表现为明显的阶段性，发展心理学对儿童这一心理发展过程的分期比较细致，大致分为婴儿期（0—3岁）、幼儿期（3—6岁），这两个时期也称为"婴幼儿期"；童年期（也叫儿童期）（6—12岁）、少年期（10—12岁）、青年初期（15—18岁），这两个时期也称为"青少年期"。与年龄阶段相对应的教育过程依次为学前期（幼儿园教育）、小学阶段、中学阶段（初中和高中）。根据教育程度、个体差异，儿童各年龄段的生理、心理特征以及他们对文学欣赏的水平，审美的趣味，文学接受能力的不同等，大体分三个层面：幼儿文学、童年文学、少年文学。在各个层面中，文学的体裁和样式又各有侧重。

幼儿文学的主要体裁有儿歌、儿童诗、幼儿童话、生活故事、图文并茂的图画故事等。这一时期幼儿文学的特点是内容简洁、浅显明快，不论哪种体裁的作品都着重体现出一种良好的道德取向或者是幼儿发展所必需的社会知识和生活知识，通过幼儿的文学接受活动促使幼儿养成良好的习惯，并发展幼儿各种潜能，愉悦幼儿身心。在表现手法上多采取拟人、反复、对比、夸张等手段，在语言的运用上，大都浅显易懂、亲切自然、生动有趣、富有动感，有的体裁的作品还具有音乐性，如儿歌、儿童诗等，幼儿文学的语言对幼儿的语言发展具有示范性和指导性。

童年文学的主要体裁有童话、儿童故事、儿童影视剧、儿童小说、儿童诗、科学文艺等。童年文学的特点是大多作品主题单一且富有教益。作品的爱憎情感明朗、艺术形象鲜明、情节生动曲折，具有浓郁的故事性。语言或简洁明快，或朴素自然，或风趣幽默，能够给儿童提供多品味、多角度的审美愉悦与审美享受，并最终使儿童身心得以健康发展。

少年文学的主要体裁有少年小说、报告文学、少年诗歌、科幻小说、传记体作品、动物小说、散文、童话、寓言、影视剧等，富有故事性、哲理性、抒情性的作品备受少年读者青睐。少年文学无论在反映生活的广度还是深度上都远远超出童年文学，作品往往能集中描写、赞颂生活中美好的事物，反映少年生活和情感的作品能够突出时代气息，如秦文君、杨红樱的校园小说系列，在人物的刻画上更加细致，人物性格塑造也比较丰满，对生活的反映有一定的深度和力度。常新港的《独船》也表现出多样化的艺术风格。

根据文学体裁的不同，儿童文学可分为以下几类。

(一)儿歌

儿歌是一种适合低幼儿童(包括婴幼儿、低年级小学生)念唱、欣赏的歌谣，它是儿童文学中最基本的文体形式之一。在我国古代，儿歌一般被称为"童谣"。儿歌一般可分为摇篮曲、数数歌、连锁调、问答歌、绕口令等。

(二)儿童诗

儿童诗是指以儿童为阅读对象，契合儿童心理特点和审美情趣，用凝练而富于感情的语言、自由的韵律、丰富的想象创作而成的适合儿童阅读、吟诵、欣赏的自由体诗歌。儿童诗是诗歌王国中年轻的一员，它是从"五四"以后的自由体新诗中演变发展出来的。一般儿童诗可分为抒情诗、叙事诗、童话诗、寓言诗、散文诗、讽刺诗、题画诗等。

(三)童话

童话起源于神话传说。所谓神话，是指原始居民对一些自然和社会现象所做的幻想性解释。在西方，关于童话的词条在《大不列颠百科全书》中有两种界定：一是英文的 fairytale，是指"并非专写神仙的带有奇异色彩和事件的奇异故事"；二是法文的 marchen，指"带有魔法或神奇色彩的民间故事"。童话是儿童文学的重要组成部分，《安徒生童话》、《格林童话》都是非常著名的童话读物。

(四)寓言

寓言是一种含有教训和哲学意味的简短故事。寓言一方面对神话传说有所继承与借鉴，采用了神话中的许多情节和角色；另一方面寓言严谨的理性逻辑思维又是对神话中原始蒙昧的突破，它标志着人类理性思维的逐渐觉醒，人们开始有意识地运用联系和想象去表现从生活中感悟出的哲理。寓言三大发祥地：希腊、印度和中国。世界著名的《伊索寓言》是西方寓言的鼻祖。

(五)小说

儿童小说是指以儿童生活的场景、活动背景为环境描写对象，以塑造鲜明的儿童形象(或儿童喜爱的成人形象)为中心，通过儿童的行为来串联故事情节，反映儿童生活和社会现实的散文体叙事性的文学体裁，它的读者对象是小学高年级和初中学生。因此，儿童小说既要服从小说的一般艺术规律，又要具有自身独特的艺术规定性。按篇幅的长短，儿童小说可分为长篇儿童小说、中篇儿童小说、短篇儿童小说；根据题材角度不同，可分为生活小说、历史小说、惊险小说、动物小说、科幻小说、问题小说、知识小说等。

(六)儿童故事

儿童故事是在民间口头创作中孕育发展起来的，是孩子们接触最早、最喜爱的文学体裁之一。儿童故事以叙述生动引入的事件为主，适合儿童读与听的儿童文学作品。其基本特点是主题单纯、内容浅显、人物集中、情节生动、结构完整、语言口语化。儿童故事的阅读对象主要是低幼儿童，所以，要特别注意必须适合低幼儿童的生理和心理特点，考虑他们的接受能力和审美趣味。

(七)散文

散文是四大文学体裁之一，一种自由的、灵活的抒写见闻、感受的文体，不讲究音韵，不讲究排比，没有任何的束缚及限制。儿童散文必须构思严谨巧妙，语言深入浅出，思想藏而不露，篇幅短小精悍，却具有动人的故事情节。

第四节　图画书

一、图画书概念与功能

目前，我国图书市场日趋火爆，儿童读物类别日渐丰富，并且逐步走向商业化，如图画书、连环画、漫画等对现代儿童的冲击达到了空前的强烈。

图画书在英文中叫"PictureBook"，在日文中叫做"绘本"，在我国一般叫"图画读物"，也有俗称"画书"、"小人书"。而"图画书"这一名称综合中西称谓的优点，已经得到比较广泛的响应和认同。图画书全部或大部分由图画组成，没有文字或有很少文字的图书。读者对象为学前儿童。图画书常被儿童图书馆员用来给儿童讲故事。日本世界知名图画书专家松居直认为，"现代被称为'图画书'的读物，并不是有很多插图的儿童书，而是指一种特定的少儿读物形式。所谓'图画书'，文和图之间有独特的关系，它以飞跃性的、丰富的表现手法，表现只是文字或只是图画都难以表达的内容。"[①]柯楠指出图画书的基本特征是绘画性、传达性、趣味性。[②]

在讨论图书和儿童成长的关系时，松居直认为，（1）立足于幼儿进行思考和活动的角度，读图画书重视动手的体验和手工制作的文化。虽然孩子的性格或是生长环境有所不同，但是，在出生 10 个月左右的婴儿身旁放些图画书，他们就会对"图画书"这种东西产生兴趣。在这种状况下，孩子们并没有把图画书看做是种读物，而是当作一种近似玩具的东西来看待。也就是说，画着画的四方形的东西，用手翻开，会出现不同的画，再翻下又会出现另一幅画。这对孩子们来说是个新发现，再加上反复出现新的图画的特征，孩子们便会觉得图画书是个很有趣的东西。这个体验显示了图画书的一个重要事实，那就是不用手的话，就看不到想要看的东西，不用手翻页的话，就体会不到其中的乐趣。动手对于人来说非常重要。这里面体现了人类的最基本形态，即人作为文化接受者的同时，也是文化的创造者。即使大人动手翻图画书给坐在大人腿上的幼儿看，孩子也会对翻页这

---

① 松居直. 我的图画书论[M]. 长沙：湖南少年儿童出版社，1997：216.
② 柯南. 图画书：幼儿文学的现代形式[J]. 浙江师大学报(社会科学版)，1994(6)：7—10.

个动作产生兴趣，想伸出手自己来翻页。了解书需要动手才能看，这是人与书建立关系的第一步。(2)在图画书和幼儿的关系中需要关注语言问题。不仅是对幼儿，其实对于所有孩子来说，图画书不是用来读的书，而是由别人来读，自己用耳朵来接受语言的书。无论如何，我都认为图画书的基本原则是"不是孩子们自己阅读，而是由大人读给孩子听的书"。而且正因为是大人读给孩子听的书，对孩子来说，图画书才有重大的意义。(3)关于图画书的插图。插图的作用，并不仅仅是为了说明文章，起一个辅助的作用。插图本身必须表现出图画书的内容、主题和情节。常常说图画书是用画来讲故事的。确实，如果是优秀的图画书，只要看插图就能大体明白故事内容。只有这样的图画书才算得上是一本好图画书。所以，这样的图画书能够使不识字的幼儿自己独立看书，从中发现乐趣。①

二、图画书分类

图画书是一个包容性很强的概念，种类繁多，各个种类之间界限也非常模糊，一般按文体分为以下几种。

(一)故事型图画书

故事型图画书在文字的处理上，往往叙述的线索较为单一，脉络清楚，结构单纯。但简短浅显并不意味着简单平庸，故事型图画书往往构思巧妙，事件能引起并能满足儿童的好奇心。代表作品有《换一换》、《鼠小弟的小背心》、《鼠小弟，鼠小弟》、《好饿的小蛇》、《漏》等。故事型图画书的完整性、情节性、趣味性等特点深受低幼儿童的喜爱，因为好的故事情节允许孩子们参与行动，感受冲突的发展，意识到高潮的出现，接受令人满意的结局，给儿童一种完美无缺的心理满足和美感享受。

(二)小说型图画书

从文字的角度来说，小说文字较多，这是小说型图画书给人的第一印象。《开往远方的列车》、《女孩和寒鸦树》系列等图画书中都运用了大量的文字，几乎是一般图画书的十几倍。甚至可以说，如果掩去画面，我们会发现，文字本身就是一篇十分完美的小说。小说型图画书非常注重捕捉声色光影，捕捉日常生活一刹那的小细节。代表作品有《种树的男人》、《花

---

① 松居直. 我的图画书论[M]. 长沙：湖南少年儿童出版社，1997：26-31.

婆婆》、《走在路上》等。小说所表现的生活画面具有多层的审美意味，精致的细节、典型的人物和值得咀嚼的语言，这些特点也就要求小说型图画书的读者具有这种发现细节、品味语言的能力，鉴于儿童生理、心理以及认知水平的发展特点来说，这种类型的图画书显然不适合低幼孩子阅读的。

(三)童话型图画书

童话是儿童文学最早的文体之一，也是儿童文学中作品数量最大、最受读者欢迎的传统形式，它在儿童文学中占有特殊的地位。同样，在图画书中，童话型图画书也是主要文体类型之一。童话型图画书最基本的特征则是丰富多彩的幻想世界，尤其是图画的插入，使得原本纯文字的童话更加富于神奇的色彩。代表作有《小牧羊人和夜莺》、《城市老鼠和乡下老鼠》、《不莱梅的音乐家》、《犟龟》、《光屁股大犀牛》、《出走的绒布熊》、《吃噩梦的小精灵》、《苍蝇和大象的足球比赛》、《逃家小兔》、《猜猜我有多爱你》等。童话型图画书的结局大多数是幸福美满的，不管经历了多少曲折、艰难，圆满的结局让我们从想象中经历的巨大危险以及深深的绝望中恢复过来，心情得以重振，对未来充满希望。从这个角度讲，童话是爱的礼物，尤其适合家长和孩子之间的亲子阅读。

(四)散文型图画书

散文型的图画书强调通过具体的形象、画面所抒发的深刻思想和审美体验，营造优美的意境和浓烈的抒情。语言凝练、意境优美、不拘泥于形式。代表作有《风到哪里去了》、《一片叶子落下来》、《小房子》、《再见，艾玛奶奶》、《北纬 36 度线》等。

(五)诗歌型图画书

诗歌是传统的纯文字儿童文学中的重要文体之一，也是图画书这个特殊儿童文学书籍中的重要文体之一。诗歌型图画书可以细分为儿歌图画书和儿童诗图画书。儿歌图画书从内容上来说往往浅显易懂，主题单一，一首儿歌总是单纯集中描写或叙述一件事物，简洁有趣。从韵律上来说，儿歌图画书篇幅短、句式短，念起来朗朗上口，易记易唱，如《风筝得意我得意》、《红蜻蜓 绿蜻蜓》。儿童诗图画书更具有抒情性、音乐性以及语言的高度凝练性和形象性等特征，儿童诗图画书更注重营造优美的形象和优美的意境，注重画面感和形象感，在优美的意境中，展现儿童天真活泼的童心童趣，表现儿童率真、活泼的天性。代表作有《月亮，晚安》、《月下看猫头鹰》、《世界为谁而存在》、《我喜欢你》等。对于儿童诗图画书的阅读，就像倾听最知心的话语，让你神清气爽，放松了许多，尤其适合家长和孩子之间的亲子共读、心灵的交流。

除此之外，玩具书也是一种图画书，玩具书按照其有无文学性来分，又可以分为纯玩具图画书和有一定"游戏"性质的图画书。纯玩具图画书中绝大部分是"撕不烂"、洗澡书和立体翻翻书，这类玩具书并不属于文学的范畴。"撕不烂"玩具书不怕撕、不怕咬，深受低幼儿童喜爱。洗澡书可在教导低幼儿童认知的同时，锻炼儿童手腕的抓握能力，许多孩子尤其喜欢在沐浴洗澡时玩。立体翻翻书则是通过版式设计技巧，跳出平面书的二维模式限制，创造三维立体的空间感，一方面提供让孩子游戏玩耍的对象；另一方面立体翻翻书更直接形象，有助于孩子的认知，更直观地了解事物的一般特征。有一定"游戏"性质的图画书并非纯玩具图画书，只是寓教于乐，在图画书中通过版式设计使画面出现更丰富的变化，具有一定"游戏"性质，不影响其文学性。

三、图书馆未成年人图画书的选择

图画书越来越受到家长和小读者的喜爱，市场上的图画书也越来越多，图书馆如何选择图画书，使有限的购书经费发挥最大的效益，是目前图书馆采购图画书面临的一个问题。图书馆在选择图画书时应该遵循如下原则。

第一，图画的艺术风格，表现手法独特，富有一定的深意，不仅仅是文字的重复，而是自我承载故事的叙述或作者自己想要表达的主旨。

第二，文字可多可少，但好的文字可以适当、精准的表达作者的思想或叙述故事。

第三，故事呈现方式富有新意，一本好书的故事内容或幽默，或深刻，或怪诞，是关于孩子自己的生活或思考，能够激发孩子的想象力、创造力、独立思考的兴趣。

第四，国际获奖作品：目前国际上主要有凯迪克奖、格林纳威奖、丰子恺儿童图画书奖等，采购人员要经常留意此类奖项。

第五，名家作品：安东尼·布朗、芭芭拉·库尼、大卫·威斯纳、大卫·香农、李欧·李奥尼、梅瑟·迈尔、莫里斯·桑达克、杨志成等。

第六，语种与风格搭配，注意中文版、港台版和英文原版书的搭配。

第五节　特殊儿童读物

一、智障儿童读物

智障儿童是指儿童的智力明显低于同龄儿童的水平，并显示出适应行为的障碍。智障儿童能力有限，学习持续性较短，记忆力较差；应用能力较低；学习的动机少出于自发；欠缺抽象思维，领悟力和理解力薄弱；学习转移能力不足，不能灵活运用所学的知识和技能。普通的未成年人文献不能满足他们的阅读需求。智障儿童读物特点为形象性、直观性、故事性强；他们适合阅读以图画说明为主，图文并茂的图书。

二、盲童读物

盲童是视觉有障碍的儿童，一般称之为视障人士或失明人士。目前专门针对盲童的盲文书多为有声读物，种类与数量也比较少。

三、色盲儿童读物

色盲亦称"色觉辨认障碍"，是指无法正确感知部分或全部颜色间区别的缺陷。色盲儿童并非不能分辨所有色彩，即使在不能正确分辨颜色的情况下还可以依靠颜色本身的明度、纯度不同区分颜色，所有色盲都能分辨灰度变化。色盲儿童读物多以灰度文字和图片形式出现。

第六节　未成年人文献资源建设的新动向

一、分级阅读指导下的馆藏资源建设

分级阅读就是按照少年儿童不同年龄段的智力和心理发育程度为儿童提供科学的阅读计划，为不同孩子提供不同的读物，提供科学性和有针对

性的图书。所谓"分级"实际上就是"什么年龄段的孩子读什么书"，这也是儿童阅读的黄金定律。分级阅读在欧美图书市场已经有 60 余年，相关方面的研究比较成熟。在分级阅读理论的指导下，我国图书馆开始进行馆藏资源的分级收藏，为不同年龄段孩子提供适合他们的阅读材料。2010 年出版的《儿童心智发展与分级阅读建议》和《中国儿童分级阅读参考书目》是目前我国图书馆领域比较科学、权威的分级馆藏建设的参考依据。现在分级阅读理论已经受到出版界和图书馆界的普遍认可，成为图书馆的馆藏资源建设的重要理论指导。

二、针对读写障碍儿童的馆藏资源

根据国际读写障碍协会的定义，读写障碍也是一种学习障碍，它并不是由缺乏动机、感觉障碍、不适当教学技巧以及环境所直接造成的，而是一种神经心理功能的异常。为了帮助这类人群克服读写方面的障碍，国外的图书馆往往会开设一个专架为这类人群提供特殊的阅读资源。如内容较短，字体较大，行间距较宽，留有大量的旁白，纸张使用的是保护视力的米白色，故事简短，情节引人入胜。为了让更多的有读写障碍的孩子受益，图书馆要积极购置专门针对阅读障碍儿童的图书，开设专架为他们提供服务，让他们能够不断进行大脑的锻炼，多读书并喜欢上读书。

三、激发男孩阅读兴趣的特色馆藏

男孩的阅读量一般较女孩要少很多，如何激发男孩子的阅读兴趣成为国内外图书馆都比较关注的一个话题。为了吸引更多的男孩读书，英国政府启动了"男孩阅读计划"（Boys into Books）。活动的主要内容就是英国图书馆协会向公共图书馆和中小学图书馆列出书单，书单中的图书都是男孩子比较感兴趣的主题，包括惊悚、探索、实践、发现、野外、想象、发明、幽默、游戏、侦探、生存、思考、训练、运动等。图书馆会专门开辟一个书架针对男孩子，每本图书书脊都贴上"Boys into Books"的书标，让孩子们完成从学习阅读到通过阅读而学习的转变。

【本章小结】

未成年人文献资源具有不同于成年人文献资源的特点，目前正在从图文并茂发展为动画、漫画、游戏合一的"ACG 模式"，套装图书更受欢迎，同一题材版本较多。选择未成年人文献可结合国际图联制定的标准。儿童文学作品、图画书是图书馆收藏的重点。未成年人文献资源建设的新动向是分级阅读理论指导，针对读写障碍儿童和激发男孩兴趣的文献资源建设。

【思考题】

1. 不同年龄段的未成年人文献有何特点？
2. 儿童文学作品有哪些类型，其特点是什么？
3. 图画书有哪些类型？其特点是什么？
4. 未成年人文献资源的发展趋势是什么？

【推荐阅读】

1. 国际图联儿童图书馆服务指南. http://www.ifla.org/files/libraries-for-children-and-ya/publications/guidelines-for-childrens-libraries-services-zh.pdf.

2. 海飞. 2010：中国童书出版的"强国元年"——2010 年中国少儿出版述评. 编辑之友，2011(3)：18-20.

3. 海飞. 中国儿童阅读出版物及作家的情况分析. http://baobao.sohu.com/20090423/n263584015.shtml.

4. 黄蓓佳. 我要做好孩子. 南京：江苏少年儿童出版社，1996.

5. 高锦雪. 儿童文学与儿童图书馆. 台北：学艺出版社，1981.

6. 蒋风. 儿童文学概论. 长沙：湖南少年儿童出版社，1982.

7. 柯南. 图画书：幼儿文学的现代形式. 浙江师大学报(社会科学版)，1994(6)：7-10.

8. 李利安·H·史密斯. 欢欣岁月. 台北：富春文化事业股份有限公司，1999.

9. 松居直. 我的图画书论. 长沙：湖南少年儿童出版社，1997.

10. 朱自强，何卫青. 中国幻想小说论. 北京：少年儿童出版社，2006：62.

第四章 未成年人服务环境的创设

【目标与任务】

　　本章要求学习者了解公共图书馆未成年人服务环境的创设对未成年人成长的重要性和环境创设的基本知识。本章介绍了未成年人服务环境创设的基本要求和原则,不同年龄段未成年人的图书馆服务空间特点和设计要求,未成年人服务馆藏布局的基本特点和要求,图书馆未成年人服务标识系统的特点和设计要求。

第一节　创建未成年人服务环境的目的和要求

一、服务环境

　　公共图书馆未成年人服务环境是指公共图书馆(包括少儿图书馆)为满足未成年人获知增智、愉悦阅读、锻炼心智,培养未成年人阅读意识、阅读习惯,提高未成年人信息素养所创设的一切物质环境和人文环境。它是由建筑设施、文献资源、设备、未成年人、家长及相关读者、图书馆员、人文环境等各种要素所组成。

　　智利圣地亚哥公共图书馆馆长 Gonzalo Oyarzun 认为:"作为公共场所的少儿图书馆,是少年儿童娱乐的地方;在那里他们可以自由选择和探索;父母和孩子可以彼此交流与了解。它是一个少年儿童在尊重彼此差异的基础上交流的私密空间;是一个教师与学生共同远离课程的压力,一起阅读的地方。"[①]在这个多功能的、互动的、充满灵性和智慧的空间里,孩子们可以自由获取书籍,体验新技术,参与各种活动,享受图书馆提供的专业服务、舒适的环境以及专为孩子们设计的基础设施。

---

① 邵博云. 美国公共图书馆少儿专区的空间特色及设计要求[J]. 图书馆学研究,2011(10):92—94.

二、服务环境的构成

未成年人服务环境由物理环境和人文环境两部分组成。

1. 物理环境

物理环境指独立于人以外的客观条件，由自然环境和人工环境所组成。公共图书馆服务于未成年人的物理环境包括以下方面。

(1)图书馆馆舍内环境。馆舍内环境包括图书馆建筑、空间环境、文献资源、馆藏设备、阅读设备、玩具、教具、活动道具、文化内饰等，它们是开展图书馆服务所必须具备的，对图书馆服务有决定性的影响。

(2)图书馆馆舍外环境。图书馆馆舍外环境指图书馆建筑之外的广场、周边绿化等，这些环境一般是读者进入图书馆前所接触的，或者是在图书馆阅读时可以观察到的，它们间接影响了图书馆服务的质量。

2. 人文环境

人文环境是图书馆管理者通过办馆理念、管理水平与管理风格所营造的图书馆人文氛围。良好的人文氛围可以提高公共图书馆的服务水准、展现公共图书馆的文化气质。图书馆人文环境主要包括四个方面的环境因素。

(1)图书馆管理。包括管理理念、规章制度、管理决策能力和执行力等。

(2)图书馆文化。主要指图书馆人文氛围，图书馆员的精神面貌及图书馆内部人与人之间良好的关系。

(3)图书馆职业伦理和图书馆员职业素养。主要指图书馆行业的职业理念、对从业人员行为操守的规定，图书馆员对待工作和读者服务的职业态度以及图书馆员的专业技能。

(4)图书馆员与未成年人读者、家长、相关社会行业及人士等关系的建设。

三、创设未成年人服务环境的重要性

服务环境是图书馆服务的重要基础，不同场所的特质赋予人不同的特质及约束。未成年人成长的过程是健康性格、良好素质、健全心智形成的过程，塑造安全、健康、方便、舒适、富有文化情境的育人环境，意义巨大。由于未成年人对于环境比成年人更加敏感，更加难于调整自己去适应环境，因此良好的服务环境对于未成年人显得尤为重要。

1. 促进未成年人的环境知觉和空间认知

环境知觉是个体对环境刺激的一系列心理加工，从而达到识别、认识、理解、记忆和使用环境的目的。空间认知依赖于环境知觉，人们借着各种感官捕捉环境特征，通过观察获取某一信息，以及环境有关的特定联系。①

俗话说："三岁看老"，说的是人的性格在 0—5 岁这一时期基本定型了，也就是说这段时间是一个人性格形成的重要时期，它对未成年人的思维、性格、认知乃至每一个细胞都会产生根深蒂固的影响。最早的感官记忆常常会埋藏在人们的脑海中，即使在成年后，这些儿时的记忆仍会偶然浮现在脑海中。

令人愉悦的公共图书馆环境能够加深未成年人对图书馆的感知，开启其图书馆意识、诱发其利用图书馆的热情和阅读的兴趣，提高获取知识的能力。公共图书馆可以通过对未成年人服务环境的创设促进未成年人对图书馆这一特定环境的特定知觉和特定认知。

2. 启迪未成年人图书馆意识

未成年人的认知是在与周围环境相互作用的过程中不断发展的。公共图书馆未成年人服务环境的特定创设，作为未成年人认知发展的一种刺激条件，可以增进未成年人对图书馆的认知度，激发未成年人对公共图书馆的向往，提高未成年人利用图书馆的自觉性，使未成年人认识到此种环境的特性、规则及与其他环境的区别，从而感知图书馆、认识图书馆、善用图书馆。

3. 激发未成年人阅读兴趣，培养未成年人阅读能力

环境对未成年人阅读意识、阅读兴趣的培养、阅读能力的锻炼，尤其是婴幼儿早期各种阅读能力的启蒙起着至关重要的作用。图书馆不仅要着眼于为现在未成年读者服务，更要着眼于肩负起培养未来未成年读者的重任，即不仅为现在读者服务，也要为潜在读者服务。

4. 规范未成年人行为举止

环境心理学认为，环境可以对人的行为产生深刻的影响。人的行为在

---

① 常怀生. 环境心理学与室内设计[M]. 北京：中国建筑工业出版社，2000：3.

很大程度上受环境的制约、引导。对环境的设计、装饰的得当与否，直接影响到人的客观行为与主观意愿以及环境功能的发挥。

未成年人正是意识形态、价值观、行为习惯形成的关键时期，如果未成年人在浓浓的人文气息中、在温馨亲和的氛围中、在舒适整洁的环境中、在健康益智的书香环境中成长，其心理、行为必能得到正确的干预和修正，从而正常地形成和发挥，达到最理想的行为状态。

5. 影响未成年人心智发展

公共图书馆创设适合未成年人生理特征、心理特点、认知程度、行为习惯的环境，对未成年人的心智发展能起到一种熏陶、影响和潜移默化的作用。因此未成年人环境的创设要具有明确的指向性和规范性，使之成为未成年人行为习惯的指引、规范和倡导。积极向上、健康环保的物理环境，和谐温馨、理念健康的人文环境必将为未成年人心智发展提供良好的成长环境。

四、创设未成年人服务环境的基本要求

公共图书馆不仅是未成年人阅读、学习、获取知识的场所，还是未成年人成长必不可少的乐园，是未成年人温馨的"家"，是未成年人探索科学、获知增智的"王国"。

"任何一栋公共建筑，在满足人们使用功能的同时，还要满足人们的心理、精神需求，即文化内涵要求。"①

环境是一种"隐性的课程"②，是教育的延伸。基于这点，公共图书馆在创设未成年人服务环境时承载着教育、启迪、探索等多重使命，公共图书馆管理者在设计时应站在未成年人角度、用未成年人的语言、未成年人的手法、未成年人的材料，依据未成年人的生活特质、成长规律，运用科学、实用、艺术、技术等手段，处理好未成年人的生理、心理与环境的关系，创造出符合未成年人探索、游戏、学习、成长的属于他们自己的、自由快乐的精神家园。

（一）人性化要求

公共图书馆在设计、布局和创设未成年人服务环境时，一切应从关注

①②　常怀生. 环境心理学与室内设计[M]. 北京：中国建筑工业出版社，2000：16.

未成年人出发，以满足未成年人需求为中心，把未成年人的需求作为设计的重要参数，强调未成年人处于公共图书馆环境、使用公共图书馆各类专用设备时的舒适性、适用性、健康性、安全性。强调环境对于未成年人身心的影响，对未成年人安全的重要，对未成年人的感召力、亲和力、吸引力，激发未成年人的求知欲。在了解未成年人的生理、心理特征、成长特点、文化层次以及喜欢的色彩、偏爱的造型、爱好等基础上，运用科技、艺术等手段营造适宜、舒适、雅致的文化阅读环境。使未成年人在享受空间环境的方便、舒适、安全和效率的同时，心智、人性得以正常成长、释放与满足，使其心理更加健康，情感更加丰富，人性更加完善。

在处理管理功能和读者使用功能上，首先强调未成年人利用公共图书馆的便利性、合理性、科学性；其次才满足图书馆管理的科学性、合理性、便利性。

在未成年人服务空间创设上，强调引入"三统一大"（即统一柱网、统一层高、统一荷载的一体化空间）模式设计理念，以开放式服务格局为未成年人提供一站式的服务，内部采用无固定、软隔断，以最大的灵活性实现借阅藏管一体化及一区多功能的阅读服务及活动实践区。在结构和布局上应遵循"紧凑合理、以人为本"的原则，根据不同的阅读区、活动实践区和读者群将空间细分，最大限度地方便不同年龄段未成年读者对图书馆的使用。可通过家具的配置或不同色彩的搭配等手段来表现不同区域、不同的服务功能。

设备配置、系统导向及环境标识上均应充分考虑未成年人身高、残障人士特殊性、阅读障碍儿童情况、未成年人对颜色喜好等特性。

未成年人服务环境创设要随着图书馆事业的发展、功能的增加、未成年人需求的变化对内部功能设置、布局、使用进行调整。按照不同的阅读区域、活动实践区域设计不同的情景环境，满足未成年人好奇、好动、色彩敏感等特点。

（二）安全性要求

安全是公共图书馆办馆的重中之重，是未成年人到图书馆获取知识、愉悦阅读的重要保障。根据未成年人的生理、心理及行为特点，公共图书馆在创设环境时应充分考虑未成年人利用公共图书馆的安全因素。

安全性包括馆舍安全、空间布局安全、文献资源安全、设备安全、环境安全、活动安全、未成年人心理安全、公共关系安全等方面。通过各项安全措施达到办馆安全，最终达到未成年读者在利用公共图书馆、享用阅读时的身心安全。

馆舍安全强调的是公共图书馆建筑要严格遵守相关建筑规范标准及建筑物各项安全指标。做好交通组织工作，馆内要处理好人流、物流、文献流三者的流向关系；馆外要处理好人流与车流的关系。解决好消防安全疏散标识及疏散组织。

设备安全指未成年人使用的各类设备、教具、道具、玩具等要满足绝对的安全性能，避免及排除一切不安全因素；保障未成年人所使用的教具、玩具洁净、安全；设备、设施及未成年人所能触及的建筑物阳角应避免尖利、坚硬，尽量采用柔软的、防撞的物体包裹或覆盖。

活动安全指开展未成年人活动应把安全放在第一位，充分考虑各种不安全因素，并制定切实可行的应急预案。

公共关系安全是指公共图书馆要树立公关意识和加强公关管理，促使公共图书馆与社会各界保持一种良好、安全、和谐的关系。要正确理解、慎重对待、良好处理与未成年读者、家长、教育工作者等服务群体的关系。运用公关手段介入舆论，引导舆论，改善公共图书馆的生存、发展环境。善待媒体、善用媒体，保持与媒体良好互利、理解、包容的关系。

文献资源安全是指未成年人文献资源的内容应该健康、适合未成年人特点，具备多样性和趣味性。

办馆安全是在各种办馆因素安全的基础上完成的。安全的馆舍、严谨的办馆制度、完善的管理体系、合格的馆员、健康的读物、安全的用电、周密的阅读活动计划、完美的实施结果、安全的服务设施、设备是保障公共图书馆安全开放的前提和基础。

(三)生态性要求

树立环保节能的绿色理念，尽量采用自然光、自然通风、引入自然绿色，减少人工机械通风和人工光源。保持噪音量小、通风好、空气清新的状态。环境空间设计的形式风格要体现与环境的融合性，在满足功能的前提下适度采用高新技术，慎重处理节能技术的应用及高投入、高维护成本之间的问题。

(四)全面性要求

环境创设既要考虑物质环境创设又要考虑人文环境创设；既考虑物理建筑体内的环境创设，还考虑建筑体外的环境创设；既要考虑馆内、外环境创设，还要考虑设备、设施建设；既要考虑硬件建设，更要考虑图书馆文化、人才队伍建设及服务质量、服务品牌等软件建设，使之成为一个统一、协调、完整的整体；既要考虑健全未成年人利用公共图书馆的要求，更要考虑未成年残障人士利用公共图书馆的要求；既要考虑未成年人利用公共图书馆的要求，还要考虑与未成年人相关群体利用公共图书馆的要求。

五、未成年人服务环境创设基本规范

未成年人服务环境应依据科学、规范、严格的标准创设，可参照下列规范或标准。

(一)图书馆建筑规范

《公共图书馆建设标准》(建标 108-2008)

《图书馆建筑设计规范》(JGJ38-99)

《公共图书馆建筑防火安全技术标准》(WHO502-1996)

《图书馆、博物馆、美术馆、展览馆标准》(GB9559-1996)

(二)相关的国家标准和行业标准

《建筑设计防火规范》(GB50016-2006)

《城市道路和建筑物无障碍设计规范》(JGJ50-2001)

《建筑采光设计标准》(GB/T50033-2001)

《建筑照明设计标准》(GB50034-2004)

《公共建筑节能设计标准》(GB50189-2005)

《绿色建筑评价标准》(GB/T50378-2006)

《建筑工程抗震设防分类标准》(GB50223-2008)

《建筑内部装修设计防火规范》(GB50222-95)

《中小学建筑设计规范》(GBJ99-86)

(三)地方标准或规范(略)

(四)标准与规范选择原则

在未成年人服务空间及环境创设过程中，在条件许可的情况下，应该尽可能采用更高标准。由于未成年人应急能力差、经验少，管理者在创设未成年人服务环境初始应该充分设想各种不利于安全的因素，把规避各种安全隐患摆在第一位。消防设计除符合《建筑设计防火规范》(GB50016-2006)及《图书馆建筑设计规范》(JGJ38-99)，最好按一类建筑一级耐火等级考虑。

未成年人服务环境、活动场所、文献资料、玩具、教具、活动道具等建设除依据《图书馆建筑设计规范》(JGJ38-99)对环境保温、隔热、温度及湿度采取一定措施外，还应采取相应防湿、防潮、防尘、防有害气体、防阳光直射及紫外线照射、防磁、防静电、防虫、防鼠等措施，同时要注重各类用品的消毒和使用安全。

第二节　空间环境的创设

一、空间环境创设的指导思想

1. 空间环境创设的新理念

突破单一的只限于传统借阅的空间。近年来国际上公共图书馆在新建、扩建和整修过程中，十分注重未成年人服务空间的建设。据台湾学者曾淑贤的调查，① 新建图书馆在儿童空间规模上，较10年前多了一倍。新馆不仅增加儿童空间，空间创设的理念也不断创新。如台湾的公共图书馆改建时在空间布局上注重推出"富创意及童趣的儿童空间"，"婴幼儿阅读区及说故事活动室"，"学龄儿童学习资源中心或学习教室"，"青少年互动空间"等未成年人服务空间，而"网络搜寻及数字学习空间"，"影音欣赏空间"，"无人服务智能图书馆"，"书籍数据展示空间"对青少年也有很大吸引力。

空间趋于多样化，即不同年龄段的未成年人应该有不同的功能空间。

---

① 曾淑贤. 国内外公共图书馆建筑及空间改善之探讨[M]. 台湾图书馆管理季刊，2010，6(4)：8-29.

各功能空间不仅提供适合不同年龄段的图书阅读、设施和智力玩具，还应做大量的工作去吸引儿童的注意力，帮助孩子们在幼儿时期就去认知和体验科学与艺术。因此要求图书馆管理者精心策划，与设计师密切合作，设计出既能够培养儿童的想象力，又能培养其实践能力的空间。把光线、空间、秩序带进儿童的生活，同时也应满足他们安全的需要。

对于婴幼儿和学龄前儿童服务空间，图书馆在空间设计及氛围营造上注重融入主题及童趣。例如主题方面，有森林、花园、动物园、商店、海洋等主题，通过空间的变化及生动、多彩、形象的环境，能让儿童更加喜欢图书馆。而童趣设计方面，有可以攀爬的架子，让儿童爬上去取书，有探索的乐趣；也有私密空间的设计，让儿童窝在里面享受阅读的乐趣；而在桌椅上变化造型的更是普遍，如花朵、心形状的桌子，在椅背上镂刻昆虫、星月图形等。由于灯光、颜色及室内装修对儿童在馆内的行为有很大的影响，公共图书馆空间设计时都追求创设一个鼓励儿童安静阅读或鼓励他们活动的地方，通过颜色、灯光、室内装修方式达到这一目的。

亲子阅读服务空间的设计更加复杂。如果有一个类似家庭的空间，能够更好地吸引父母或其他照顾者和孩子一同到图书馆来，与孩子分享阅读经验。为此，很多图书馆设计了可以坐得下父母和孩子的大尺寸椅子，让他们可以共读；也有图书馆设计一些隐藏、相对安静的地方，暂时避开其他活动，供家长和其他照顾者陪同儿童安静地阅读，甚至小憩。

对于学龄儿童，多年来，图书馆始终烦恼着六年级以后即消失不见的潜在小读者。因此对于青少年，应设计一些适合他们的空间，使其同样迷恋上图书馆。不仅需要提供个性化阅读空间，如提供个别阅读桌，使其能安静、专心阅读。还提供休闲区域聆听音乐，青少年共享空间、家庭作业讨论区、DIY创意区等，提供青少年沟通、交流的空间，也提供青少年和馆员、老师讨论、交流的空间。如美国亚利桑那州凤凰城图书馆和加州洛杉矶图书馆新馆建筑都特别设计了青少年中心，结合音乐、影像及阅读空间，包括团体阅读空间，尝试通过这些空间将六年级后消失的人群请回图书馆。

2. 设备的人性化及多样性

阅览座椅可采用多种造型，如方形、长方形、圆形、花瓣形等各种集合的桌子、不同造型的阅览桌椅，以增强儿童学习的乐趣或富有想象力的阅读。这些桌子上既可以满足传统意义上的学习，也可以进行电脑应用。中间小小的间隔设计既考虑到喜欢独居的儿童的需要，也考虑到那些喜欢和人交往的儿童的需要。

用于未成年人阅读的桌椅要采用正确的符合人体工学的一系列尺寸，以满足不同身高孩子们的需要。

3. 建立互动式教育环境

环境是一种立体的阅读，孩子们在与环境的互动中，丰富了教育的内涵，环境也成为孩子们的朋友。建立互动式教育环境，让未成年人在互动、共享、开放的空间环境中激发灵感，这也是现代图书馆管理理念的要求。同样，教具、道具、玩具在儿童认知教育中具有重要的作用，能刺激孩子们的操作欲望，使其忘我地探索、思考。配合各种类别阅读主题文献，专门创设相对应的空间环境、环境装饰，配置相适应的设备及文献内容，提供玩中学、学中玩的材料，同时推出动态的展览、活动。让未成年人参与其中，并从中获得新的发现、新的创造，增加感性认识。

4. 突破单一"图书"馆的局限

空间设计强调培养未成年人的探索性、感知力以及环境与未成年人的互动性。现代图书馆已经成为一个重要的公共空间，对于未成年人服务更是如此。未成年人的阅读不仅可以"看"纸本文献，还可以看或听声像资料，看或听图书馆员或同伴说或表演，可以自己制作或创作文献，甚至可以玩耍、游戏、娱乐。因此，现代图书馆的环境设计应突破单一图书馆局限，对于未成年人服务空间，可以在传统图书馆功能之外，兼具有科学馆、博物馆、青少年宫的功能。如有条件的公共图书馆可以：(1)建立儿童科学操作间：让未成年人在极具视觉导向的空间，引导未成年人从"动"的角度去观察、探究周围的事物；(2)建立儿童绘画区：可以让孩子们用手中的画笔自由创造，描绘其心中的图画与故事，成为最快乐的地方；(3)儿童科幻探索区：内藏丰富的自然知识与科学奥秘的文献或设施，相适应的环境创设可以激发孩子们的探索欲望。

5. 软隔断的理念

软隔断是限定空间，同时又不完全割裂空间的手段，使用隔断能区分不同功能的空间，让固定的空间且开且合，让空间不再呆板单调，并实现空间与空间之间的相互交流。

为未成年人服务空间隔断可以用多种形式实现。如以儿童画为主题的展示板隔断；以木质材料构成的隔断；以浮雕设计为主题的隔断，在立体中追求色彩的变化，形成了奇妙的空间纵深感。以不同的形态诠释着装饰设计的特殊之美，让未成年人在不经意中感受到设计文化所散发出的魅力，并潜移默化地受到文化熏陶。

二、空间环境创设的基本原则

创设未成年人服务环境是一项非常复杂的活动，与图书馆的管理者和建筑设计者的理念、眼界有很大关系，同时也与市民的需求相联系。美国基奇纳公共图书馆委员会考虑中心图书馆空间创设时提出了七条标准。虽然该标准是对一般公共图书馆而言，但对未成年人服务空间环境的创设仍有启发。这七条标准是：

(1)创建一个温馨的和有吸引力的图书馆空间；

(2)提供适应图书馆馆藏增长及新载体的空间；

(3)增加计算机工作站数量；

(4)为艺术展示、讲座和文化活动提供空间；

(5)在一个功能完善、儿童友好的空间中集成所有的儿童服务；

(6)通过降低书架和扩大过道改善设备的可用性；

(7)体现能源效率和可持续发展的设计特点。①

根据近年来国际上相关理念及我们的认识，公共图书馆未成年人服务空间环境创设的基本要求有以下几方面。

1. 营造一个舒适的阅读环境

一个舒适的阅读环境可以激发未成年人的阅读兴趣并通过图书馆既定服务目标帮助未成年人及其他们的父母和其他家庭成员、看护人以及与少儿工作相关的人员在图书馆自信、自如、自由地寻求答案、获取信息，掌握利用公共图书馆的技能。

近年来公共图书馆的空间设计有两个截然不同的趋势。一个是大开间趋势，扩大单一空间的面积，尽量减少服务项目之间的物理隔离，方便读者从一个服务空间进入另一个服务空间，便利读者并提高管理效率；另一

---

① KPL. Public consultation[OL]. http://www.kpl.org/central/pl_public.html.

个是信息公共空间(IC)①的趋势,营造一个不是很大但极为舒适的空间,改善读者的服务体验。我们认为,大开间的空间布局风格比较适合于成年人服务,而未成年人服务具有阶段性特点,不同年龄的读者有差异极大的服务需求,这就要求图书馆营造许多风格各异的空间,以便细化服务。因此未成年人的服务空间风格应该是类似 IC 的风格。

2. 营造一个促进阅读的环境

阅读是公共图书馆未成年人服务的核心。图书馆藏书丰富,应该刻意营造一个犹如知识海洋的环境来鼓励未成年人热爱阅读及书籍,满足未成年人的求知欲、感观和读写需求。根据未成年人成长的不同阶段开展和强化听、说、读、写、绘等认知能力。

公共图书馆为了鼓励未成年人阅读,对低幼儿童区间的空间精心布置与陈设,色彩明亮、活泼,常见可爱的玩偶布置其中,仿佛亲切地召唤小读者。此外又有各式的棋具、游戏玩具、模型等摆在桌上、地上或架上,让小读者寓乐其中。国外很多图书馆中文献的陈列通常分为三个区域:图画书区域(图画书、图画故事书、简单知识性读物);小说区域(童话、民间故事、侦探、科幻故事、短篇故事集、一般小说等);非小说区域(知识性读物及传记)。各类标识清楚,分开陈列。幼儿小型图画书、故事书、图表则经常以可爱的布篮装放在书桌,随手可取。在公共图书馆丰富多彩的空间环境中,未成年人以各种姿势阅读,往往成为公共图书馆中最为亮丽的风景线。

3. 营造一个适应多样化服务特点的环境

对于服务空间较为宽裕的图书馆,应该营造一个适应未成年人多样化服务特点的环境,如为父母及看护人、未成年人教育工作者提供交流的空间,为儿童音乐表演和戏剧表演提供场地,为家庭亲子阅读提供实践场所,为青少年开展科学、人文知识启蒙提供教育基地,等等。馆舍内除有供未成年人阅读、获知的文献资源,还应有益智玩具、教具、科学实验设备;开展各项阅读活动的情景区;设置专用的洗手间和换尿布的设施、母乳喂养室或喂奶区域。提供丰富的适合为婴幼儿服务的各种形式的资源,

---

① IC 即 Information Commaons,国内习惯于译成信息共享空间,但这一术语并不具有图书馆学内"共享"的特定含义,且"信息共享"另有对应的英文 information share,故此处译为信息公共空间。

包括婴儿车、折叠式婴儿车、玩具、印刷类书籍、多媒体资源、科技及相应的设备。还应提供未成年残障人士专用的轮椅、扶手、触摸标识、通道等设施和服务。对于服务空间不大的基层图书馆，也应该尽量使服务环境多样化。

4. 营造一个安全的环境

图书馆要加强普及科普常识，在注重环境美化时，更要注重消除安全隐患，并做好防范措施。在环境布置中有些花卉能散发出具有杀菌作用的挥发油，这些挥发油在空气中具有较强的消毒功能，如茉莉、米兰、桂花、紫薇、月季、玫瑰等，茉莉的香味可使头晕、目眩、感冒、鼻塞等症状减轻，因此可适合放在室内。但是要慎用一些带毒的植物或不适合未成年人碰触的植物，如杜鹃花，幼儿接触或误食这些植物，轻者会出现皮肤过敏、红肿，重者出现恶心、呕吐、腹泻、呼吸急促、昏迷，甚至死亡。夜来香、郁金香、含羞草等会释放有毒有害气体，它们会使孩子出现咳嗽、头昏，甚至呼吸困难等症状。仙人掌、虎刺梅等锐利的针刺类植物易刺伤幼儿的皮肤。从未成年人安全角度应慎重选择或摆放在孩子触摸不到的地方和相对安全的地方。

较好的玩具能开发孩子的智力还会带来一定的观赏效果，而一些隐藏危险的玩具应拒之门外。室内的电源插头、电器开关、防火栓等应安装在安全的、孩子触摸不到的地方。针对火灾、地震等自然灾害，制定应急措施，平时做好演练，要给未成年读者树立安全意识，学会自我保护以备不测。

总之，公共图书馆必须让未成年人和他们的监护人觉得图书馆是一个安全、舒适、有吸引力，没有威胁感的场所。图书馆应该是一个没有任何障碍的、无门槛的、便捷的服务场所。

三、空间环境创设的具体要求

公共图书馆未成年人服务空间环境的创设取决于管理者理念、定位、审美取向。理念、定位是决定采用何种风格走向的关键因素。空间环境应是实用空间、审美空间、结构空间三者有机构成的统一体。

空间整体感是审美空间的核心。人们在环境空间中视线所及范围仅仅是一个局部，但随着视点的移动，"摄取"的每个"画面"都会在感受对象的脑海中产生一个"视觉停留"。这些"视觉停留"的画面彼此"叠加",形成综合视觉感受,即空间整体感。结构空间产生于各种空间的构造方式,在空间形式上表现为固定空间、可变空间;静态空间、动态空间;开放空间、封闭空间;虚拟空间、虚幻空间等。图书馆的使用过程是一个动态的过程,图书馆的空间应走向开敞、灵活富有弹性。

空间设计应包括整体设计、主题设计、创意设计。整体设计要从公共图书馆服务理念、功能入手,做到科学规划、合理布局,运用形态、色彩、材料、光影等装饰语言,掌握对比、和谐、均衡、层次、简洁、独特等艺术设计的基本技巧,凸显未成年人特性的阅读、实践环境和特有的文化内涵。主题设计是以实现公共图书馆某个功能为目标,赋予环境以某种主题,围绕既定主题来营造环境。创意设计:以适用未成年人的眼睛塑造更美好、更文明、更开阔的成长空间。

空间环境包括出入口、地面、墙面、氛围、陈设、布局、采光、照明、色彩、卫生、空气流通、绿化等一系列要素。通过空间环境对未成年人视觉、听觉和其他感觉器官的直接影响,间接对未成年读者的心理、生理产生影响。

1. 出入口

出入口是建筑物内外联系的桥梁。以方便未成年人使用为前提;出入口内外高差不宜太大,同时应充分考虑到非常状态下未成年人安全疏散,保证并便利未成年人出入安全;为未成年人服务的建筑物要设多个出入口。要有方便轮椅进出的通道和门口,门应向外开启。公共图书馆管理者要保证所有出入口处于全开放或易于打开的状态,不得因管理方便,将多数出入口封闭,导致紧急状况时疏散不畅,造成严重后果。所有入口处均须有平面图及空间分布图。

2. 窗

窗口是建筑物的眼睛,是未成年人居于室内与外界交流的通道。窗口面积大小决定舒适感,舒适感与信息量大小成正比。但作为学习空间,窗口则不宜太大,适合于专心致志的思考。未成年人不喜欢中规中矩的窗型。彩色玻璃在某种程度上具有隔热、保温、遮光、美观的效果,但对人的视觉功能具有消极影响,甚至会造成视觉伤害。特别是未成年人处于发育期,在有色玻璃的影响下会误解色彩的色素,影响视力健康发展,采用无色透明玻璃是正确的选择，必要时可配备窗帘。窗口的大小、形状和色彩应适合未成年人心理生理的要求。

窗口的设计和选择材料首先应绿色环保，无公害，无污染，漆料的选择尤为重要，尽量减少一些气体造成的危害，大胆利用色彩及运用大面积玻璃体，给小读者创造广阔的空间以达到舒适感。大面积采用红黄绿等反差强烈的色彩，直接夺人眼球，具有意想不到的效果。例如，天津市少年儿童图书馆整体的策划和理念始终围绕"以人为本"这一宗旨，建筑主体为金黄色，门窗为翠绿色，配以局部的不锈钢材质及玻璃幕墙，现代超凡，寓意少年儿童在阳光下茁壮成长。

3. 墙面

处理墙面时要注意解决好墙面与视觉、触觉、听觉的关系。选材必须按照防火要求以及火灾发生后的防毒气要求。墙面在空间构成中所承担的背景角色，墙面的材料可根据空间功能进行选择。纤维质或仿纤维质的贴墙面材料被选用，软化了墙面与人体的硬性联系，增加几分亲切感，不论视感或触感都令人感到舒服。墙面色彩在营造室内气氛中具有画龙点睛的作用。运用色彩的物理心理效应来调节室温和氛围。未成年人活动较多的场所及楼梯、通道的墙面和柱面不应用镜面玻璃，除了容易产生误导之外，还易发生碰撞，以致玻璃破碎伤人。

未成年人服务空间内的墙面不应该是静止、固定的，而是经常变化的，通过墙体展现一定的趣味性和童真。丰富的色彩、独特的造型、巧妙的构图，对未成年人身心发展、审美能力的提高起着潜移默化的作用。是教育未成年人的"隐形语言"。

4. 地面

地面是人体活动的支撑面。为行走安全，首先要求地面防滑，其次是防噪音。塑胶地面有弹性，表面光平，不易滑摔；吸声隔热；易铺贴；易清洗，细菌不宜找到藏身之处。

对于未成年人，地面可能还是他们躺、爬、坐的地方，是未成年人阅读活动的场所，因此地台以木质地面为佳。木质地面保温隔热，有一定的弹性，吸声，易于清洁，比较美观。

肢体残障人士多以轮椅及拐杖作为代步工具，轮椅对地面要求较高，一般只限于在平整的地面或缓坡上行进。应考虑在出入口、通道、电梯、卫生间、书库等地方为乘轮椅或拄拐杖的残障人士提供通行上的方便，且有安全抓手。

盲道是视觉残障人士通行时的辅助工具。公共图书馆不仅在出入口设置盲道，还应考虑在门把处、楼梯处等设置触摸式导向标识、触摸式位置牌、音响提示装置等协助视觉残障人士行走和告知所在方位、方向及所要到达的目的地。

5. 顶棚

顶棚设计，以平顶为最佳，有利于光的反射，和自然光的利用，减少因棚面凹凸不平造成的光损失。白色最有利于光的反射，白色感觉轻，有上浮感，对扩大空间有利，反之，采取较重的深色顶棚，则显得头重脚轻，会产生压抑感。

顶棚对于未成年人服务空间是非常重要的部分，其设计不能简单地采用单一色彩，可通过局部功能空间个性化设计来扩大功能效果。如科学探索区域顶棚可用深邃宇宙做背景、空间内再设置相关的雕塑小品或其他装饰小品、配备可以让儿童动手的工具等，使儿童在相关情境中探索、思考和学习。

6. 电梯楼梯

自动扶梯、垂直电梯、楼梯是读者通往各服务区域的必经之路，设置时应具备保证使用者上下安全、方便省力、感觉舒适的作用。未成年人及残障者因机体特定条件限制，适应能力不强，特别在遇到紧急状况时，楼梯容易影响安全。楼梯必须突出任意条件下的安全保证和适应未成年人踏步尺度，方便舒适。栏杆与扶手是楼梯不可分割的部分，是保证通行者安全的必备条件。扶手必须能够承受足够的侧推力，以便能扶能握，成为通行时的借助工具。

7. 光环境

"光"对未成年人的阅读心理和学习效果的影响很大。相对于未成年人服务环境的其它物理指标而言，"光"的要求最高。光环境、绿色照明、保护未成年人视力越来越受到社会的关注。充足而舒适的光线能使未成年人感到视觉柔和、心情平静，对于启发他们的思维，降低心理疲劳，提高学习效率十分有益。

在未成年人服务光环境的设计中，自然采光意味着高质量的光照环境。但自然采光受季节、地域、时间、光线射入位置的影响，即使在白天也会出现光照不均的状况。因此光照环境的设计应将天然采光与人工照明有机地结合起来，借助于合理布设的人工灯光照明，补充天然光的不足。

灯光照明是一个较灵活及富有趣味的设计元素，可以成为气氛的催化剂，是空间的焦点所在，照明设计不仅要求给空间使用者提供适当的光，避免过强、过弱、反差过大的眩光，光线宜柔和含蓄、稳定，不宜频繁变化。同时要求合理布设灯位、选择灯型、控制照度，通过灯光创造特殊的光环境效果，起到点缀、烘托气氛的作用，创造理想的光环境。

8. 色彩环境

对色彩的感知是未成年人认识外部世界的第一步，未成年人因为天生对颜色敏感而喜爱色彩鲜艳的某个事物。色彩也是环境创设中重要的视觉元素，它和形、光等视觉元素一起传达空间环境的信息及语言。色彩设计是指在特定场所中科学性、艺术性地处理色彩与形态、色彩与材料、色彩与光、色彩与色彩之间的相互关系，合理地创造出建筑墙面、屋顶、装饰、标识物、地面、植物等景观要素的配色方案。

色彩的魅力在于色彩与色彩之间的协调、色彩与造型的协调。当色彩在变化中、差异中实现统一、协调，与人心理形式相吻合时，人就会感到和谐愉悦。色彩的协调还取决于色彩的分布面积、位置及不同明度的变化。

如果色彩没有变化、差异，就无所谓和谐；但变化、差异过大，也就没有和谐。首先环境空间色彩要与自然环境色彩相协调，环境艺术设计中色彩设计要考虑多种环境因素。如地域与气候、历史文脉及时代等因素。因此，引导空间环境色彩体现时代性和现代感。还要注重色彩的和谐，尤其是阅读区域，柔和的色彩会使人安静，纷繁的色调只会令未成年读者情绪过于激动、思维状态紊乱。

环境空间、区域布局、设备及图书报刊等用色彩的标识及搭配能够吸引未成年人的注意力，使其进入图书馆。还可以引起未成年人对环境的兴趣，刺激其思维、调节其心理、丰富其美感。读者活动区、玩具阅览区、休闲区、展览展示区、素质培训区等动区色彩上可以活泼、明快，甚至可以通过不同的情景设计装饰环境。藏书区、阅览区等颜色趋于温馨、柔和，并放置一些绿色植物，营造一种轻快和舒服的感觉，减轻未成年读者的视觉疲劳。图书设备、阅览座椅可采用不同色彩，但应避免对视觉产生太强烈的刺激，减少阅读时眼睛的不适感和阅读中情绪的不安和烦躁感。

从色彩明暗及冷暖的差异创造出不同的效果，使读者产生咫尺天涯的距离感，合理的色彩搭配划分出不同的阅读单元。这种空间布局的结果是使读者从感觉上产生更多的自由度，有助于产生更多的"独享阅读乐趣"。

9. 绿化环境

除了人为色彩布置外，引入自然植物，应用大自然绿色、各类花的色彩是非常重要的。它可以丰富空间的环境色彩、改善空间的空气质量，对疲劳与消极情绪均有一定的克服作用。如藏书区、阅览区和工作区尽可能配置使人易消除疲劳感的绿色植物、鲜花，可营造一种轻快和舒服的感觉，缓解未成年读者的视觉疲劳。

绿化为人们创造了富有生活情趣的生活环境。绿色植物在生活环境中能净化空气、减少尘埃、吸收噪音，能改善小气候、防止日晒、调节气温。

环境绿化设计是一种多维立体空间艺术的设计，是以自然美为特征的空间环境设计，需把植物、建筑、小品等综合起来设计的造型艺术。要用对比调和、主从搭配等设计手法进行规划设计，达到美化环境的效果。

第三节　功能设置与布局

公共图书馆对未成年人提供的每项服务、每项活动都包含着一个运作过程，并形成有规律的程序，它们涉及的许多相关因素构成了相应的功能系统。它分为主要功能系统、次要功能系统与辅助功能系统，这些系统一起构成相对独立又相互联系的有机系统。功能系统包括未成年人活动的物质功能部分与精神功能部分，物质功能部分如活动空间的结构、尺度、面积、位置、材料及活动所需的各种设备等。精神功能部分如空间造型的风格、形式、空间规模、装修档次、空间个性审美表达、空间意境塑造等。公共图书馆未成年人服务功能系统可分为三大模块，即文献服务区域、读者活动区域、运行保障区域，各区域的空间规划既保持相对独立，又保持便捷联系。未成年人服务空间的功能设置与布局可以从以下几方面着手。

一、按功能内容设置

按照功能内容，文献服务区域可以分为未成年人普通文献借阅区、专题文献借阅区、阅览区、视听室、数字资源借阅区、家长及教育工作者借阅区；读者活动区可以分为自修室、阅读体验区、素质培训区、玩具（教具）阅览区、休闲区、展览展示区、报告厅或多功能厅（报告、演出、故事等）、信息共享空间等；运行保障区可分为业务工作区、馆务办公区、机房设备区等。

二、按功能性质设置

(1)根据功能性质及未成年读者活泼好动的特点，将功能按动静区分，文献服务区域、运行保障区域可归入静区，读者活动区域可归入动区。

(2)静区包括藏书区、专题借阅区、阅览区、视听室、数字资源借阅区、业务工作区、馆务办公区、机房设备区、家长及教育工作者借阅区等。

(3)动区为读者活动区、玩具阅览区、休闲区、报告厅或多功能厅（报告、演出、阅读体验活动等）、信息共享空间、展览展示区、素质培训区等。大厅、主出入口应归入动区。

三、功能布局要点

(一)功能布局应科学合理

1. 科学划分，合理安排

现代图书馆提供静区和动区两个不同的区域，让用户可依需求选择环境。对于成年人服务，静区提供文献借阅，是图书馆最主要的服务区域，动区有讲座等辅助活动空间，也有咖啡吧等休闲、聊天空间。因此成年人服务空间设计以静区为主，动区让位于静区。但对于未成年人服务，讲故事、讲座、朗读、游戏活动等主流服务都是在动区中进行，动区设计在图书馆布局设计中占有很重要的位置。

2. 由幼到大，优先布局

在平面布局上，人流集中且大的区域应设置在底层，服务区置于楼下，管理区置于楼上；低幼儿童、特殊儿童的服务区应安排在低层，小学生、中学生和成人以及其他文化活动区域依次向上安排；各主要功能区域既要保持相对的独立，又要有通畅的联系，平面布局应与图书馆管理方式及服务手段相适应，并实行"一站式"服务，建立一体化的藏、借、阅区域，使藏书尽量接近读者，方便使用。

3. 合理组织、保持通畅

图书馆有员工流、读者流、文献流，各种流线要顺畅、便捷、避免交叉、冲撞。满足人流、物流及消防、安全、疏散的要求。各种通道、扶梯、读者和馆员电梯、货梯应按需求设置，保证文献、读者和工作人员流线顺畅、便捷，互不干扰。员工流、读者流、文献流三者关系是各类图书馆环境设计时都要认真处理的，未成年人服务的读者流特点在于，能独立行动的未成年人比到图书馆来阅读的成年人更加好动，活动更频繁，活动范围更大；而不能自主行动的未成年人却要在童车中或需监护人抱着、牵着行动，运行较成年人更加不便。这给图书馆环境设计带来更多挑战。

（二）功能布局可灵活转换

为了适应未成年人服务的阶段性服务的要求，图书馆各功能区域可依据年龄、读物和阅读特点的不同对空间进行分割。在各区域依据未成年人阅读特点，设置相应文献和提供相应服务和细分的服务区域。如果有不同楼层用于未成年人服务，一般应该按低幼儿童、学前儿童、学龄儿童和青少年，由下而上逐级布局。为便于不同功能区域之间灵活转换，功能区域之间可以考虑用可移动家具隔离。

第四节　馆藏陈设要求

馆藏陈设强调科学性、实用性、适用性。馆藏陈设分为功能性陈设、装饰性陈设。功能性陈设指重实用价值。主要为营造馆藏氛围、追求功能区域个性化、馆藏格局变化而进行的陈设。这类陈设品多数具有浓厚的艺术趣味或强烈的装饰效果，如科普小品、科幻模型、动物模型、军械模型等。

一、分类馆藏

目前我国公共图书馆的文献分类，一般依据《中图法》或《中图法（少儿版）》。这种分类管理具有科学性的特点，对于排架管理也有实用性。但为了营造适应未成年人服务的氛围，则需要在分类馆藏的基础上进行新的设计。

馆藏陈设也可以按成人读者文献资源与未成年读者文献资源两部分分开，再按分类法布局馆藏。

二、分级馆藏

依据年龄特征按幼儿、儿童、少年读物分级管理、使用。依据"分级阅读"原理，从少年儿童的年龄（身心）特征、思维特征、社会化特征出发，将适合于不同年龄阶段少年儿童阅读需要的读物分别排架及提供使用。难点在针对这一不同年龄群体的孩子，选择、区分从图画书到桥梁书再到文字书的不同读本。

三、主题文献馆

1. 按照文献主题进行专题排架管理、使用

如图画书专区；科普、科幻、科技类文献资源专区；童话、儿童文学、语言等类文献资源专区；军事类文献资源专区；历史、地理类文献资源专区等。

2. 科学探索区

以科技、科普、科幻为主题的文献资源区，应设有科技主题雕塑、科技小品造型、科技装饰浮雕墙，以及科普小常识、科学家名言等的雕塑，区域范围的浮雕、雕塑、小品造型色彩要丰富，造型要生动、作品要有层次感，努力烘托科技感，激发未成年人对科学的想象能力和创造能力。

3. 儿童文学区

以童话、故事、儿童文学、艺术、语言类为主题的文献资源区，应设有古今中外文学、艺术名人立像，周围环境用文人名言点缀，未成年读者漫步其间感受到浓烈的文学艺术气息。也可以通过诗词长廊，装饰古今中外诗词佳句、自然与历史趣闻轶事、绘画的小品板，它既丰富了空间、增

加了韵味，又为未成年人增加了娱乐性、欣赏性的学习场地。

4. 历史地理区

以历史、地理为主题的文献资源区可借助墙壁或地面绘就世界与中国地理位置图、历史典故等，图案造型既寓于知识性又活泼漂亮，又烘托了氛围。

四、色彩、色标管理

根据不同主题文献的区域，设置不同色彩以区分馆藏布局，便于未成年读者区分、识别。

对于馆藏可采用色标法进行管理，易于未成年人分辨、使用。

第五节　专用设备及家具配置

一、基本要求

公共图书馆未成年人服务应配备专用设备及家具，应从公共图书馆服务职能、读者应用、管理安全的角度从关注核心到普通应用设备配置资源。

二、家具配置

公共图书馆可根据办馆规模、办馆条件进行选择。

1. 馆藏类家具

书架：一般馆藏书架、密集书架、报刊架；音像资料柜；光盘柜。

2. 阅览类家具

阅览台、椅；多媒体室阅览台椅；视听设备家具；沙发、地台等。

3. 办公类家具

报告厅座椅；会议室桌椅；办公台椅；档案柜等相关用品；文件柜、保险柜；接待室沙发、茶几；出纳台等设备。

4. 读者服务类家具

监测仪（如图书馆拟采用 RFID 系统则不必考虑）；读者存包柜；读者检索台；读者饮水机；读者餐厅设备及用品；读者休闲区（书吧）设备及用品。

三、专用设备配置

1. 公共安全系统

公共安全系统主要包括火灾自动报警系统、安防系统。(1)火灾自动报警系统包括自动消防、火灾报警、防排烟系统。配置感烟探测器、感温探测器、模拟显示盘、监视器等设备。(2)安防系统主要由入侵报警系统、视频安防监控系统、出入口控制系统、电子巡查管理系统、汽车库管理系统等组成。配置闭路电视、监视器、摄像机等设备进行出入口控制、保安巡逻、防盗防抢、车库出入口管理等。

2. 消防系统

(1)室内气体灭火系统:主要设置在藏书库、档案室、变配电室、发动机房、计算机主机房;相应配置的消防设备有七氟丙烷气体灭火系统及相关设备。(2)室内水消防系统:包括室内消火栓系统和闭式自动喷水灭火系统。应配备消防水池、消防水箱、消火栓、消防栓供水泵、喷淋供水泵、感烟探测器等相关设备。(3)防火门和防火卷帘。(4)灭火器配置:按相关标准配置,区域合理分配手提式灭火器。

3. 办公自动化系统

由办公管理子系统、服务管理子系统、智能卡管理子系统、公用信息库管理子系统组成。通过配备扫描仪、打印机、绘图机、传真机、复印机等外部设备,实现对办公信息、电子账务、电子邮件、信息发布、信息检索、导引、电子会议以及文字处理、文档等管理。

系统的设计标准可采用 GB/T 50314—2000 的标准或国际公用的标准。

4. 图书馆数字化专用设备

信息化应用系统:包括图书馆自动化集成管理系统、公共服务管理系统、公共信息服务系统、智能卡应用系统、信息网络安全管理系统。根据条件还可引入图书 RFID 智能馆藏管理系统。

(1)计算机中心机房专用设备。涉及硬件部分的设备有:交换机、配线架、服务器机柜、应用服务器、磁盘存储设备、光盘拷贝机、UPS 备用电源、防雷设备。

(2)读者服务管理自动化设备。

读者自助服务系统包括读者自助查询系统、自助复印机、自助扫描仪、自助打印机、自助刻录光盘机。

电子阅览室设备包括电脑、外设等硬件；WINDOWS 系统、读者管理系统、上网计费管理系统、资源管理系统、安全审计系统等软件。

视听设备主要指提供读者阅览视听资料所使用的设备。

视障设备及其他。

(3)业务管理自动化设备。电脑、标签打印机、条码阅读器；正版操作系统、办公软件、网络版杀毒软件、办公自动化系统(OA)、财务管理系统等。

(4)RFID 文献智能管理系统带来的不仅是个别工作环节的改善，而是全馆各项业务工作的全面改革和整体提高。该系统包括：馆员工作站、自助借还系统、24 小时馆外还书系统、标签转换套件、RFID 智能标签、盘点设备、层标架标、RFID 智能安全检测系统等组成。

5. 特种专用设备

能够充分满足机房环境条件要求和古籍书库恒温、恒湿要求的专用精密空调机，也称"恒温恒湿空调"。适应机房的热负荷变化幅度大的特征；送回风方式多样；过滤系统可以根据需求，很方便地更换过滤器或者增加过滤器的方式进行升级以提高过滤效率，可靠性较高。

四、其他服务设备

图书架、报刊架、阅览桌椅、活动道具等需要按照未成年人的特殊要求，明显区别于成年人配置。素质培训设施，如活动道具、教具、玩具、模型等配置也是未成年人服务的基本设备，包括智力玩具、拼图、模型、科幻游戏、DIY 创意工场等培育想象力和阳刚气质的设施。

五、视障儿童阅读设备

视障儿童阅读设备包括视频助视器、智能阅读器、盲文点显器、放大镜等。现在最值得关注且投入不大的是盲人计算机软件，随着信息技术的发展，用于移动设备的盲人计算机产品也越来越多了，值得关注。

第六节　服务环境标识导向的创设

公共图书馆未成年人服务环境标识导向系统的建立是指导未成年人很

好利用图书馆、享受图书馆各项服务必不可少的内容。醒目的标识导向牌如同无声的引领者，引导未成年人如何更直观地从入口进入图书馆，并适时地告诉他们到哪里去和怎么去。

良好的导向标识系统，不仅展现了公共图书馆的文化元素、文化气质，提升了图书馆形象，还突出了公共图书馆的文化品牌，具有显著的可识别性和独特的记忆性，意义深远。

一、环境标识导向创设的重要性

1. 促进人与环境的交流

未成年人服务环境的标识导向是未成年人接触图书馆并与图书馆交流的一种方式，影响着未成年人使用图书馆的质量，营造了一个和谐、舒适、有序、便捷的公共图书馆服务空间。

2. 便于人对环境的识别

图形标识对于文字识别能力较弱的未成年人而言，具有比文字更直接的意义。

3. 突出图书馆文化特征

环境标识导向具有展现公共图书馆文化特性、增强公共图书馆为未成年人服务的文化功能、提高公共图书馆文化形象之作用。

4. 展示图书馆功能布局

未成年人服务环境标识导向系统具有表述公共图书馆服务功能、指明功能区域位置、宣传、展示图书馆的作用。

二、环境标识导向创设的要求

标识导向系统的设计应注意到文化特征性、功能表述性、区域描述性、文字规范性、艺术实用性、文字与图形的协调性、标识牌与图书馆整个环境的协调性、功能的扩展性。尤其是未成年人服务环境的标识导向还应注意趣味性和生动性。环境标识导向创设时应把握以下要求。

1. 易识别性

要求所反映的信息准确、标识清晰、内容完整、图形生动、色彩鲜明。按照未成年人习性，实现生动化、形象化标识，使未成年读者能够迅速辨别，快速到达目的地。

2. 规范性与适用性

要求语言文字表述规范，图形表达准确。数字一般有罗马数字、阿拉伯数字、中文数字等表述形式。阿拉伯数字已成为全世界通用的数字符号，故在标识中一般采用阿拉伯数字。

仿宋体和宋体字在静止或是近距离的状态下阅读效果较好，故宜采用之。动态或远距离的情况下选择黑体字为好。

3. 统一性

统一性是指图书馆为未成年人服务的环境标识导向系统应统一规格、统一材质、统一风格、统一形式，确定主色调，并且按主标识、次标识、第三级标识、辅助标识逐层分级，建成一个有序的标识体系。圣何塞公共图书馆对图书馆标识的体会是：标识不宜太多，应该保持简洁生动，多使用图示，有一致的层次结构，有一个公认的"外观和感觉"。该馆将图书馆标识系统分为四级。

（1）主标识：主要指公共图书馆楼层、功能划分等主要功能部分的标识。属主要主题标识和关键主题标识，用于识别建筑内主要功能区域。

（2）次标识：指具体楼层中涉及的功能部分或主要功能之下的细分功能部分的标识。属细分功能的标识，用于识别建筑更加特殊和细致的部分。

（3）第三级标识：未成年人利用图书馆时必不可少的标识。如卫生间、贮物室、饮水间、书吧等非主要功能部分的标识。

（4）辅助标识：宣传资料、海报、临时标识、传单等，用来识别特别项目、特别事件、特别收藏或图书馆赠品。

每一层次的标识须整体协调、分级统一。①

4. 人性化

标识不仅具有文化内涵同时应该充满美感，带给人们一种视觉冲击、清新、整洁、宜人。在一些重要位置，比如门庭处，设有全馆平面示意图或楼层分布图以及交通岔口的指引标志等，使读者进入馆内即可轻易了解到全馆的基本情况，并可清晰整个馆的布局、线路，使他们便利、安全地

---

① SAN JOSE PUBLIC LIBRARY. Signage design guidelines［OL］.［2012-02-15］. http://www.olis.ri.gov/services/ce/presentation/SJW-SignageDesignGuidelines.pdf.

利用图书馆。

人性化还要求考虑不同的残障人士需求，设计相应的标识导向。

5. 应用现代化技术标识导向

随着数字化导向系统的逐步建立和发展，公共图书馆要与现代科技发展紧密结合，利用计算机屏幕、平板显示器及其他技术直接向未成年人及相关读者传达信息。

6. 协调性

协调性指标识导向内容与标识牌、标识牌与服务环境的协调。标识导向等设计及布局既要展示美感，又要体现实用、舒适。在标识设计及制作中，按照"视觉尺度与实际尺寸的比值约在 1∶1.2—1∶1.5 之间"①，在保障识别功能性的前提下，要做到标识牌与公共图书馆环境的协调，同时标识牌中的文字、图形等要和标识牌整体协调。

7. 标识牌材料

标识材料应选用耐用性好，不易变形、不易生锈、不易掉色的材料。材料选择要考虑户外光照强和寒冬酷暑温差大的特点，南方地区要考虑天气潮湿的问题。承载"静态"信息的以写真喷绘、搪瓷、钢化玻璃、烤漆、喷塑等表面材料为好；承载"动态"信息以电子显示屏为好。

8. 标识内容的扩展性

适用未成年人服务中的动态性活动、服务的标识。如公共图书馆举办各种阅读活动、读者活动所需的临时标识的空间。生动的形式和色彩可减少未成年人利用图书馆的焦虑和无助，感受到图书馆环境体贴入微的关爱精神。

三、未成年残障人士服务环境标识导向

1974 年联合国召开的残疾人生活环境专家会议报告书中提到："我们所要建立的城市，就是正常人、病人、孩子、青年人、老年人、残疾人等没有任何不方便和障碍，能够共同自由地生活与活动的城市。"②

---

① 陈立民. 城市公共信息导向系统设计：与空间的交流[M]. 重庆：西南师范大学出版社，2008：46.

② 陈立民. 城市公共信息导向系统设计：与空间的交流[M]. 重庆：西南师范大学出版社，2008：95.

"为保障残障人士的利益，美国国会通过了内容详尽的残疾人法，其内容非常严格，甚至于苛刻，如门把手必须是横式的而不是旋转式的，因为手有残疾的人无力转动把手。门的宽度、小便池的高度、马桶的位置、电源形状的高度等都有详尽的规定。"①

残障人士包括肢体残障、视觉残障、听觉残障、智力残障等。

公共图书馆如果在环境标识导向的创设中及馆舍建设中忽略或缺少对残障人士应有的关注及重视，实质上就是剥夺了残障人士平等参与社会生活、享受图书馆服务、享受文献资源的权利。本着以人为本的宗旨，消除各种人为障碍，在建设馆舍及创设环境标识时切实地为残障人士创造便利。公共图书馆未成年人服务环境的创设及标识导向系统的设计不仅要满足健康人的需要，还要满足残障人士的需要；不仅要满足未成年残障人士的需要，还要满足未成年残障监护人及相关读者的需要。应该保证所有人都能够安全、方便地出行、学习、生活、行动。

1. 适合肢体残障人士的环境标识

肢体残障人士多以轮椅及拐杖作为代步工具，因此环境标识导向设计时应考虑在出入口、通道、电梯、卫生间、书库等地方为乘轮椅或挂拐杖的残障人士提供通行上的方便，并标识导向及提示。

2. 适合视觉残障人士的环境标识

视觉残障人士是行走最不方便的群体之一，盲道是视觉残疾人士仅次于拐杖的辅助工具，对于道路和建筑物及环境的感知，主要依据手、足和盲杖对物体及地面的触觉感应，所处环境各种声响和味觉反应作出判断。公共图书馆不仅在出入口设置盲道，还应考虑设置触摸式导向标识、触摸式位置牌、音响提示装置等协助视觉残疾人士行走和告知所在方位、方向及所要到达的目的地。

设计时注意符合手指触摸所能达到的分辨能力。手指分辨能力与视觉分辨能力的比为1∶1 000，使盲文和图形边缘轮廓清晰，这样便于识别。

弱视者和有光感者，对于光照度和颜色也有一定程度的反应和要求。因此可运用颜色和较强颜色对比及色带放大字体，调整好光的对比度等方

---

① 陈立民. 城市公共信息导向系统设计：与空间的交流[M]. 重庆：西南师范大学出版社，2008：99.

法来协助视觉残疾者认清环境及设施的方位、方向和位置等。

3. 兼顾未成年人监护人需要

公共图书馆为未成年残障人士服务环境创设及标识既要考虑未成年人的需要，也要考虑未成年人残障监护人的需要。即服务台、阅览桌椅、饮水机、公用电话、自助借书机、洗手台、厕所等各类标识等高度要充分考虑到此类未成年人及监护人群的特殊需要，否则会给他们使用图书馆带来极大的不便，并会在心理和精神上造成一定的压力和负担。

四、环境安全标识的创设

安全是公共图书馆为未成年人服务的重要保障。

安全标识通常以图形符号和文字为主要特征构成。醒目的安全标识在平时有教育人、警醒人的作用。当灾难发生时，又是人员逃生、自救的重要设施和导引。

安全标识具有引导作用。直观、清晰、准确地标识可以使未成年人懂得基本的安全常识、提高自我保护意识。如注意防火、紧急出口、防滑、急转弯等警示性标识可以在关键时刻起到安全引导作用。

安全标识通常包括安全出口、请勿攀爬、请勿触摸、小心滑倒、小心触电、小心中毒等危险性、逃生性地警示等。

未成年人服务环境的安全标识文字要规范，标识图尽可能直观、生动、有趣，易引起未成年读者的注意和增强记忆，这样可起到安全标识、安全教育的效果。

【本章小结】

公共图书馆未成年人服务环境由建筑设施、文献资源、设备、未成年人、家长及相关读者、图书馆员、人文环境等各种要素组成，包括物理环境和人文环境。创建良好的服务环境有助于促进未成年人的环境知觉和空间认知，启迪未成年人图书馆意识，激发未成年人阅读兴趣、提高阅读能力，规范未成年人行为举止，促进未成年人心智发展。公共图书馆需要根据国家有关未成年人服务的法规和标准，结合公共图书馆服务理念，创设好空间环境、功能布局、馆藏陈列、专用设备、家具和标识系统。

【思考题】

1. 未成年人服务环境对搞好服务有何影响？未成年人服务环境包括哪些因素？

2. 如何创建未成年人服务的空间环境？有哪些基本要求？

3. 公共图书馆应该如何根据未成年人的特点进行功能设置与布局？

4. 环境标识导向创设的基本要求是什么？

【推荐阅读】

1. 常怀生. 环境心理学与室内设计. 北京：中国建筑工业出版社，2000.

2. 陈立民. 城市公共信息导向系统设计：与空间的交流. 重庆：西南师范大学出版社，2008.

3. 广东省育才幼儿园二院. 画说幼儿园空间艺术设计. 广州：岭南美术出版社，2008.

4. 李泰山. 环境艺术专题空间设计. 南宁：广西美术出版社，2007.

第五章　未成年人服务人员与安全管理

【目标与任务】

公共图书馆未成年人服务对于服务人员素质和安全管理的要求很高，本章介绍未成年人服务的特殊性及对服务条件的要求，明确公共图书馆未成年服务人员应具备的职业素养和职业伦理，包括职业伦理的要求和所遵循的原则，把握未成年人服务中安全防范与危机管理的原则及措施。

第一节　服务使命与特殊要求

一、公共图书馆未成年人服务的使命

在公共图书馆未成年人服务的管理与发展中，使命与服务彼此决定。使命对服务的决定性表现在图书馆必须依据其使命（即图书馆对其服务对象承担的责任）确定服务内容，从而保证所有服务活动都围绕使命展开、所有资源都围绕使命分配。服务对使命的决定性表现在图书馆的使命必须通过其服务来完成，服务的范围和水平决定使命完成的程度。

国际图书馆界产生了很多对公共图书馆使命进行阐释的纲领性文献，它们是公共图书馆界解读自身使命的重要蓝本。于良芝教授根据这些文献对当代公共图书馆使命的陈述，将当代公共图书馆的主要使命归纳为以下方面：

(1)教育使命；

(2)培养阅读习惯使命；

(3)信息保障使命；

(4)文化传播使命；

(5)基本文化素养（读写能力）和信息素养培育使命；

(6)社会和谐使命。①

由于未成年人服务的特殊性，国际图书馆界对于公共图书馆未成年人服务的使命有专门论述。其中，国际图联《儿童图书馆服务指南》的使命陈述就是引用《国际图联公共图书馆服务指南》中关于儿童图书馆服务的一段话：通过提供大量的资料和举办各种活动，图书馆为儿童提供了一个体验阅读的乐趣、探索知识的激情和丰富他们想象力的机会。公共图书馆应培养儿童和家长们如何充分利用图书馆的能力以及使用纸质和电子载体资源的技能。公共图书馆负有支持儿童学会阅读、为他们推荐书籍和其他载体资料的特殊责任。公共图书馆必须为儿童开展如讲故事之类的一些特别活动，以及开展与图书馆服务和资源相关的其他活动。应该鼓励孩子们从小使用图书馆，因为这样就更有可能使他们日后一直成为图书馆的忠实读者。在使用多种语言的国家里，应该为儿童提供他们母语的图书和视听资料。②

国际图联《婴幼儿图书馆服务指南》的使命陈述在这段话后附有：通过提供大量的资料和举办各种活动，图书馆为婴幼儿及其监护人提供了一个最佳的场所，那里拥有大量适于他们年龄阶段的学习资料，有各种阅读、唱歌活动，有厚板书籍和触摸感知书籍等等。婴幼儿在图书馆学习的这个阶段作为一段早期的社会经历，它将有益于激发婴幼儿的求知欲和想象力。通过借助教具、猜谜游戏、玩具书以及与日俱增的知识，使婴幼儿从"小孩—监护人"这种关系中来获取知识的途径也会很自然地转变成"小孩—书本"这种获取知识的新途径。

置身书籍的海洋是婴幼儿迈向阅读，并进而迈向写作的重要一步。这将能够激发起孩子们终身阅读的兴趣，培养他们良好的读写能力。③

国际图联《青少年图书馆服务指南》的使命陈述引用《公共图书馆宣言》一段话："公共图书馆是各地通向知识之门，为个人和社会群体的终生学习、独立决策和文化发展提供了基本的条件，"《读者权利》有一段话："在青少年阶段，许多人会放弃主动阅读，对此我们应予以特别关注。了解青

---

① 于良芝. 公共图书馆基本原理. 北京：北京师范大学出版社，2012.

② 国际图联儿童图书馆服务指南[OL]. [2011-12-15]. http://www.ifla.org/files/libraries-for-children-and-ya/publications/guidelines-for-childrens-libraries-services-zh.pdf.

③ IFLA. Guidelines for library services to babies and toddlers[OL]. [2011-07-15]. http://archive.ifla.org/VII/d3/pub/Profrep100.pdf.

少年心理与情感特点的图书馆员和其他人员，应积极向青少年推荐丰富、广泛且适合他们不断变化的兴趣的图书。"然后声明：公共图书馆青少年服务的使命是：通过提供满足青少年知识、感情与社会发展所需要的资源和环境，协助青少年实现由儿童向成人的顺利过渡。①

综合上述观点和我国未成年人服务现状，可以将我国公共图书馆未成年人服务的使命表述为：

充分保障未成年人平等接受公共图书馆服务的权利，不因他们的家庭和个人状况而有所不同；

营造一个温馨、安全、童趣的图书馆空间，使其成为促进未成年人家庭和学校之外的第三空间；

促进未成年人阅读、学习和信息素养；

鼓励未成年人与其他人和谐相处，培养社会包容和社会参与意识；

保障未成年人的心智和身体不受伤害。

二、未成年人服务的特殊性

为保证所有未成年人服务活动都围绕使命展开、所有资源都围绕使命分配，我们必须充分认识到公共图书馆未成年人服务的特殊性。

由于不同年龄的儿童对图书馆服务需求差异极大，面对同样数量的服务人口，公共的未成年人服务需要设计更多的项目；同时公共图书馆未成年人服务的服务效果对未成年人的心理影响极大，一次良好的服务帮助也许不能奠定儿童终身对图书馆的依赖，但一次不良的服务体验足以完全改变儿童对图书馆的认识，因此，公共图书馆在开展未成年人服务之前需要精心设计，完善服务设施和服务预案，并对整个服务过程严格管理。

在此，借用美国学者托马斯划分的未成年人服务五要素来对未成年人服务的特殊性进行分析。他提出未成年人服务有五个组成要素：专门馆藏、专门空间、专业人员、针对少年儿童的服务与活动以及合作网络。每一个要素都体现了图书馆界是如何抓住未成年读者的特点，迎合他们的需求，尽可能吸引未成年用户，提高图书馆资源使用率，为少年儿童的健康成长、教育需求和信息需求做出最大的贡献。

---

① IFLA. Guidelines for library services for young adults［OL］.［2011-07-15］. http://www. ifla. orgwww. ifla. org/files/libraries-for-children-and-ya/publications/ya-guidelines2-en. pdf.

1. 对馆藏的特殊要求

传统上，图书馆以收集印刷类读物为主，如纸质图书、报刊。随着计算机技术、多媒体技术的发展及多领域的应用，现代图书馆越来越多地收集多媒体资料，包括数据库、有声读物、影视资料、音乐制品等。适应未成年人读物的文献资源呈现出极大的丰富性。从婴幼儿到青少年各个阶段，均有不同阅读水平和不同种类的读物与之呼应，呈现出极大的多样性。从品种上看，有儿童文学、历史、地理、军事、科技等，呈现了读物种类的丰富性。除此外，适合未成年人特性，有适合不同年龄段人群使用的玩具、教具、设备、棋类等特殊性馆藏。

2. 对服务空间的特殊要求

充满童趣童真的空间。未成年人服务的专门空间要求图书馆的建筑、布局、家具和装饰适合未成年人生理与心理特点，能够灵活圆满地配合各项未成年人服务的开展。观察一个好的未成年人服务区，你将体会到服务始于建筑设计。这就需要强调在为未成年人设计图书馆建筑或服务空间时，应充分了解每个部门的工作性质、服务内容，设计出相应的空间布局。遗憾的是，在我国缺乏独立的专为未成年人设计或建造的图书馆建筑或服务空间，多是由成人馆改造而成，受条件所限，在展现未成年人特性的环境布局、配置适合未成年人设备时大打折扣。

展现多功能服务的空间。未成年人服务空间除具有公共图书馆的一切功能之外，还具有未成年人特色功能，兼有博物馆、科学馆、美术馆、青少年宫等功能、公共信息空间。它除了提供舒适的阅读环境，还提供空间与设备，满足未成年人在成长过程中多方面的需求，包括与同伴交流、结友、游戏休闲等。

3. 对专业人员的特殊要求

从事未成年人服务的专业人员首先应具有爱心、责任心、童心；其次应具有教育学、心理学背景和儿童文学素养；再次具有开展包括讲故事在内的适合各类未成年人服务活动的能力和意识。在美国，大多数图书馆在招募未成年人服务专业人员时，要求应聘者是从美国图书馆协会（ALA）认可的图书馆研究生院硕士毕业。而在我国，很多公共图书馆未成年人服务人员多是半路出家，具备图书馆专业知识、教育学、心理学经历的从业人员很少，直接影响公共图书馆为未成年人服务的水平和质量。许多活动注重形式，策划缺乏持续性、针对性，活动形式单一，缺乏研究和评价。

4. 对服务多样性的特殊要求

未成年人服务方式很多，如故事会、"书话会"、读书讨论会、作家见面会、竞赛、展览、表演、参考咨询、阅读推荐、家庭作业辅导、择业咨询和针对父母的信息服务等。下面简单地介绍其中几种。

国内很多图书馆向五岁以下的学前儿童开展故事会、书话会、木偶戏、学做手工艺等团体活动。在实际情况下，一场针对婴幼儿、持续半小时的团体活动可能穿插了讲故事、图书推荐、手指操、唱歌、舞蹈、手工等。因为家长必须陪同婴幼儿参加这类活动，图书馆员同时也通过活动向家长示范如何给孩子读故事、讲故事，培养孩子的阅读兴趣。

图书馆员还可以利用"书话会"向未成年读者和在校学生推荐图书。即选定一个主题，推荐一批相关图书串起来。在书话会上，图书馆员用简明扼要的话语介绍情节梗概，选读精彩片断，激发未成年读者的阅读兴趣。为了方便借阅，图书馆员同时准备图文并茂的传单，提供书名、封面图案、作者和索书号等信息，发放给听众。"书话会"活动不一定要很正式。馆员坐在参考咨询台后面，遇到未成年读者请求荐书，也是开展"书话会"的良机。

5. 对社会合作的特殊要求

社会合作是公共图书馆开展未成年人服务的一项重要组成要素。社会合作的对象是多方面的、社会合作的形式是全方位的、社会合作的类型是多层面的。公共图书馆与中小学具有教育性这一共同的职业愿景，因此是公共图书馆开展未成年人服务合作的首选对象。工青妇、医疗卫生机构、儿童专业产品生产企业、媒体等都是公共图书馆可以合作的对象。这些机构在对未成年人服务方面有着共同的利益，共同的目标，可以取长补短，在合作中达到共赢。

未成年人服务专业人员之间的交流合作。目前，国内少儿图书馆从业人员和成人公共图书馆未成年人服务人员大多数缺乏专业背景或专业培训，更缺乏与其他社会行业交流和互动，因此未成年人服务馆员有与同行或同道交流的需求，这就需要为他们提供一个广泛的交流平台，例如各种合作、交流活动、学术会议，专业期刊也是经验交流和学术探讨的另一个空间。

第二节　馆员的职业素养

国内较早研究和宣讲职业素养教育的张寿三先生在其著作《职业素养》中这样定义："职业素养是人类在社会活动中需要遵守的行为规范，是职业内在的要求，是一个人在职业过程中表现出来的综合品质。职业素养具体量化表现为职商（简称 CQ），体现一个社会人在职场中成功的素养及智慧。"由此而知，职业素养强调的是从业者个体的内在品质，它以职业行为与工作目标的关系为衡量标准。所以，就个人而言，良好的职业素养是衡量一个人职业成熟度的重要因素；就管理者而言，员工的职业素养是决定企业或团队生存与发展的最大财富。

职业素养的内容通常被概括为四个方面，职业道德、职业意识、职业行为习惯、职业技能。从表现形式上划分，前三项归属于内化素养，是职业素养最根基的部分，体现于人的世界观、人生观、价值观范畴；第四项归属于外化素养，是指可通过后天实践来培养并逐渐成熟的技能。职业素养的基本内容决定了它具有职业性、指向性、可塑性、实践性等特征。

公共图书馆未成年人服务人员（以下简称"服务人员"）的职业素养，即图书馆员在从事未成人服务职业中表现出来的综合品质。它既是职业素养在服务人员身上的个性化体现，也有着职业素养本身共性化的内容和特点。笔者认为，服务人员的职业素养应该是职业精神与专业能力的结合，即通常所说的"德"和"艺"。其中，职业精神是服务人员的内化素养，表现为对未成年人服务职业的认知、从业的心态、从业的目标、理念等；专业能力是服务人员的外化素养，表现为其所具有的专业知识、职业技能。

一、馆员的职业意识

从事未成年人服务的图书馆员应该具备良好的职业意识，这种职业意识有些是整个图书馆行业的图书馆员都应该具备的，如危机意识：了解图书馆行业的生存状况，了解信息技术对于图书馆行业的冲击，敢于通过变革迎接挑战；责任意识：了解公共图书馆代表政府行使公共文化服务职能，图书馆服务的经费由纳税人提供，为纳税人提供优质服务是图书馆人的天职；公关意识：图书馆除了做好服务外，还要善于向社会公众推广自己的服务，妥善处理与政府、媒体和社会公众的关系。对于未成年人服务，以下三个意识尤为重要。

1. 爱心服务意识

爱心服务意识是要求图书馆员工，特别是第一线的员工必须以极大的爱心投入服务。对于图书馆员态度的敏感性是未成年读者与成年读者的重要区别。一线服务员工以冷脸对待读者，成年读者会感到缺少一些温馨或不快，但他们一般不会因此而远离图书馆。真正影响成年人是否接受图书馆服务的还是资源的价值和服务的便利性。但对于未成年人，一个鼓励的微笑可能使他们获得一份对图书馆的信任和热爱，而一个冷面孔则可能使他们害怕，并从此远离图书馆。

许多管理严格的少年儿童图书馆会要求他们的员工在服务时保持微笑。但如果没有对儿童的爱，笑容不可能持久，而且装出来的笑也无法获得儿童的认同。因此，有爱心应该成为图书馆未成年人服务人员最基本的要求。

2. 主动服务意识

图书馆对成年读者的主动服务是一些提供具有主动性的服务项目，如送书上门，信息推送，而未成年人服务中的主动服务意识，是指图书馆员可以主动地"打扰"未成年人，未成年人一般无法长时间关注阅读，图书馆员在适当的时候以适当的方式打扰未成年读者，不但不会引起他们反感，反而可能增强他们的阅读兴趣。例如，对于在阅览室中阅读但是明显有了疲倦感、精力已不集中的儿童，馆员主动提出："姐姐给大家讲个故事好不好？"这类成年人服务中基本不允许的事，在未成年人服务中却可能是非常受欢迎的。此外，对于一些有阅读困难或使用设备困难的儿童，图书馆员应该主动上前帮助他们。

3. 安全服务意识

安全服务是未成年人服务的头等大事。做好安全服务除了需要在建筑设备和规章制度上下工夫外，培养馆员的安全服务意识也十分重要。因为，建筑设备和规章制度符合安全性的要求只是降低了事故的概率，或者免除了图书馆的主要责任，无法真正避免意外的发生。真正可能防止意外发生，或者在意外发生时能够及时妥善处理，只能依靠图书馆员的安全意识。

二、馆员的职业精神

职业精神，是指在一定社会环境影响下，基于一定的专业、技术水平所反映出来的群体特有的价值观和精神面貌。服务人员在长期工作中形成了自己独有的职业精神，它是服务人员的价值追求、社会责任、职业信念的集中体现。在此，笔者将其归纳为职业认同、职业忠诚、平等服务和创新进取四个方面。

三、馆员的专业能力

服务人员专业能力涉及多方面的领域和范畴，归纳起来可以分为：智力性能力、应用性能力、动作性能力和研究性能力。智力性能力包含个人的学识水平和知识结构；应用性能力指的是个人将自己掌握的知识应用于实际工作的能力；动作性能力是指业务实践中的操作技能；研究性能力指的是进行学术研究和课题研究的能力。专业能力的内容应具体包括以下六个方面：信息开发组织能力、现代化技术应用能力、读者服务能力、科学研究能力、知识更新能力、思维创新能力。

鉴于未成年人服务的特殊性，服务人员除须具备以上这些一般职业素养外，还需要参照《中华人民共和国未成年人保护法》和中小学或幼教工作者的职业要求，具备未成年人服务的专门知识。国际图联三个未成年人服务文件，分别对婴幼儿服务、儿童服务和青少年服务提出了不同的要求。

(一)对婴幼儿服务员工的职业要求

联合国于1989年通过的《儿童权利公约》中强调：每个儿童都有平等享受充分发展其潜能、自由获取信息、文化设施以及文化活动等权利，而不受年龄、种族、性别、宗教、国籍及文化背景、语言、社会地位或者个人技能和能力的限制。面向婴幼儿群体的图书馆服务至关重要。早期大脑发育研究表明：对婴幼儿说话、唱歌及阅读，有助于他们语言能力的发展。婴幼儿身处的环境对早期阅读能力的培养起着极大的作用。所有的家庭都希望能在当地的图书馆获得一定的帮助。图书馆要努力营造一个舒适的、乐意提供帮助的环境氛围，以激发婴幼儿的阅读兴趣并吸引他们到图书馆来。使他们能够在图书馆寻求答案、获取信息和技能。对一些有特别需求的婴幼儿，如双语婴幼儿等，早期获得图书馆服务显得尤为重要。因此，婴幼儿服务的重点在于读书环境和氛围的营造。

1. 服务人员的职业精神

有关婴幼儿服务专业素养的内涵，专家认为：首先应具备专业的行为准则，其具体表现为对幼教的专业信念、理想和职业道德的执着追求，热爱自己的职业并以此为荣。其次，应该以婴幼儿的研究者自居，善于吸收婴幼儿教育、婴幼儿心理所蕴含的理念，悉心研究婴幼儿，对在婴幼儿服务实施过程中遇到的问题，不是等、靠、要，而是积极主动地在实践中不断进行批判性反思，追求服务的最高效益。最后，在发展性评价中进行批判性反思，在批判性反思中培养创新思维，在创新思维中不断学习和实践，并在与婴幼儿的共同学习中提高专业技能，获得专业成长。

2. 服务人员的专业能力

要想更高效、更专业地运营图书馆，必须具备经过专业培训的、耐心热忱的图书馆员。面向婴幼儿服务的图书馆员需具有广博的知识并且接受过婴幼儿心理发展的专业培训，对低龄阶段（0—3 岁）读写认知知识、育儿理念有深入的了解并熟悉经典少儿读物。能够通过一些创新的举措来帮助婴幼儿参与交流、学习规划和社交等，从而能为这个年龄群体及他们的父母和看护人提供一个科学的教育指导。图书馆管理者应该不遗余力地支持图书馆员投入到为弱势人群的服务中去，满足其需求。

馆员必须经过专业训练，具有儿童发展方面的专业知识，了解儿童从出生到 3 岁这个阶段的语言识字发展特点，耐心、细心，会照顾人，熟悉儿童文学，知道哪些是质量比较好、受孩子喜爱的儿童图书，掌握婴幼儿和蹒跚学步儿童同社会交往的各种方式和途径，通过沟通和交流，能够为这个年龄段的孩子及他们的父母或看护人提供一个良好的、适合他们的环境，能够为行动不便、身体有障碍的孩子提供服务。

(二)对儿童服务人员的基本要求

相比于婴幼儿，儿童自我意识及自我支配动机增强，勇于尝试新事物。儿童开始社交生活，会努力表现自己，使他人觉得其存在，而且是与其年龄相仿的一群孩子中的一分子。所以儿童要争取为其同伴接受，他要参与群体游戏、学习与活动，并且极怕被人排挤。儿童的特征就是具有求知欲，有活动精力，希望学习成人。无论在何种文化的社会中，儿童此时进入了一个较有系统的学习期。学习的事物范围是广泛的，指导的人也不一定是学校的师长，而可能包括了一切周围的人。例如父母及其他成人，还有比他年长的孩子。他们的行为，亦可能成为模仿的对象。因此，公共图书馆成为其教育的一个重要场所。公共图书馆负有支持儿童学会阅读、为他们推荐书籍和其他载体资料的特殊责任。通过提供大量的资料和举办各种活动，图书馆可以为儿童提供一个体验阅读乐趣、探索知识的激情和丰富他们想象力的机会。服务人员应培养孩子和家长们如何充分利用图书馆的能力以及使用纸质和电子载体资源的技能。公共图书馆必须为儿童开展如讲故事之类的特别活动，以及开展与图书馆服务和资源相关的其他活动。应该鼓励孩子们从小使用图书馆，因为这样就更有可能使他们日后一直成为图书馆的忠实读者。因此，儿童服务的重点在于培养孩子如何利用图书馆。

1. 服务人员的职业精神

图书馆服务人员应该对自己的职业忠诚，不断追求专业提升与发展，以达到精益求精，要有高度的责任心和使命感，自觉遵守职业规范与行为准则，让职业精神在岗位上闪光。服务人员应有服务于儿童的热情；很强的沟通能力、人际交往能力、团队合作能力和问题处理能力；与其他机构或人员进行合作、灵活变通、应急处理能力；学习新技能和专业化发展的能力。主要包括以下五个方面。

包容——职业精神核心。服务人员要有爱心，要学会宽容、学会赞美、学会理解。只有关注每一个孩子的成长，才是热爱未成年人服务职业的基础，才是炼造其职业精神的核心。

修养——职业精神基础。一个拥有良好修养、优秀品质的服务人员才能在工作中潜移默化地影响儿童，营造良好的氛围，成为儿童学习的榜样。

关爱——职业精神寄托。服务人员对儿童的爱是一种巨大的教育力量，也是一种重要的教育手段。爱孩子，就要帮助他们成功地体验幸福，服务人员的幸福感就在儿童的成长中点滴凝聚，孩子带给服务人员的满足感、成就感最终汇聚成一点——做个幸福的"教师"。

合作——职业精神提升。寸有所长、尺有所短，未成年人服务工作中很多东西需要从彼此身上汲取而获得。合作与交流带给服务人员的不仅有信心和灵感，还有融入集体后在不断追求中获得的成功与幸福。

奉献——职业精神幸福。奉献是一种双向的互动，是以平等的姿态、最大程度地尊重儿童的情感、理解他们的需要、关注他们的发展，并从中得到职业幸福感，实现自我价值。

2. 服务人员的专业能力

以往，公共图书馆未成年人服务人员应具备儿童文学、儿童使用的媒介等方面的知识；阅读发展和阅读促进理论；信息技术和媒介素养等；了解不同群体和阶段儿童的需求为他们提供适合于他们的服务活动；儿童生理和心理发展的知识；不同文化群体间服务的宣传与促进；成为一个专业组织的成员。而随着现代图书馆社会多功能化的发展趋势，以及孩子素质教育的需求，社会对儿童服务人员提出了更高的要求，服务人员必须由过去的"组织者"转化为"专家型、高素质、创新型、具有奉献精神与合作能力的人"，服务人员不再是一个仅限于"组织活动、借还图书"的服务者，而应成为教育的合作者、支持者与引导者。角色的定位与转换需要服务人员具有相应的专业素养。

儿童图书馆员需要掌握的技能包括：

(1)热情；

(2)很强的沟通、协作、团队工作能力和解决问题的能力；

(3)交往和合作能力；

(4)积极主动、灵活并乐于接受建议的能力；

(5)具有分析儿童读者需求，对服务和活动项目进行设计、实施和评估的能力；

(6)有学习新技能和专业发展的强烈愿望。

儿童图书馆员也需要掌握以下知识：

(1)儿童心理学；

(2)阅读发展和推广的理论；

(3)艺术和文化敏感性；

(4)对儿童图书和相关媒体的知识。

(三)对青少年服务人员的基本要求

青少年时期处于人生求知的黄金阶段，是人生观、世界观形成的关键时期。除了学校和家庭两大教育外，图书馆是他们新的求知园地和成才沃土。图书馆是知识和智慧的宝库，是培养青少年德、智、体、美、劳全面发展的摇篮，是促进青少年养成自学求知习惯，走向成功之巅的第一座天桥。公共图书馆服务由原来的以馆藏为中心的服务模式变成了以读者为中心的服务模式，在这种"以人为本"的服务模式下对未成年人服务提出了更高的要求。作为服务人员，他们既是图书管理员，又是广大青少年的教育者，由于他们的特殊身份，其言行、仪表、文化修养、专业技能等都直接影响着孩子，他们既肩负着图书借阅服务工作，还担任了青少年读者辅导的重任。因此，青少年服务的重点在于对孩子的引导和辅导。

1. 服务人员的职业精神

"以人为本"是 21 世纪图书馆发展的核心概念，青少年服务工作首先树立人本管理的服务理念，就是一切以读者为中心，最大限度地满足不同青少年读者的要求，坚持"读者至上"，"一切为了孩子"，真正体现以人为本，主动服务，关爱孩子，尊重人性，崇尚自然。青少年服务工作是以青少年为根本，随着社会进步，不断地分析和研究他们的特点和需求，尊重青少年读者的阅读习惯和特点，理解他们在各个不同年龄阶段的人格发展过程中形成不同的思维方式、兴趣和爱好。尤其对残障少年、失足少年等特殊的读者，要以平等的心态去对待他们，创造良好环境，让他们感受到图书馆公共文化资源的便利，不能投去异样的目光，不能歧视他们。要应富有爱心，体现人文关怀理念，使其享受到最有人情味的读者服务，而且受到全社会广泛的关爱，让其拥有健康心态和快乐。

2. 图书馆员专业能力

因其特定的读者对象，所以除了要求工作者要有过硬的图书馆专业知识和管理技能，还要懂得一些青少年心理学、社会学、教育学等知识，掌握青少年读者的心理特性及阅读倾向等综合知识，才能为广大青少年提供方便，快速服务。在信息化的今天，社会日新月异，资讯发达，面对全新载体的文献，全新观念的青少年读者，全新学科知识，这就要求工作人员具备符合现代化需求的复合型专业人才，既能熟练掌握电子计算机技术，又能运用现代信息管理手段和创新型的服务方式使青少年读者利用好这一社会公共文化资源。我们通过不断地更新、补充、拓宽和提高自身的整体素质，为青少年读者提供高质量的服务，才是合格的未成年人服务人员。

在图书馆中实施以人为本的服务理念，其服务的核心就是人。所以，青少年服务工作中，包含了工作人员和读者。因此，要实现工作人员与青少年读者之间的"互动"，协调他们之间的关系，建立温馨和谐的氛围，对当前青少年服务工作具有相当重要的现实意义。传统的"被动"服务转变为以人为本的"主动"服务，在服务过程中，主动与青少年读者交流。因为青少年读者和工作人员之间有一段心理距离，要缩短或者消除这一段距离，工作人员不仅进行热情友好的问候，亲切温柔的交谈，再报以温馨友好的微笑，而且要主动跟他们沟通，了解青少年读者喜好，欣赏习惯，阅读水平，增强相互之间的亲密度和亲切感，给他们一个和谐的空间，让他们有一种在"家"的感觉。另外，服务人员在与青少年读者交谈过程中，可以对图书馆的服务项目、馆藏补充、书目推荐、借书期限、规章制度等进行介绍，创造一些便民、利民和简洁的工作程序。这样，工作人员从管理者身份转变为服务者，与青少年读者共同营造了一个以人为本的温馨和谐的氛围，使青少年读者能心情愉快地学习，工作人员心情舒畅地工作。

第三节 安全防范及危机管理

一、安全防范及危机管理的现状

人类对各种危机现象及对策的探讨古已有之，但作为一种管理理论，则产生于20世纪60年代的美国。图书馆虽然不像企业随时面临着生存危机，不像公共卫生领域那样随时可能发生生命危机，但火灾、偷窃、信息安全等典型的危机现象也足以使它消亡、萎缩或无法开展正常服务。于是乎，图书馆危机管理应运而生。

图书馆危机管理是对图书馆运行中出现的危机因素和危机事件从发生到消亡过程全面监控处理的管理理论与管理实践，它不等同于单一的危机处理，也不等同于危机公关，是一个系统工程。它包括危机管理的组织、制度、流程、策略、计划、决策等，涉及培养危机意识、组建职能部门、侦测并处理危机因素、建立危机预案和预警系统、处理危机事件、危机恢复、事后总结经验并学习改进等诸多方面。

但目前，我国公共图书馆还未开展真正意义上的危机管理，有的只是停留在传统意义上的防火、防盗等安全管理、公共场所的安全管理上。

1996 年 2 月 6 日，文化部发布《公共图书馆建筑防火安全技术标准》，也只是从图书馆建筑的耐火等级、消防通道、安全疏散、消防电梯、消防给水等作了详细规定，为图书馆进行安全危机管理提供法律保障。据 2006 年 5 月 22 日清华大学图书馆链接的省级以上图书馆网面统计表明，我国国家、直辖市及省级 22 所图书馆危机管理领域尚未引起足够的重视，在防火、防盗、信息安全等方面的制度居多，而对策却极少（表 5.1）。

表 5.1　全国 22 所公共图书馆防火、防盗项目被调查总数百分比

项　目	制　度	对　策
防火	63.6%	0%
防盗	36.3%	9.1%
信息安全管理	18.1%	4.5%

　　尽管我国图书馆危机管理现状仍未能达到理想状态，但对于未成年人服务，由于面对的读者是 0—18 岁的孩子，他们在面对各种危机时，不能和成人读者相比，自主地做出相应的评判和选择，为此，作为一名未成年人服务人员，我们会多一份责任，多一份关爱。我们就必须对工作环境和读者了解更多，以便做出正确的指引。

　　无数事实证明，安全对未成年人的成长具有重要意义。未成年人在成长过程中，因为意外事故受伤或致残，无论在生理还是心理上，都会产生巨大的打击，甚至影响一生的发展。在我国独生子女的家庭模式中，失去孩子或孩子终身残疾给父母带来的打击程度更是难以估计。因此，未成年人的安全教育问题，是一个涉及每个家庭、每所学校，关系到整个社会的稳定与和谐的重大问题。2007 年 2 月 7 日，国务院办公厅转发了教育部《关于中小学生公共安全教育指导纲要的通知》，明确了对中小学生进行公共安全教育的主要内容，包括：预防和应对社会安全、公共卫生、意外伤害、网络、信息安全、自然灾害以及影响学生安全的其他事故或事件等。2003 年，共青团中央、教育部、公安部、全国少工委共同开展了"中国少年儿童平安行动"，在"儿童意外伤害大调查"中，全国共有 40 万未成年人参与调查活动。其中 10 811名中小学生和17 759名家长对中小学生的 4 个生活环境——公共场所、大自然中、学校、家里，作出了选择，他们觉得：最不安全的地方是公共场所和学校。

　　由于图书馆是一个开放式的社会大学堂，不分年龄、性别均可进入，日常管理中需面临、解决的危机管理更多，远远不是作为图书馆评估中所能全部体现的。因此，在未成年人服务危机管理中，我们需有相关的内容及应急预案，以便能指导大家在实际工作中应用。由此可见，未成年人服务的每一位工作人员具有危机管理意识是非常必要的。

二、危机的特点

(一)潜伏性

　　危机的爆发是一个从量变到质变的过程。图书馆相对弱化的竞争环境、受政府保障的生存方式、历史积累的社会体制弊病的渗透等，都使图书馆对危机的爆发和威胁缺乏敏感，即便在处理危机时，也缺乏相应的紧迫感。这往往使图书馆危机在人为的"忽视"中"潜伏"起来。图书馆的许多危机因子是历史长期积累的结果，如设备隐患、机制缺失等。而且，未成年人辨别和判断危险的能力较差，不易管理，更是增加了危机的隐蔽性。

(二)突发性

　　危机事件的发生往往是突如其来、出乎预料的。危机必定是突发事件，危机发生之前不易被察觉或识别，很容易被忽略。如果没有足够的准备往往措手不及。如果不及时采取措施，就可能扩大或升级，甚至造成更大的危害和损失。在危机量变的过程中及时介入是至关重要的，可以有效防治和大大降低损失。在危机爆发前做好危机预防和准备工作，建立较为完善的预警系统，准确捕捉危机征兆，并从征兆中做预测和提前反应，是战胜危机的关键。

(三)破坏性

　　未成年人服务中危机的发生如果处置不及时、措施不到位会造成一定的不良后果，甚至带来一定的破坏性。其破坏性包括两层含义：对人的伤害和财产的损失。对人的伤害包括对自身的伤害和对他人的伤害；财产的损失包括自身财产的损失、其他读者财产的损失、图书馆财产的损失等。

(四)难恢复性

　　对于未成年人，因正处于生理发育期和心理成长期，极易受外界影响，一次危机的发生可能影响其学习、生活、心灵等方方面面，对其一生造成难以挽回的损失。对于图书馆，文献信息资源是其区别于其他机构的特色资源，也是图书馆核心能力的基础。一般来讲，文献信息资源包括纸质文献、缩微文献、电子文献、网络文献等，面对战争、地震、洪水、火灾、计算机病毒、黑客攻击等，它们都十分脆弱，如果文献信息资源在危机中损毁，也是很难恢复的。

（五）传播性

危机发生、发展的动态性会使其产生一系列的波动和影响，影响范围扩大。现代社会联系日益紧密，交通、通讯工具日益发达，使危机能够迅速传播，如一次人身伤害事件就有可能引发整个社会对图书馆未成年人安全防范的担忧。在这个传播过程中，最关键的因素是人，人的主观能动性决定了危机的传播性。

（六）可转化性

随着系统复杂性增加，利益相关性增强，危机波及半径扩大，图书馆危机越来越呈现多种危机复合传播的特点。如果事前缺乏准备、事后处置不当，危机可能引起连锁反应，引发次生或衍生危机。由于互为因果，相互叠加，危机的性质随着事态的发展会发生根本的转变。其影响表现为一个事件引发多重危机。例如近年来图书馆因读者服务问题引出的管理危机、舆论危机、信任危机等，就有明显的复合性特征。

（七）长期性

图书馆危机长期性的内涵主要包括：图书馆的许多危机因子是历史长期积累的结果，如公共关系危机、形象危机、服务意识危机等；部分危机之后的恢复时间较长，如火灾、水灾、地震后的恢复；危机的根本解决需要很长时间，如建筑安全危机的解决需要国家经济发展、财政资金支持、政府建设落实等；危机影响时间较长，比如资源危机造成的某些重要文献缺失、损毁，将给图书馆带来长久的不利影响。形象危机、服务意识危机直接影响读者对图书馆的忠诚度和依赖度。

三、未成年人服务中危机的类型

国外学者主要是从灾害角度来对图书馆危机进行分类，比如火灾、水灾、地震、台风等。而国内则习惯按危机发生的领域来进行图书馆危机分类，如财政危机、人才危机、资源危机、社会危机、心理危机、管理危机、服务危机、形象危机、安全危机、突发事件危机等。对于未成年人服务危机，主要包括以下七种类型。

(1)信任危机：公共图书馆未成年人服务意识、专业水平、服务态度等直接影响未成年读者及监护人对图书馆的认可、信赖、忠诚，给一个图书馆甚至整个图书馆行业带来形象危机，从而直接导致对图书馆的信任危机。

(2)建筑隐患：建筑本身设计缺陷、工程质量、历史遗留等问题。

(3)设备隐患：阅览桌椅角、书架等有隐患的地方。

(4)设施隐患：扶手电梯(通道、楼梯)、门窗。

(5)活动隐患：户外活动天气、交通、场地、道具。

(6)监护缺失：监护人监管缺失。

(7)公共关系：公共图书馆为未成年人服务的各种对象及社会关系问题。

为使未成年人服务危机更加明晰化，我们增加了其他分类标准，其分类的结果具体详见表5.2。

表5.2　图书馆未成年人服务危机的类型

分类标准	危机种类		危机表现
危机诱因	主客诱因	自然诱因	干旱、洪水、地震、台风、雷击、虫灾等自然灾害造成图书馆建筑、设备文献资源严重损毁，甚至造成人员伤亡，无法继续开展正常服务。
		人为诱因	吸烟造成火灾；不合格的馆舍建筑引发坍塌事故、雷击火灾等；服务态度不好、收费不合理等引发媒体大量负面报道。
	内外诱因	外部诱因	自然灾害、战争、疾病传染、社会动荡等造成图书馆损毁或无法正常服务。
		内部诱因	图书馆内部问题如馆舍的安全隐患、管理不善及服务问题等引发的危机。
		内外诱因	在内外双重力量的互动中产生危机，如内部问题经外部报道后引发危机。

续表

分类标准	危机种类	危机表现
危机发生领域	建筑隐患	建筑本身设计缺陷、工程质量、历史遗留等问题。
	设备隐患	阅览桌椅角、书架等有隐患的地方。
	设施隐患	扶手电梯(通道、楼梯);门窗。
	活动隐患	户外活动天气、交通、场地、道具。
	监护缺失	监护人监管缺失。
	公共关系	公共图书馆为未成年人服务的各种对象及社会关系。
危机中主体的一致性态度	一致性危机	危机状态中的主体形成利益共同体,共同应对危机,如面临自然灾害时。
	冲突性危机	危机状态中出现不同利益群体和不同利益诉求,而且这种诉求往往极端对立、矛盾、冲突,易形成对峙的紧张状态。

图书馆危机还可以按危机涉及范围(单个图书馆、地区、国家、国际)和危机持续时间(短、中、长)来划分,但考虑此种划分不具典型意义,所以不列入表中。现实中的危机往往具有多维属性,体现出复合特征,这使图书馆危机分类难免挂一漏万。因此,我们倡导各图书馆根据本馆的性质、工作流程、建筑特点、馆舍环境、馆舍布局结构,预设各种危机出现的可能、危机的等级和发生频率、危机的损失及程度等来综合考虑适合自己的危机分类与危机应对方法,不必拘泥一说。

四、危机防范与管理

(一)强化危机意识

由于危机发生的突然性、不可预测性和日常的隐蔽性,人们往往由于忙于日常事务或心存侥幸而冲淡了危机意识,因此,未成年人服务就要从提高服务人员危机意识到制定严密的危机预防方案和切实可行的应急方案,再到有效的干预措施,每一个环节都需从无意识到有意识,从纸上谈兵到具体务实。

1. 居安思危,牢固树立危机意识

要搞好危机管理,必须首先树立正确的危机意识,这是做好危机日常

预防和管理的重要前提。图书馆管理者必须居安思危、治而不忘乱，从保护人的生命安全与文献信息资源安全的高度，充分认识未成年人危机管理的重大意义，做好对抗危机的心理准备和物质准备。只有这样，才有可能避免那些可能发生的危机，才能在危机发生时打有准备之仗，将危机可能造成的损失降到最低限度。

2. 将危机管理规范化、制度化

在未成年人服务工作实践中，要防止危机、扼制危机，必须在日常工作中时刻保持对自己所处的内外部环境通盘了解和清晰地认识，要洞悉可能诱发危机的潜在因素，全面做好危险源的普查工作，并对这些可能造成的危害进行评估，将有可能发生的危机类型按概率依次排列，考虑其可能造成的后果，研究处理办法，建立相应的监控和预警管理机制及早进行必要的防范，努力确保这些薄弱环节不会转变为危机。同时，为搞好危机时刻的危机管理，必须实现危机管理的规范化、制度化。在日常管理中要针对薄弱环节做好危机预案的制定和适时组织员工和读者进行演练，从中发现问题，不断进行修正，确保预案的可行性和有效性。同时，通过演练，增强服务人员和未成年人的危机意识，提高他们面对危机的心理承受能力和应变能力。一旦危机来临，则能全馆统一部署，立即启动预案，各部门协同作战，保证各项应急工作高效有序地进行，最大限度地减少危机带来的损失。

3. 加强日常管理，减少或避免危机发生的可能性

大量事例表明，相当多数的危机是可控、可防的。为此公共图书馆应切实加强日常管理，消减甚至避免危机发生的可能。这可以从四个方面入手：(1)从组织角度入手，优化组织结构设计，明确各部门的职责与分工，建立高效率的管理机制，规范各项制度，尽量避免因责权不明、奖惩不公、互相推诿等因素造成的人为性危机；(2)从人员角度入手，大力培养未成年人服务人员的爱馆、爱读者意识，提高对图书馆的归属感，增强图书馆的凝聚力；(3)从沟通角度入手，保证馆内信息渠道的及时畅通，一旦有危机萌芽，可很快反映到图书馆管理层，便于他们迅速决策，将危机消减或控制在初始阶段；(4)从环境角度入手，优化外部环境，加强与社会各界的联系并保持良好的关系，维护图书馆良好的信誉和公众形象，提高利用外部资源应对图书馆内外危机的能力，减少危机发生时来自外界的、可能的放大或冲击效应。

(二)实施危机事件中的控制管理

尽管我们建立了完善的预防机制，但危机在某种意义上讲也是人类社会发展的常态，至少基于目前人类的知识水平，未成年人服务危机不可能完全得以消除。危机一旦发生，时间因素非常关键，减少损失，排除危机是主要任务。因此，要主要做好以下工作。

第一，控制事态，迅速查找危机的原因所在，运用一切办法限制危机的发展。由于危机的产生具有突变性和紧迫性，此时暴露出来的问题又可能是未成年人服务一直以来的软肋，用常规管理的手段或措施已经无法挽回。因此，在处理危机时，应针对具体问题，随时修正和充实危机处理对策，改善管理，随机应变，灵活应对。如果在危机状态下，图书馆仍沿用原有的管理模式和工作方法，不思悔改，固执己见，墨守成规，必然会使图书馆承受无法估量的损失。

第二，加强与媒体和公众的沟通，负责人应以最短时间发表坦诚的声明，减少危机发生时来自公众和媒体的可能的放大或冲击效应。对于内部原因造成的危机，在处理过程中，要本着公开、公正、公平的原则，查必真，惩必严。要勇于承认错误，承担责任，千万不能隐瞒、包庇。按兵不动或采取鸵鸟政策是危机处理的大忌。

(三)危机的事后恢复管理

危机平息后，并不意味着危机管理过程已经完结，而是进入一个新的、重要的管理阶段。因为危机事件总是为图书馆带来一定的有形和无形的损害和危害，此时危机管理的首要目的就是要将未成年人服务的运作恢复到危机前的状态。其次，危机恢复管理是未成年人服务获得新的发展的前提准备，为图书馆新一轮发展提供契机。因此要努力做好善后重建工作，最大限度地挽回因危机而造成的损失和影响。形象和声誉是一个图书馆经过相当长的时间才可能树立起来的，如果毁于一旦，再重新恢复将十分困难和漫长。因此，在平息危机事件后，图书馆应该调动一切力量，尽力弥补危机所带来的消极后果和负面影响，把善后工作踏踏实实地做全做好，最大限度地挽回因危机而失去的声誉，重新树立为未成年人服务的美好公众形象。此外，还要从危机中总结经验教训，堵塞管理中的制度和机构的漏洞，防止类似事件再次发生。只有这样，才能转危为机，继续前进。

五、公共关系危机管理

所谓未成年人服务公共关系就是图书馆运用传播手段与公众进行沟通，使其与公众相互了解、相互协调、获得良好共同利益的一种行为活动。具体来说，就是图书馆通过有目的、有计划的行动，了解公众对未成年人服务的态度、看法和要求，促进相互之间的了解和合作，对内不断优化服务增进和谐，对外不断扩大未成年人服务的影响力，树立为未成年人服务良好形象，争取社会支持与协助，为图书馆生存和发展创造有利条件。

(一)内部员工关系的管理

未成年人服务内部员工关系管理的主要目的是树立内在的精神和风格，它是为未成年人服务整体形象的灵魂和支柱。未成年人服务内部管理主要包括规章制度的制定、各项管理体系的建立、完善及其执行、管理方式与效果、领导层对政策和各种信息的理解和掌握、领导层的决策能力和对事物的驾驭能力；未成年人服务的管理水平和管理风格、工作作风和工作目标以及服务方式方法、独特的理念和优良的馆风；未成年人服务人员的素质，包括员工的数量、年龄结构、文化程度、知识结构、职称结构、业务能力、服务态度等。

未成年人服务内部员工关系管理的建立不是一朝一夕的事，而是图书馆经过长期以来不断努力实践和锻炼而沉淀累积的品质和风格，是一种行业精神和职业信念的体现，是经过全体员工认同和信守的理想目标、价值追求、意志品质和行为准则，是长期以来形成的一种图书馆文化。包含着员工与图书馆事业同呼吸、共命运、荣辱与共的主人翁责任感；同心同德、团结协作的集体主义精神；热爱图书馆事业、安心本职工作的敬业爱岗精神；无私奉献、甘为人梯的奉献精神；热爱图书、热爱读者的职业情感；时时处处以全局为重、局部利益服从整体利益的全局意识；严格遵守规章制度、自觉服从管理、照章办事的组织纪律观念等。

1. 树立以人为本的观念

未成年人服务内部员工关系的诸多构成要素中，人是最关键、最核心的要素。所以要从关心和爱护未成年人服务人员出发，以现代管理为基础，注意人的价值和人的需求，重视内部人员的凝聚力和归属感，加强沟通工作，充分调动他们的积极性和主动性，让他们以优良的服务来获得读者的认可和好评，以提高未成年人服务在公众心目中的地位。

2. 在馆内建立具有活力的管理机制

未成年人服务要发展，除了领导的正确决策之外，更重要的是全体员工团结一致、齐心协力的执行。对内关系最重要、最根本的是促进内部协调，而内部协调首先就是应协调好领导和员工之间的关系。作为领导要及时了解员工的意见和诉求，并据此制定切实可行的改进措施，并付诸实践，使员工有归属感、参与感和被尊重；员工应遵守馆里既定的方针和政策，正确理解领导的意图，自觉配合领导搞好各方面的工作。这种上下级之间的沟通工作做得好，可以真正实现"内求团结"，使全体工作人员之间融洽、协调，减少内部摩擦，取得相互信任，增强凝聚力。

总之，通过内部关系管理，使领导与群众之间、部门与部门之间以及员工与员工之间形成一个团结和谐的集体，就能树立起良好的组织形象，并能取得卓越的事业成就。

(二)与读者关系的管理

1. 努力提高读者的满意度

读者满意是读者对某一服务满足其需要的绩效与期望进行比较，所形成的感觉状态。读者满意包括以下几项内容。

(1)"馆藏满意"是指为未成年人提供的文献信息资源(含纸质资源、数字资源)带给读者的满足状态，包括各类资源的数量、种类、质量等方面的满意。"馆藏满意"是构成读者满意的基础因素。

(2)"服务满意"是指馆藏资源被读者利用前、中、后以及馆藏资源生命周期的不同阶段，采取的服务策略令读者满意(包括服务态度、服务手段、服务设施、服务技能、服务环境、服务宣传及网站建设等)。要求在服务过程的每一个环节上，都能设身处地地为读者着想，尽量做到有利于读者。

(3)"社会满意"是指读者对未成年人服务提供的服务项目与享用服务过程中，所体验到的对社会利益的维护。即所拟定的规章制度、开展的服务活动，要能反映广大读者的利益与需求；要有利于未成年人服务事业的建设与发展；要有利于人类社会的文明与进步。

2. 培养读者的忠诚度

读者忠诚应具有四个方面的特征：(1)有重复利用未成年人服务的行为发生；(2)愿意接受未成年人服务；(3)经常主动地向他人推荐；(4)能容忍未成年人服务偶尔的失误，而不会发生放弃或另择其他的行为。

培养读者忠诚度应注意做到以下几点：其一，应理解读者的权利和尊重读者的地位。在进步的法治社会中，人与人是平等的，但在为读者服务工作中，服务人员与读者所处的地位却是不平等的。这个不平等绝非人格上的不平等，而是服务过程中所处的地位不同，二者是服务与被服务、选择与被选择的关系。读者有诸多选择的权利和自由，而服务人员却只能恪守职责为读者服务，无权选择或拒绝为某位读者服务，这是对服务人员这一特定职业角色的要求。如果服务人员不能正确理解这种关系，对读者的权利与地位有抵触心理，就很难做到自觉地为读者提供优质服务，读者也很难感受到被服务的感觉。其二，应把服务当做一种快乐。服务必须发自内心，这是实现优质服务的前提。服务人员应具有良好的心理素质，不能把服务仅仅看做是谋生的手段，而应该从更高的境界去看待服务，从工作中寻找并享受快乐，从为读者服务的过程中实现自我价值。其三，应注意满足读者的精神追求。在为读者服务过程中，服务人员与读者关系是一种相互作用的人际知觉关系，为读者服务绝不仅仅是"物"的满足。读者不仅关心他在接受服务的过程中是否得到所需要的文献与知识，也看重他在接受服务过程中的精神感受，即心理满足程度。从这个意义上讲，为读者服务过程中的人文关怀、情感沟通、身心愉悦等精神满足，与文献和知识的获得同等重要。

图书馆员应该树立为未成年人服务就是培养图书馆忠诚读者，就是图书馆立身之本的观念。我国著名教育家蔡元培先生曾指出："教育不仅在学校，学校之外，还有许多机关，第一是图书馆。"为未成年人服务，保障未成年人平等获取知识的权利，培养和加强未成年人从小阅读的习惯，辅助各个年龄段的学生完成正规教育计划，满足青少年自主学习的需求，帮助他们实现个人发展。这就使广大读者从小养成使用图书馆的良好习惯，习惯于在图书馆的知识海洋自由游弋，成为图书馆的忠实读者。

(三)与媒体关系的管理

报纸、期刊、广播电视以及网络等作为大众传播工具拥有广泛的受众，具有相当的公信力与权威性，左右着舆论导向，在化解和平息危机中发挥着重要作用。无论是 1995 年发生在美国芝加哥的 Baker ＆Mckenize 法律事务所图书馆与 1997 年发生在加利福尼亚州费塞德县（Riverside County ，California)图书馆，由于整体业务外包大量裁员引发社会动荡等国外图书馆界的危机事件，还是在国内图书馆界发生的"国家图书馆受赠巴金图书流失"和"媒体诉重庆图书馆儿童上网"等危机事件的实践都说明，在危机管理中必须把公共媒体当成主要的公关对象来对待。

1. 积极应对，掌握先机

危机具有突发性特点，而且会很快通过公共媒体等途径传播到社会上。尽管发生危机的图书馆承受着极大的压力，需要应对各方面的调查、质疑、问询，有许多工作要做，但是最重要的是对危机的反应要迅速，不能拖泥带水，更不能有消极情绪和消极行为，这样才能掌握"战争"的主动权、主导权。制定媒体的公关策略是快速应变的一个重要内容。

2. 准备资料，选择媒体

媒体对危机事件的报道具有跟踪性、全面性、深入性的特点，就某个问题的采访往往涉及多个侧面与多个知识领域。图书馆必须为应对媒体采访准备充分的资料，对媒体的提问对答如流，做到准确无误，使媒体认识到图书馆的做法的确有其政策性、法理性。在准备资料的同时，图书馆要考虑对媒体的选择，要选择受众广泛，权威公正、有影响的媒体。一般来讲，选择参与报道事件的媒体数量不宜过多，以免不同媒体发出不同的声音。

3. 联系媒体，避免挑战

危机发生后，对于不可避免的媒体介入，图书馆要主动联系媒体，向媒体传达一种解决问题的真诚态度。在与媒体的交往中，图书馆要在坚持原则的前提下避免挑战媒体，不与媒体针锋相对，要立足于通过交流达成立场的一致性，这样媒体就会主动帮助图书馆做工作。否则，图书馆与媒体相互指责、攻击，就会使矛盾激化，对图书馆更加不利。即使对于媒体的错误报道，图书馆亦应克制，不采取公开的批评做法，以通过交涉使媒体认识到错误予以主动改正为主要策略。

4. 口径统一，专人发布

在处理危机的全过程中，图书馆必须保证对媒体发布信息的一致性、标准性。正确地统一图书馆的对外口径可确保发布的信息客观、严谨。第一，有条件的图书馆要成立相关的媒体应对机构，安排专门的办公场所，负责接待媒体的来访。第二，确保有足够的对事件发生、发展了如指掌的人员来从事对媒体的服务工作。第三，制定信息发布的原则、组织制度和相关纪律，拟定信息发布的内容框架。第四，指定新闻发言人回答媒体的提问。

5. 长期合作，增进友谊

图书馆服务于公众，媒体同样服务于公众，相互之间是有共同语言的。但是，长期以来，媒体对图书馆工作的了解甚少，报道不多。要让媒体对图书馆深入了解，就必须在双方之间建立起有机的战略合作伙伴关系，健全互信、互谅机制，增进友谊。一方面图书馆应将涉及广大读者利益的举措事先向有关媒体通报，由媒体"广而告知"，并收集公众意见向图书馆反馈；另一方面图书馆要根据服务宗旨积极参加媒体组织的社会活动，还可以主动请媒体对图书馆开展的送书下乡、向贫困地区捐书、为读者进行图书馆教育等业务情况进行报道。

【本章小结】

国际图联四部服务指南均对图书馆未成年人服务的使命进行了阐述。公共图书馆未成年人服务使命导致未成年人服务的特殊性，本章讨论了图书馆未成年人服务对于服务人员的职业意识和职业精神的要求，分别论述了对婴幼儿服务、儿童服务和青少年服务人员的不同要求。分析了图书馆未成年人服务中的安全防范与危机管理，包括介绍安全防范及危机管理的现状，讨论危机的特点和类型，危机防范与管理，公共关系危机管理。

【思考题】

1. 图书馆员从事未成年人服务的职业素养、职业技能与知识要求有哪些？

2. 我国公共图书馆未成年人安全管理的现状是什么？

3. 如何搞好未成年人服务中的危机防范与管理？如何应对公共图书馆未成年人服务中的公关危机？

【推荐阅读】

1. 蔡秋文. 图书馆危机管理的框架与对策[J]. 情报科学，2008(1)：35—36

2. 范并思. 图书馆公共关系的行业管理[J]. 中国图书馆学报，2006(5)：20—24

3. 于良芝. 公共图书馆存在的理由：来自图书馆使命的注解[J]. 图书与情报，2007(1)：1—9.

第六章　未成年人活动的类型与策划

【目标与任务】

公共图书馆未成年人服务的特点之一是大量组织活动。本章介绍公共图书馆组织未成年人活动的基本知识，包括开展未成年人活动的意义；未成年人活动策划的基本原理；未成年人活动的组织与管理；未成年人活动的类型；国内图书馆未成年人活动的开展情况。

第一节　未成年人活动概述

一、公共图书馆未成年人活动的意义

图书馆的社会职能分为文献整序和保存职能、信息传递职能、教育职能和文化欣赏休闲职能四类。读者活动的开展与信息传递职能、教育职能以及文化欣赏职能的发挥同向、同比、正相关。也就是说，读者活动直接影响这三项职能的发挥。读者活动开展得越好，信息传递、教育、休闲职能就发挥得越好，图书馆就越能凝聚"人气"，读者活动将更加良性地发展。

图书馆传统的借阅与参考咨询服务越来越不能满足读者的需求，现代图书馆倡导积极主动的服务，表现形式就是开展各种活动，如阅读促进活动、社区活动、讲座培训、志愿者服务等。公共图书馆通过主动设计、精心策划各种读者活动，吸引读者接受图书馆服务，改善读者的服务体验，越来越多的图书馆开展形式多样、丰富多彩的活动，这些活动中，未成年人的活动尤其受到各公共图书馆的重视。为使活动更加系统化、更加吸引人，一般将各种活动赋予品牌，使之产生一系列品牌效应。例如，每年一届的浙江省未成年人读书节、深圳市少儿图书馆的青少年阅读计划、温州市少儿图书馆的"毛毛虫上书房"等。实践表明，公共图书馆只有将自己为未成年人服务的理念与未成年人服务活动相结合，自觉地开展未成年人活

动，才能取得最大的社会效益。

公共图书馆开展未成年人活动具有以下意义。

1. 吸引未成年人认识图书馆、走进图书馆

丰富多彩的活动可以倡导积极的阅读行为、宣传图书馆的资源与服务，让更多的未成年人了解图书馆、认识图书馆，成为图书馆的活跃用户，成为未来图书馆的忠诚用户。

2. 丰富未成年人的图书馆体验

未成年人喜好热闹和交流，喜好多种接受信息的方式，不能长时间专注于纸本文献的内容。图书馆未成年人活动使他们能够以多种方式体验阅读的乐趣，并且在阅读之外，增加新的学习与交流的机会。

3. 帮助图书馆融入社区生活

卡内基说过，"图书馆应该成为社区的实际存在"，也就是图书馆应该深入社区，将服务送到居民身边。但我国城市的场地紧张，无论公共图书馆服务体系怎么建设，总有许多居民远离公共图书馆。这一问题对于行动能力远不如成年人的未成年人更加突出。而公共图书馆的活动可以将高质量的服务送到居民身边，使公共图书馆成为社区中心，成为"读者的第二起居室"。

目前我国公共图书馆从事未成年人服务，即有普通文献借阅类服务，又有活动类服务。因为读者活动的内容和形式更加适合未成年人读者，它们已经成为公共图书馆未成年人服务事实上的主体内容，而普通文献借阅服务在本教材系列"图书馆资源建设与服务"已有讨论，所以本章仅讨论活动类服务。

二、未成年人活动的类型

国际图联《青少年图书馆服务指南》中列出"活动与青少年参与"一节，指出，"图书馆要向青少年提供有效果有意义的活动，应该在活动的每个阶段都寻求青少年的支持，强烈推荐在活动的决策阶段、规划阶段和实施阶段获得青少年的积极参与。"该指南推荐的具体活动类型有：

(1)图书讨论、讲故事与图书推广；

(2)讨论组与俱乐部；

(3)健康、求职与热门话题等主题信息的活动；

（4）邀请作者、运动员或当地人感兴趣的名人；

（5）举办音乐、艺术和话剧等文艺表演；

（6）与社区机构和团体合作开展的活动；

（7）青少年作品（如话剧作品、出版物作品、电视作品、录像节目等）；

（8）组织技能培训坊或创意表达坊；

（9）举办阅读辩论；

（10）图书推广。

在该指南"文化交流"一节还列举下列活动：

（1）文学、音乐与电影节；

（2）视觉艺术展示；

（3）嘉年华会；

（4）表演艺术，包括街头艺术。①

由此可见，未成年人活动类型丰富多样，在具体的活动设计中可以因地因材选择与实施。

基于图书馆未成年人活动的特殊性，活动组织者在划分活动类型时，要根据图书馆活动时的场地要求、使用时间、参与人数等因素，将公共图书馆未成年人活动的类型进行分类，按使用场地可分为馆内活动和馆外活动；按进行频率分为日常活动和节事类活动；按人数分为大型活动、中型活动和小型活动。虽然馆外活动、节事类活动和大型活动产生的影响大，便于获取活动资源，但从图书馆服务的实际效果来看，应该提倡在馆内开展经常性的中小型活动。

三、未成年人服务与活动的关系

目前公共图书馆的未成年人活动，既有馆内阅览区域开展的讲故事，又有馆外开展的夏令营；既有日常的活动如"喜阅365"，又有特定日期活动如"六一诗歌会"；既有阅读类活动如"英语角"，又有非阅读类活动如"沙盘游戏"；既有未成年人作为服务对象，又有未成年人作为服务主体如少儿志愿者；既有日常性的小型活动，又有大型演艺类活动。在公共图书馆未成年人服务的实践中，人们会产生一些困惑：什么样的活动才是图书

①　IFLA. Guidelines for library services for young adults[OL]. [2011-06-17]. http://archive. ifla. org/Ⅶ/s10/pubs/ya-guidelines-en. pdf.

馆应该开展的，这些活动与图书馆服务的关系是什么？

公共图书馆未成年人服务与活动的关系如下。

1. 服务包含活动，活动是服务的一部分

面向成年人的公共图书馆服务更需要一个安宁、静态的服务空间，成年人有自己的阅读习惯，图书馆提供安静整洁的场地和组织良好的文献，就是对他们最好的服务。而由于未成年人好动，好热闹，追求新鲜，注意力难以长久集中，他们需要各种活动的刺激与推动，才能认同图书馆的服务。因此，未成年人服务的基本模式与最佳实践就是开展形式多样、内容丰富的活动，通过开展活动提供服务是图书馆未成年人服务与成年人服务的最大区别。

2. 活动可推动服务，活动是服务创新、服务升级的动力

图书馆的借阅类服务和咨询类服务是一种相对静态的服务，服务形式基本定型，图书馆员的思维方式也相对固化，如果只有这类服务，图书馆服务很难跟得上时代的发展与变化。而图书馆的读者活动则是动态的，每一次活动都需要图书馆员对读者需求进行新的调研、策划、组织与实施，需要新的思维。这些新的思维，能够激发图书馆员的服务创新动力，使读者感觉到图书馆服务的变化。

3. 倡导"服务活动化，活动品牌化"

图书馆的未成年人活动并非只是偶尔举行的大型活动、户外活动。相反，以馆内场地为基础的日常服务更能体现图书馆的服务价值。图书馆可以将各种主要服务分解为丰富多彩的活动，将服务溶化于活动中，以活动推动服务，即"服务活动化"。同时为了使活动更加吸引未成年人，需要将活动塑造成品牌，以及有品牌的高质量活动引导服务创新，即"活动品牌化"。

第二节　未成年人活动的策划

一个成功的活动，离不开优秀的策划。活动开展前，不管是大型的表演类活动还是小型的故事会，馆员首先需要做好活动项目的策划，以保障活动项目有组织、有计划、有步骤地顺利实施和持续开展。

一、策划的定义

"策划"一词的使用有悠久的历史。最早可见于《后汉书·隗嚣传》，意思是为计划、打算。最近几十年，"策划"一词逐渐成为使用频率较高的时髦词汇。今天人们所说的策划就是对某件事、某种项目、某种活动有何计划、打算，用什么计谋，采取何种谋策、划策，然后综合实施运行，使之达到较好的效果。策划经常要用到以下手段：新闻、广告、公关、营销、谋略等。策划的定义是：对某件事、某种项目、某种活动进行酝酿、统筹、实施，运用新闻、广告、营销、公关、谋略等手段，综合实施运行，使之达到较好的效果的过程，称为策划。① 策划是集创造性和科学性于一体的艺术，是组织开展活动的必不可少的和极为重要的步骤。图书馆未成年人活动的策划，是指策划人员根据图书馆未成年人活动的目标和要求，分析已有条件，设计最佳活动方案的过程。

二、未成年人活动策划步骤

对于筹办活动而言——不论是会议、活动、筹款晚会、大会、会展、会奖，还是其他特殊活动——人们一直将其比做拍电影。而事实上，筹办活动更像是舞台剧的现场演出，是不设安全网的高空钢丝表演。活动一旦开始，就没有回头路可走，一切都必须一次性完成，不存在什么彩排，也不可能喊"停"之后重拍。电影脚本能让人对故事情节未卜先知，而筹办活动则根本无法预知可能要发生的事，但是策划、未雨绸缪能让活动组织者防患于未然。牢记墨菲定律：有可能出错的事情，就一定会出错。要知道，尽管你并不是在执导一部奥斯卡获奖影片，但是你的作品可能会成为某人一生的回忆，正如电影制作有详细的脚本，任何活动，不论人数为50还是2 000，其策划与预算都应该做到事无巨细、悉究本末。② 活动之前，根据活动对象、活动目标作好活动初步规划。一份好的策划，就是活动顺利开展，成功完成的基石。

(一)确定活动目标、资金额度

不论是举办活动还是参加活动，都要在开始策划之前确定活动目的，

---

① 吴燹. 策划学——原理、技巧、误区及案例[M]. 北京：中国人民大学出版社，2006：3.
② 朱迪·艾伦. 活动策划全攻略[M]. 北京：旅游教育出版社，2010：1—2.

即明确活动目标。一旦设定了活动目标，确定了实现目标的最佳活动类型，就可以根据所设定的目标巧妙地设计量身打造的活动内容、活动规模，而活动规模的大小取决于两条指标，即资金与目标。

活动策划首先需要确定活动可用的资金额度。即使规模再小的活动也需要财政支持，否则，可能会无法举办活动，或无法实现预期效果。[①]

为了使活动能给主办单位在财力、精力、时间上所花费的投资带来成效并获得回报，活动的策划必须满足主办方的期望，也要满足广大读者的期望。因此应该要竭尽所能完成活动的目标，并使之能够传达出活动背后隐含的深远含义。

例如，某图书馆计划为未成年人打造一个全市性的动漫设计社团，但可以投入的资金不多。该馆就联合社会上的动漫机构，共同策划一场活动，来吸引该市更多的动漫爱好者或美术爱好者参与该馆的动漫社团。为了实现这一目标，他们每年举行一场大型现场涂鸦大赛，作品优秀者可以申请加入该馆动漫社团，社员可以获得每年数次的社团活动，以及专业动漫老师的指导。活动到目前为止，该馆动漫社团由最初的 12 位成员，扩大到了现今 100 多位，该馆的动漫社团也在该市崭露头角。

(二)优秀的团队

当确定了活动的目的和用于活动的资金，接下来就该准备为整个活动进行初步策划。一些小型活动，一个工作人员就可以完成整个活动的策划与实施，但对大型活动，特别是规模大、影响大的活动，需要一个团队来协作完成。活动举办方可以建立活动筹备小组，确定活动的时间以及活动类型，包括活动涉及的各个细节。团队成员按照他们擅长的技能、兴趣分配到相应的任务，一个优秀的团队是保障活动顺利进行的基础。

(三)调研读者需求，确定活动主题及类型

未成年人活动，内容丰富、形式多样，但是必须围绕一个鲜明的主题，才可能给读者留下深刻的印象。那么，什么样的主题和活动类型才能获得未成年人的青睐呢？图书馆员可以通过总结以往活动经验，个别读者访问来调研读者对活动的需求，从而确定活动的主题与类型，以保证足够数量的人员参与。

---

① 朱迪·艾伦. 活动策划全攻略[M]. 北京：旅游教育出版社，2010：3—4.

针对未成年人发展特性，通常活动时间不宜超过一个小时，活动类型应略偏向活泼，避免出现刻板沉闷的形式。

例如，某图书馆打算针对未成年人开展一次绘画比赛，绘画以节日为主题还是以书本内容为主题呢？策划团队对此进行了一次调查，分别以学校教师以及学生为调查对象。大部分的人都认为以节日为主题的活动虽然种类繁多，但大致相同落入俗套，都认为以书本中内容为主题进行绘画比赛反而新颖，更能激发孩子阅读兴趣。最后决定策划一场"科学家漫画 Q 版形象"比赛。既让孩子们摆脱以往书本中刻板的科学家形象，又让他们认识了各位科学家擅长的领域，活动受到了家长和学校老师的大力支持与赞赏。

又如，某图书馆策划一场环境保护知识比赛，形式以家庭为单位，比赛分必答题、抢答题、才艺展示等，整个活动内容丰富，不仅增强了孩子的环保意识，更让孩子懂得家庭团结之力，受益匪浅。

(四)确定活动方案

详尽的方案是活动顺利开展的基本保证。方案不仅包括活动目的、预算资金、更要制订好活动时间、地点、人员等基本要素，还应包括活动所需的一些辅助设备、设施，如灯光、音响、礼仪及具体分工等活动细节。

1. 活动时间

对于图书馆开展的未成年人活动来说，更要注意时间安排。一般应该将活动尽量安排到周末，因为未成年人通常由家长带领来参加活动。若安排在工作日时间，一来家长上班孩子无人带领；二来稍大的学龄儿童也要上学无法参加活动。如果安排在晚上举办活动，就要在不影响活动进程的前提下，将时间提前，尽量早结束，不影响孩子第二天的上课。活动安排时间也要分春夏和秋冬。春夏避开中午炎热，活动可以选择在早晨或傍晚举行；秋冬活动可以在早上九点至下午六点期间完成，这段时间气温较高，防止孩子因为参加活动导致的身体不适。活动也可以尽量选择安排在寒暑假进行，孩子有充裕的时间来参加活动。

2. 活动地点

在公共图书馆开展的未成年人活动，选择的地点尽量在馆内进行。一来可以通过活动让更多的孩子了解图书馆；二来可以让更多读者了解本馆活动。如果是在馆外开展的活动，活动组织者要事先进行场地审核，考虑天气、座位数量、空气流通情况、交通是否便利、安全等因素是否适合活动开展。

(五)落实项目责任

活动策划要将各项任务项目化、责任化，使各项任务通过指定的责任人分解、落实。责任细分、落实到人，这样才能更好地完成活动过程。

(六)活动绩效评估

从读者反馈、媒体报道、领导评价、自我总结这四个方面对活动效果进行评估，及时总结得与失，为下一次策划提供借鉴。

1. 读者反馈

图书馆员可根据活动现场家长对活动的反映，来了解活动带来的社会效应。孩子热情的参与活动，在活动中表现出浓厚的兴趣，家长赞赏的眼神，对下一次活动的期待又或者提出的意见、建议都可以从中得出活动成功与否的评价。

2. 媒体报道

作为面向大众的媒体，良好的评价对于图书馆今后开展活动也是至关重要的。活动后，经过大篇幅的媒体宣传，让更多未参与活动的读者感受该活动并引发共鸣，为下一次活动打下人员基础。

3. 自我总结

每个活动项目，不论其是否成功，都应该被当做学习的好机会，恰当地进行总结将给活动管理者、团队成员和组织带来很多利益。但是，在做活动项目总结时不是所有的成员都明白总结的目的以及内容，这样的总结自然不会有满意的效果。活动总结应达到以下目的。

(1)确定活动的有效性。确定本项目中什么是行之有效的，其原因是什么？总结不是歌功颂德，但一定要包括成功经验，与以往相比采用的特别的方法或工具，以便积累知识和经验。

(2)防止重复犯错。几乎所有活动过程都存在一些可改进或应纠正的问题或错误，通过事后总结，分析问题及其原因，作为改进流程的依据或作为反面教材以防止错误再次发生。

(3)激励活动项目团体成员。人们希望知道自己干得如何，尤其是当活动投入了大量人力物力时。活动总结应该在活动启动时就加以规定，包括活动评价的标准、所采取的方式以及参与人员，而内容包括个人的绩效评价。这样，成功者会把活动项目总结作为建立个人形象的机会，同样，失败的经历也将被记录下来进行研究。只要评价是公正的，活动总结将激励和促进图书馆员的工作。

总结的内容主要有以下几个方面。

（1）时间。实际进度与计划进度相比，结果如何？期间有哪些变化？对工作量的估计如何？活动组织者要建立并完善有关的数据库，项目总结应提供相应数据以提高下次计划的准确性。

（2）项目质量。活动项目的最终成效与取得的成果与最初需求的符合度。有没有达到最初的目标，在社会的影响力如何？观众满意度如何？现场管理的秩序如何？

（3）人员管理以及沟通交流。活动组织成员表现如何，活动管理和实施过程中的内外部沟通交流是否充分，对活动的影响如何？

（4）项目特点。与以往相比，本活动有何特别的地方？

（5）经验与教训。列出从这次活动工作中所得到的最主要的经验与教训以及对今后的活动管理工作的建议。[①]

三、未成年人活动策划方案构成

一个全面详细的策划方案，应包括以下几个方面：活动目的、活动形式、活动内容与主题、活动主办单位、承办单位及合作协作单位、活动时间、地点、活动经费预算、活动流程、活动人员分工、活动奖励、活动后期的整理与成果展示、宣传方案等。另外还需要考虑天气及突发状况，作好应急方案。大型活动还需经过相关主管部门审批。

四、未成年人活动宣传

活动宣传至关重要，它关系着活动的社会效应与参与活动的人群，是活动成功与否的第一步。针对馆内读者开展的小型活动，可以采取馆内放置海报、QQ群、网站等方式进行宣传；如果是面向全市大众的活动，就要借助各个论坛、新闻媒体等外界平台进行适当宣传。宣传方式有传统宣

---

① 卢晓. 节事活动策划与管理[M]. 上海：上海人民出版社，2006：377-378.

传(海报、人工、短信等)，网络宣传(网站、QQ 群、微博、博客、邮件列表等)，新闻媒体宣传三种方式。图书馆开展未成年人活动常与教育系统合作，在通过教育局批准的情况下联系学校，让校内老师进行适当宣传，鼓励学生参与活动，成效显著。

如果要邀请媒体参加活动，需要考虑他们以什么方式参加，何时参加。媒体工作人员通常是非常忙碌的，要尊重他们的时间，决不能忘记他们积极报道的关键作用。要尽可能和媒体协同合作，相互配合，共同促进双方的工作。如果是邀请名家名人开展的活动，媒体可能需要一个能让他们进行私下采访和拍照的房间。要知道，媒体人士要从诸多活动中挑选一些来参加，如果你想让他们选择你的活动，就必须让他们感到与你合作会很愉快，这一点是非常重要的。尽管如此，你还要清楚，他们随时可能因有重要新闻被叫走，而中断了在你的活动中的工作。① 若遇到这样的情况，工作人员需在活动结束后将该次活动进展报道以及现场照片、参与人员等资料及时交送媒体，以保证活动及时见报。

第三节　大型未成年人活动的组织与管理

一、活动策划和审批

(一)活动策划阶段

对活动进行系统规划后，就要把计划变成现实并展开活动，这就需要活动策划。每一个大型活动都包含很多需要在正确的时间以合适的顺序顺利开展的个体活动，其中很多是依赖于前期活动的结果或与其他活动一同进行，如果这个过程进展不顺，就会造成延误，进而给活动组织者与发起人带来损失。

活动策划主要包括三个阶段：一是活动进展的管理；二是活动计划本身(当活动举行时)的管理；三是活动结束后的收工事宜。第一步，包括详细阐述待实施的行动，决定参与行动的人员，并详细说明这些行动的时间安排，以实现活动进程中的各级目标。这些时间安排和行动方案

---

① 朱迪·艾伦. 活动策划全攻略[M]. 北京：旅游教育出版社，2010：169.

是成功的活动进程管理不可缺少的一部分，这一管理过程通常叫做活动管理。第二步，活动本身的管理。这需要一个详细方案，该方案使活动参与者、赞助机构、操作者和表演者能和谐地展开各自的行动，共同促进活动的成功。①

(二)办理审批手续

公共图书馆一般常见的活动，需要报批的主要有文化厅(局)、公安、消防和环卫四个部门。群体性活动还应该注意饮食卫生和个人保健，可联系卫生部门加强食品、饮用水卫生检疫和派驻随队医生。群众性文化体育活动的参加人数在二百人以上三千人以下的，由县级公安机关许可；人数在三千人以上的，由地(市)级公安机关许可；跨地区的群众性文化体育活动，由共同的上一级公安机关许可。作出许可的公安机关应当向上一级公安机关备案，公安机关对二百人以下的群众性文化体育活动进行监督检查。

二、拟定活动筹备计划

凡事预则立，不预则废。活动筹备计划是有效地协调各项工作、推动各项工作顺利进行的重要工具，是项目管理活动的首要环节。抓住这个环节，就可以提挈全局，所以活动筹备计划是活动成败的关键性因素之一，活动筹备计划主要包括以下几项内容。

(一)工作计划

工作计划也称为实施计划，是为了活动项目最终实现而制定的实施方案，要说明以什么方法组织实施活动，需要做什么样的工作，如何利用各方面资源达到最佳效果等。

(二)人员组织计划

人员组织计划主要表明各子项目中的各项工作由谁来负责，以及相互关系。在这份计划中，通常都采用框图式构架，各项工作、负责人、具体情况等内容都集中在一起，制作一个人员组织计划表，可以让工作人员一目了然。

---

① 迪米特雷·塔什普洛斯. 大型活动的组织管理与营销(第 2 版)[M]. 沈阳：辽宁科学技术出版社，2010：152.

(三)活动进度计划

根据活动的正式开始时间和筹备工作正式开展的时间，对筹备工作的各项任务列定工作进程计划。通常情况下，指定活动进度计划时会采用框图式构架。

(四)财务预算计划

预算是管理工具和程序、控制的计划以及执行指标。因此预算是执行管理工具，它的目标是分配有限的资源给无限的需要。对活动实施过程中的各项费用预算。[①]

(五)文件档案管理计划

因为在每次活动过程中都会产生很多的相关文件和档案，如在活动审批过程中的行政文件和与相关单位签订的合同等。这些文件档案在整个活动过程中的作用非常关键，可以说是活动赖以开展的前提条件。所以对于文件和档案的管理在活动筹备前期就要安排妥当，最好安排专人负责。

(六)风险管理计划

风险管理计划也叫风险管理预案，它是活动中出现突发事件后用于指导当事人处理事件的计划。这一计划是很多活动的主办方最容易忽略的地方，一方面是因为活动过程中出现的突发事件不太容易让人把握，风险管理计划不知该从何入手；另一方面也在于大多数活动组织者对活动的风险管理没有一个清晰的认识，在意识里还没有风险管理的概念。但是大型活动一般都具有筹备时间长、涉及人员多等特点，在这个过程中难以保证每个人都不出问题、每件事情都进展顺利。一份相对严密的应急计划还是不能少的，特别是在大型的未成年人活动策划中，更是要考虑到现场众多未成年人的安全、紧急疏散等问题。

制订风险管理计划，应该针对活动的特点、活动场所考虑潜在风险因素，如时间的影响(白天或夜晚，持续天数)、活动场所位置以及周边环境、依据活动类型特设的设施、天气因素、意外事故、预算风险等等。

---

① 迪米特雷·塔什普洛斯. 大型活动的组织管理与营销(第2版)[M]. 沈阳：辽宁科学技术出版社，2010：117.

三、活动的现场执行管理

由于活动现场的参与人员数量大、事务繁杂，如何控制好现场的各项工作，保证活动的顺利进行，对于活动的管理者来说也是一个极大的挑战。为了提高活动实施阶段的管理效率，应该实施操作程序的管理。程序化管理是一种科学的管理意识，只有程序化实施，才能有标准化、科学化管理。活动组织者可以根据活动参与者的角色来分配管理工作，分工明确、各负其责。

（一）活动的组织方

组织方主要包括活动的主办方、承办方、协办方等参与活动整体策划和运作的单位和个人。不管是在程序上，还是事件的实际处理过程中，活动的组织各方都需要很紧密的合作与联系，对于他们的管理和协调亦非常重要。

（二）场馆方

场馆方主要是指场地的所有者或管理者。例如在剧院举行课本剧演出时的剧院方，在社区举办活动时的社区街道办或者物业管理方等。他们在整个活动的进程中充分扮演着活动实际操作过程中的把关和配合角色。寻找场地之前，要对活动构想、活动规模有所了解，这样才能选择适当的场馆作为活动现场。活动场所选择决定了活动的成败。例如要举办一场游园活动，面向全市广大青少年，如果将活动地选择在室内，那么很大程度限制了活动人员数量，就不能让尽可能多的孩子享受到游园活动的快乐，所以游园类活动最好能够选择在广场这样的大范围露天环境，第一确保了空气的流通；第二减少了拥挤踩踏场面；第三不会因为喧哗吵闹影响周边。如果举办户外活动，还要知道当天天气情况。如果活动在室内举行，最好安排在同一楼层，防止未成年人因为上下楼梯造成的意外。在确定活动场所时还要充分考虑这些因素，做到未雨绸缪。

要非常清楚使用场地的确切时间并确保在合同里注明，以免以后产生误解。如果需要安装设备，就要和对方协商好设备使用情况，何时搬运，何时安装，租用设备费用说明等都要写入合同。场地是否能为演员嘉宾安排休息间？场地使用之后保洁工作由哪方负责？空调设备使用费用计算这些都要由专人负责与场所负责人协商签订协议。

(三)演员、主持人、选手方

这方面主要包括参与活动的演员、主持人、参赛的选手、参加讨论的发言人等活动的表现主体人员。所谓表现主体人员，是说他们在整个活动的进程中具有一定的表演、展示、发言等行为的人员。需要有专门负责的工作人员来联系，包括演出顺序、主持稿、演员需求等。尽可能地满足合理要求，才能使得活动顺利开展。

(四)舞台、灯光、音响制作方

这方面主要包括舞台的搭建、灯光的安装、音响的调试等几个方面的工作人员。这些都属于活动的基础设备，而且具有很强的联系性，所以把对他们的管理专门划为一方面。

如果活动会场在室内，天花板的高度会对舞台布置、视听和照明的设计带来很大的影响。例如，如果使用背投设备，天花板不能低于 22 英尺（约 6.71 米）。要和舞台、视听和灯光设备供应商一起进行实地考察，并根据需要一同决定最佳房间布局设计。舞台设备的搬入和安装时间，要根据供应商的时间要求来制定，要保证留有足够时间将物品搬入场地。根据整个布景复杂程度，所需要的时间也从几个小时到两天或更长的时间不等。要将这些工作所需时间与排练和其他准备时间加在一起。如果筹办大型活动，则需要一周以上时间来安装排练。具体要根据实际情况，双方协商而定。[1]

灯光设备的安装、彩排以及音响制作同舞台安装工作一样，一定要和供应商商讨安装时间、安装人员、费用预算等，并签订协议。

(五)嘉宾、观众方

这方面主要包括到场的领导、嘉宾、评委、观众等几方面的人员。因为参与活动的领导、嘉宾和观众在活动举行过程中的活动范围基本都限于同一场地，所以把他们主要归为一方。当然，对于某些大型的活动，因为参与嘉宾人数众多，且与之相关的活动频繁时，也可以把嘉宾和观众方分开进行管理。

---

① 朱迪·艾伦. 活动策划全攻略[M]. 北京：旅游教育出版社，2010：153.

（六）媒体记者方

这方面主要包括活动邀请的媒体和主动前来采访的媒体。每次活动都会产生一定的社会效应，而且很多公关活动的最终目的就是增加宣传力度、扩大影响力，媒体的参与对于整个活动的效益评估具有很大的参考价值。可以安排专门工作人员负责媒体人员接待工作，配合他们并努力满足需求，如何时进行采访、提供场地停靠直播车、是否需要特别访谈等情况。最好能预料到他们的需求，可以提前准备好宣传材料分发给到场记者，让他们对整个活动有个初步了解。

媒体工作相关问题答疑。

问：媒体报道是否也是活动一部分？

答：要决定活动中何时、何地需要媒体介入。可以提前举行新闻发布会，或者单独安排媒体采访。考虑一下这些活动在哪里进行，是否需要单独房间。

问：媒体是否以应邀嘉宾的身份出席活动？餐饮方面的安排是否已经将媒体人士计算在内？是单独进餐还是同其他来宾一起？

答：如果你邀请媒体作为活动嘉宾，那么就要把他们当做嘉宾来看待。如果你只是邀请他们对活动某项内容进行报道，就应该在请柬中说明，他们自然会明白你的安排。如果出于安全原因，重要人物每次只能接受一家媒体的采访，你就应该为他们准备单独的媒体工作间（并提供足够的茶点）。

问：媒体有没有特殊的要求，例如是否需要单独的媒体工作间、媒体报道器材或媒体报道设备车的停车场地？

答：要清楚媒体工作人员什么时候到达、他们会带来哪些设备、他们感兴趣的热点以及如何给他们的工作提供方便。不能毫无准备。你一定不希望一个参加活动的新闻组来了半天，却没有什么可报道的吧。如果媒体来得过早，名人和客人还都没有到，娱乐活动也没有开始，对大家来说都很浪费时间。因此你应该告知媒体最佳的到达时间，以保证他们可以拍摄到活动最热烈的场面。另一方面，在进行时间安排时，要牢记媒体节目的规定播放时间。为了取得最佳效果，你应该尽可能在各个方面与媒体互相配合，这样才能取得双赢的效果，并且在你举办下一次活动时他们还会再来。

问：准备宣传资料袋的目的是什么？

答：宣传资料袋内应包括活动所有相关信息。要考虑报道的核心以及你希望记者报道的信息。如果可能的话，这些信息应包括所有客人的资料或关于活动与赞助商的背景信息。要了解需要多少宣传资料袋，确保将其费用计入预算。要考虑这些材料由谁负责准备、在什么地方分发、如何分发以及由谁负责分发。要决定是否需要为媒体准备单独的报到处以便于他们签到和领取宣传材料，避免出现等到采访和拍摄结束时才拿到材料的现象。用这种方法还可以了解谁已经到达，可以派代表带他们参观重要活动区，将他们介绍给重要人物。你还可以得知媒体人员中没有到达的人员情况，给他们打电话，并邮寄材料。[①]

(七)保安

在风险管理中最关键的环节恐怕就是保安措施了。Rutely(1997)认为，"保安的任务是使参与活动的人们的安全不受威胁。"而 Price(1997)则说的更为明白："保安就是指保护参加者的人身和财产安全免遭不法侵害。"在一些大型场所，如体育场、大礼堂等地方，活动主办方为了保证活动的成功，往往会运用各种方法来吸引尽可能多的人参加，这样一来，就带来了"过度拥挤"的问题，存在着很大的安全隐患。针对这种情况，还需要采取一些特别的加强措施，如设置障碍物、划定警戒区，严格控制出入口等，保安人员必须随时保持充足的力量以应对各种情况，还要根据场地的规模来管理疏导人群，控制人流的涌入。[②]

四、大型未成年人活动的宣传

增强宣传力度、扩大活动的社会影响力是举办大型未成年人活动的主要目的之一，宣传活动的成功与否，直接影响到活动的举办效果。大型未成年人活动的宣传一般分三个阶段进行，分为活动前期召开新闻发布会、活动报道与活动后期宣传。

(一)新闻发布会

新闻发布会又称记者招待会，是一个社会组织直接向新闻界发布有关

---

① 朱迪·艾伦. 活动策划全攻略[M]. 北京：旅游教育出版社，2010：169—170.

② 迪米特雷·塔什普洛斯. 大型活动的组织管理与营销(第 2 版)[M]. 沈阳：辽宁科学技术出版社，2010：184.

组织信息，解释组织重大事件而举办的活动。新闻发布会具有以下特点：(1)正规隆重：形式正规，档次较高，地点精心安排，邀请记者、新闻界(媒体)负责人、行业部门主管、各协作单位代表及政府官员。(2)沟通活跃：双向互动，先发布新闻，后请记者提问回答。(3)方式优越：新闻传播面广、报刊、电视、广播、网站，集中发布，迅速扩散到公众。新闻发布会的时间根据活动的内容，一般提前1—2个月举办，发布的主题应集中单一，发布单位应该提供详尽的新闻通稿。

(二)活动报道

一般是活动过程中的相关报道，如果是短期的活动，一般组织相关媒体进行图文报道，也要提供详尽的新闻通稿。

(三)活动后期宣传

一般不受主办单位重视，在后期宣传中，可以抓住一些活动举办过程中的细节问题进行宣传，这些素材都需要主办方提供，然后由媒体深入挖掘。后期宣传是活动宣传的延续，如果处理妥当，能起到事半功倍的宣传效果。

五、活动的评估和总结

活动结束后，必须做一个效果评估与总结。项目总结与评估是指对已经完成的项目的目的、执行进程、效益、作用和影响所进行的系统的、客观的分析；通过项目活动实践的检查总结，确定项目预期目标是否达到，项目是否合理有效，项目的主要效益指标是否实现，从而总结经验教训，并通过及时有效的信息反馈，为未来新项目的决策和提高投资管理水平提出建议，从而达到提高投资效益的目的。通常，项目总结报告包括以下内容：对比计划与实现目标，分析成败原因；项目财务总决算，并说明成本偏差的原因；评估项目管理的得失，重要成就的总结；对未来项目的建议；团队表现，对杰出成员的表彰和奖励；档案的整理、存档工作。

【本章小结】

开展各种活动是公共图书馆未成年人服务的基本形式，本章介绍了活动对于图书馆未成年人活动具有重要的意义。活动已经成为图书馆服务的一部分，并能促进服务的发展。在未成年人服务中提倡服务活动化、活动品牌化。成功的活动离不开优秀的策划，本章介绍了活动策划的知识。大型活动需要精心组织，开展大型活动的程序包括活动策划和审批、拟定活动筹备计划、活动的现场执行管理、活动的宣传、活动的评估和总结。

【思考题】

1. 如何理解未成年人服务的"服务活动化，活动品牌化"？
2. 如何策划好公共图书馆未成年人活动？
3. 如何管理、评估与总结好大型未成年人活动？

【推荐阅读】

1. 迪米特雷·塔什普洛斯. 大型活动的组织管理与营销(第 2 版). 沈阳：辽宁科学技术出版社，2010.
2. 卢晓. 节事活动策划与管理. 上海：上海人民出版社，2006.
3. 吴粲. 策划学——原理、技巧、误区及案例. 北京：中国人民大学出版社，2006.
4. 朱迪·艾伦. 活动策划全攻略. 北京：旅游教育出版社，2010.

第七章　未成年人阅读活动的组织与管理

【目标与任务】

阅读活动是未成年人活动的主体，本章介绍国内外公共图书馆未成年人阅读活动的概况；了解未成年人阅读活动的组织特点；了解不同年龄段阅读活动的组织与管理；了解不同载体文献阅读活动的组织管理；了解亲子阅读对孩子成长的重要性；了解户外阅读活动的组织与管理。

第一节　未成年人阅读活动的意义与特点

一、当前开展未成年人阅读活动的背景

(一)国际图书馆界未成年人阅读活动

1982 年，联合国教科文组织向全世界发出"走向阅读社会"的号召，要求人人读书。世界各地，从政府到民众，从图书馆业界、出版界到书商都在不遗余力地组织各种活动鼓励阅读。不论在欧美国家还是在中东地区，每年都会举办各种类型的读书节吸引人们对读书的兴趣，提高少儿的阅读能力，交流不同的思想观点，倡导社会形成良好的阅读氛围。阅读兴趣和能力的培养是从儿童早期开始的。在国外的很多家庭中，父母每天和孩子一起读书已经成为一种习惯，阅读成为重要的家庭休闲方式和娱乐方式。

国际图联是阅读活动的积极倡导者。《公共图书馆宣言》将"从小培养和加强儿童的阅读习惯"列为公共图书馆使命的第一条。[①] 国际图联《婴幼儿图书馆服务指南》和《青少年图书馆服务指南》都包含了大量"最佳实践"，指导图书馆人进行阅读推广。国际图联的儿童和青少年图书馆部推出了"儿童和青少年阅读姐妹图书馆"的项目，鼓励不同的图书馆结成姐妹，交

---

① 联合国教科文组织，国际图联. 公共图书馆宣言(1994)[OL]. [2010-07-06]. http://portal. unesco. org/ci/en/files/4638/10322529274libraman_ch. pdf/libraman_ch. pdf.

流未成年人阅读活动的经验。

美国几乎每一任总统上任后都大力提倡阅读。在克林顿时代有"美国阅读挑战"运动，布什时代有"阅读优先"方案。美国国家读书节创办于2001年，由美国国会图书馆组织，当时的第一夫人劳拉·布什主持，国会图书馆馆长 James H. Billington 参加。在读书节期间，众多的作家、插图画家和诗人将和读者一起讨论他们的作品，甚至连 NBA 的球星也将亲临现场，和孩子们一起读书。参加读书节的孩子们可以得到自己喜爱的作家的签名，还能够见到真人装扮的卡通人物。劳拉·布什说："我为能够与Billington 博士和美国国会图书馆加入举办今年的全国图书节感到自豪。这个事件给我们一个机会，来激励家长和监护人尽可能早的开始给儿童读书，并鼓励将阅读作为终身活动。我期待并欢迎所有年龄段的读书爱好者到我们国家的首都，庆祝这个神奇的阅读和讲故事的节日。"①2008年，劳拉·布什最后一次以总统夫人名义参加这个读书节，她说："国家读书节有满足所有年龄段的活动，读者可以探索从历史和神话到传奇和食谱的不同风格。儿童能够从他们最喜爱的童话故事人物中得到满足，游客可以了解由美国国会图书馆提供的丰富资源。"②

2003年，英国文化、媒体和体育部发布《未来框架：下一个十年的图书馆、学习和信息》，该文件将"促进阅读和自主学习"列为图书馆三大现代使命之首。③ 2005年英国启动"阅读起跑线"计划，免费为每个儿童提供市值60英镑的资料，这些资料分装在不同款式的帆布包里，根据儿童成长的实际需要，分年龄段以不同的方式分发。同时，图书馆还开展各种亲子互动的阅读活动，帮助家长掌握培养孩子阅读习惯的方法和技巧，鼓励家长与他们的孩子一起分享图书、故事和儿歌。"阅读起跑线"计划为家长提供各种与儿童分享阅读乐趣的指导资料。这些指导资料一方面使家长意识到学前教育的重要性；另一方面帮助家长掌握辅导孩子阅读的方法和技巧。经过"阅读起跑线"计划指导的家长，学会采用更有效的策略帮助孩子

---

① National book festival[OL]. [2012-03-10]. http://www.loc.gov/loc/lcib/01078/festival.html.

② News from the library of congress[OL]. [2012-03-10]. http://www.loc.gov/today/pr/2008/08-125.html.

③ Department of Culture, Media and Sports. Framework for the future: libraries, learning and information in the next decade[M]. London: DCMS, 2003.

提高阅读水平，例如，鼓励孩子预测故事情节的发展，并让孩子将故事内容与他们的亲身经历联系起来，反复为孩子阅读故事，与孩子讨论故事内容等。"阅读起跑线"计划使阅读真正走进英国民众的生活。①

在德国，新生儿满月即能从医院拿到启动阅读大礼包，里面会放有两本适合婴儿阅读的书和宣传小册子，还有德国布里隆市图书馆馆长乌特·哈赫曼女士创造的阅读尺，其中包含很多信息，包括如何让孩子在婴儿阶段就开始接触书、阅读书等。阅读尺一面世就受到了普及，并成为国际化的一个标志。它广泛地运用于医院、学校、家庭、图书馆等各个地方，很好地将一些阅读理念传输到各界，促使德国进行更好的全民阅读。德国的公共图书馆每次都会以固定的方式欢迎青少年们的到来。他们的理念是：让孩子先习惯书、适应环境，然后能主动提出办卡。

(二)港、澳、台地区公共图书馆组织未成年人阅读活动

港澳台地区非常重视在全社会大力提倡阅读，倡导终身学习。职能部门积极制订未成年人阅读推广计划，并推进实施。重视塑造良好的阅读环境，培养市民的阅读风气；尤其极为重视儿童早期阅读培养，充分利用公共图书馆等公益性服务机构，以周期性等形式开展丰富多彩的阅读推广活动。

香港地区的公共图书馆由 65 个固定的图书馆、10 个流动图书馆组成。多年来，公共图书馆将阅读推广活动作为其主要服务工作，推行了多元化的阅读推广计划。为鼓励青少年培养良好的阅读习惯，各公共图书馆推行多项课外阅读计划，其中包括《儿童图书推介计划》，旨在鼓励家长陪同子女一起阅读。各公共图书馆每月都会有定期的阅读推广活动，其中包括：定期举办各种教育性及休闲性阅读推广活动、课外阅读计划、书籍展览、科技与人生讲座系列、亲子故事工作坊、阅读营、兴趣小组等。近年来，香港特区政府将推广阅读文化作为教育改革的关键内容，公共图书馆与教育统筹局等部门一起联手推行了多项儿童阅读计划。

"阅读城建设工程"是由香港教育署、保良局、康乐及文化事务署与香港资讯教育城联合推行，并由香港公共图书馆具体实施。"阅读城建设工程"从 2002 年开始实施，为期 10 年。"阅读城建设工程"共分为"一起阅

---

① 瞿艳. 亲子阅读在国外[J]. 教育文汇，2010(5)：46—47.

读"、"愉快阅读"及"分享阅读"三部分。"一生一卡"计划是由香港公共图书馆与香港教育统筹局携手推行的。为了让全港所有小学生一生拥有一张借书卡，香港公共图书馆免费为全港的小学生办理图书借阅证，使孩子们拥有人生中的第二本护照，鼓励小学生培养良好的阅读习惯。从 2002 年开始，香港中央图书馆与五个主要图书馆推行了"儿童及青少年阅读计划"，现已推广到 25 个分区图书馆。该计划规定凡年龄 4—19 岁的香港儿童及青少年并已领取公共图书馆借阅证的读者，均可报名成为阅读计划的会员。会员在参加阅读计划时会得到阅读记录册一本，用以记录会员所阅读的书籍、递交阅读报告及推介阅读书籍，所登记的记录均需由香港公共图书馆或学校图书馆盖印才能生效。每年年底，公共图书馆根据会员的阅读记录，颁发奖励证书。

香港康乐及文化事务署的"共建学习型社区阅读计划"为期两年，是由香港小童群益会与社区图书馆联合开展的，并得到香港教育基金拨款资助。该计划内容包括：招募家长义工，由学校图书馆主任协助培训后，到学校为学生讲故事；儿童阅读护照及阅读心声奖励计划，即让儿童记录他们的阅读心得及表达他们的感想与分析；好书交换不仅推动儿童交换好书，更让他们交换阅读心得。①

澳门特区政府为全面提高全澳市民的文化素质，积极营造全澳阅读氛围，制定了多项未成年人阅读活动的规划，并辅助实施，收到了良好的效果。2004 年澳门教育暨青年局投入 1300 多万元澳币，在全澳中小学全面开展《学校阅读优化计划》，协助中小学改善校内图书馆的空间和设备，资助学校开展相关的工程及购买设备、图书及多媒体资料等，并对积极开展阅读计划的学校提供技术、人力及相关支持。

澳门图书馆暨资讯管理协会、澳门公共图书馆、学校图书馆、专门图书馆等机构在阅读推广活动中扮演着重要的角色。澳门图书馆暨资讯管理协会在每年举办的研讨会及座谈会中以阅读推广活动为其主要工作内容。其举办的有影响的活动有：《阅读文化节之图书馆及阅读系列活动》、《阅读文化节图书馆专题讲座系列》、《图书馆周图书馆学术专题讲座系列》等。同时，协会与其他社会团体联合举办了《澳门阅读文化节》，包括读书论

---

① 师丽娟. 港澳地区阅读推广活动介绍及启示[J]. 图书馆杂志，2007(5)：61—63，41.

坛、赠书献爱心、儿童故事游艺坊、长者讲故事及话剧、魔术表演、主题作文比赛、阅读比赛及一系列阅读推广活动。以推广阅读为目的的澳门"图书馆周"活动，自 2002 年开办以来，每年都会围绕不同主题开展活动，在澳门播种阅读的种子。如 2006 年的"图书馆周"活动内容包括好书召唤你、少年阅读推广、外语阅读计划、书史专题讲座、图书馆之旅等 20 多种项目。现在，"图书馆周"活动时间已由以前的一个星期扩展到一个月。一年一度的澳门"图书馆周"活动无疑成了"文化澳门"城市形象的新景观。①

台湾地区 20 世纪 80 年代就提出了"书香社会"的概念，并开始了对儿童阅读、家庭阅读的不断探索。其中持续举办且影响较大的大型阅读推广活动主要有台北书展、读书会活动、世界书香日活动和好书交换活动等。

台湾地区的公共图书馆每年都会利用图书馆周的机会举办各类宣传推广活动，让小读者了解和亲近图书馆。如 2007 年高雄市立图书馆承办的"公共图书馆博览会"，活动包括特色图书馆联展、行动图书馆大会师、故事爸爸故事妈妈大会串等；台北县推出图书馆彩绘、主题书展、"e 起来耍库——公共图书馆资料库检索"等活动。这些活动让小读者充分了解图书馆的设施与服务，从而善用图书馆资源。②

(三)我国公共图书馆组织未成年人阅读活动

1997 年 1 月，中央宣传部、文化部、国家教委等九部委共同发出了《关于在全国组织实施"知识工程"的通知》，提出了实施"倡导全民读书，建设阅读社会"的"知识工程"。2003 年，"全国知识工程领导小组"将每年的"全民读书月"活动交由中国图书馆学会负责承办。2006 年 4 月，中宣部、中央文明办、新闻出版总署、文化部等 11 个部门联合发出《关于开展全民阅读活动的倡议书》，此后每年均发出关于认真开展全民阅读活动的通知。标志着推动全民阅读活动已成为政府行为。

各省市纷纷以读书节、读书月为契机，开展包括未成年人阅读活动在内的阅读推广活动，积极营造社会阅读氛围。如由浙江省文化厅主办，浙江图书馆承办，浙江省各县市区公共图书馆联办的浙江省未成年人读书节自 2005 年起，以"加强和改进未成年人思想道德建设，树立和培育正确的

---

① 师丽娟. 港澳地区阅读推广活动介绍及启示[J]. 图书馆杂志, 2007(5)：61-63, 41.
② 曹桂平. 关于台湾地区阅读推广活动的思考[J]. 图书馆建设, 2010(3)：78-82.

理想信念，提升未成年人思想道德素质、科学文化素质和健康文明素质"为宗旨，以"营造良好的读书氛围，倡导未成年人读书"为主题，以"提倡培养良好的阅读行为，增强利用图书馆意识，做国家有用之才"为目的，根据青少年的特点，组织、设计青少年喜闻乐见的各种读书活动，寓教于乐。

2005 年中国图书馆学会首次成立自己的阅读推广组织"科普与阅读指导委员会"，明确将阅读推广作为学会的重要任务。2009 年该委员会改名为"阅读推广委员会"，其阅读推广职能进一步明确。该委员会下设青少年阅读推广委员会，推动图书馆承担起培养青少年阅读意识、阅读习惯、开展阅读研究、推动阅读工作的使命和责任。这标志着我国公共图书馆的未成年人阅读服务有了专业的指导和研究。中国图书馆学会将 2009 年 4 月 23 日至 2010 年 4 月 23 日指定为"全国少年儿童阅读年"。这个活动得到了全国百余家公共图书馆、少儿图书馆的积极响应。各公共图书馆、少儿图书馆也纷纷展开了各自的少儿阅读研究、引导和推广活动。

二、未成年人阅读活动的意义

阅读对未成年人来说至关重要。英国哲学家培根说："读书可以陶冶个性，每一种心理缺陷，都可以通过聪明的阅读来弥补。"[①]未成年人阶段是人的心智、知识、能力、世界观和价值观逐步形成的阶段。阅读是提升未成年人学习能力、开发智力、培养科学精神和完整人格的重要手段，是传承民族文化，帮助未成年人了解和适应社会的重要渠道。未成年人是祖国的希望和未来，从小养成其良好的阅读习惯，一生会受益无穷。儿童早期阅读推广活动是不折不扣的"国家工程"。

儿童时期是养成阅读习惯的最佳时期。儿童教育学和发展心理学研究表明，学习的关键期在幼年，阅读习惯的建立也是早期更有效。儿童从3—5 岁开始，就喜欢聆听更广泛的生活经验和见闻，并喜欢从故事中寻求熟悉的人、事、景、物。6—12 岁喜欢课外读物，也开始发展阅读能力。儿童时期充满好奇，且丰富的想象力，正是学习和建立正确观念的最好时机，若能创造儿童阅读环境，并告诉他们正确的阅读方法，奠定良好的阅

---

① 全国读书文化研讨会. 关于倡导"全民阅读"的深圳宣言[OL]. http://culture. people. com. cn/GB/22219/5010569. html.

读习惯，将为他们的终身发展奠定良好的基础。欧美各国的教育家们也发现，儿童如在早期培养阅读兴趣，则很少会在阅读上遭遇困难。因此，许多家庭、学校、图书馆都为未成年人制订阅读计划。这类计划都有共同的宗旨和原则，就是与儿童共享阅读的乐趣，并从阅读活动中获得阅读的兴趣与能力。

图书馆历来被称为"知识的海洋"。图书馆设立的主要目的之一是诱发读者的阅读兴趣，满足读者的阅读需求，辅导读者的阅读能力，培养读者阅读习惯。未成年人是公共图书馆的重要读者群之一，为未成年人阅读提供服务是公共图书馆的基本使命。但是，公共图书馆帮助未成年人阅读的使命并非与生俱来。为达到公共图书馆的服务目的，公共图书馆要制订未成年人阅读推广的规划或计划，帮助未成年人循序渐进地阅读，快乐的阅读，进而喜欢阅读，形成良好的阅读习惯。

公共图书馆面向成年人的阅读推广模式主要是创造良好的阅读环境，提供丰富的阅读资源，辅以新书推荐。但这种模式难以满足不同年龄段未成年人阅读的多样化需求。对于公共图书馆服务而言，要培养未成年人的阅读技能和阅读兴趣，必须因人因地制宜地开展未成年人阅读推广活动。公共图书馆开展未成年人阅读活动的意义在于以下几点。

1. 适应未成年人生理心理特点，以活动带阅读

很多未成年人的阅读习惯尚未形成，他们无法接受较长时间的"静读"，也无法较长时间以一种方式阅读。对于这些未成年人，图书馆组织形式多样、内容丰富的阅读活动，可以满足未成年人的阅读需求，使他们的阅读能力和阅读兴趣能够在参与活动过程中得到提高。图书馆读者中还有相当一部分低幼儿童，他们处在心智发育的重要时刻，同时还不具备文字甚至图画书的阅读能力。对于低幼儿童，图书馆的阅读活动帮助他们接触阅读、亲近书本。阅读活动几乎是引导他们阅读的唯一方式。

2. 适应未成年人服务的特点，有区别地引导阅读

未成年人的范围从完全不具备自主行动能力的婴儿到"年轻的成人"，几乎每个年龄段都有他们的阅读特点。即使同一年龄段的儿童，他们的性别、家庭教育、监护人的不同也可能需要不同的服务。未成年人对于各种媒体的喜好程度也更高，更加愿意尝试不同的媒体，这种多样化将图书馆的服务对象划分为许多小的群体。而图书馆的未成年人服务空间与服务设施一般只能设计成两三种不同类型，有些基层图书馆甚至只能有一种简单的未成年人服务场地。因此，只有通过开展形式多样的阅读活动，才能为不同的未成年人群体服务。

3. 发挥未成年人阅读的辐射效应，引导更多的人走进图书馆

未成年人阅读活动主要针对未成年人设计，但年龄较小的未成年人通常需要由父母或其他陪同人，才能参加图书馆的阅读活动。因此图书馆针对未成年人的阅读活动，将阅读推广效应辐射到未成年人的父母或其他陪同人。例如，低幼儿童的亲子阅读活动不但能够使儿童逐渐认同书本，喜爱阅读，同时也能使他们的父母学会通过书本与儿童交流，并感受儿童读物中的智慧与情操。

4. 有助于调动更多的社会资源，推动全民阅读

公共图书馆组织未成年人阅读活动有利于充分发挥公共图书馆教育和服务读者的功能。政府应该提供足够的政策资源和公共服务来促进儿童阅读推广活动的开展，重视对学校教育资源的整合利用，积极支持学校与社会团体及公共图书馆的联合，使阅读活动丰富多彩，有声有色。积极打造公共图书馆的服务平台，延伸服务触角，提倡在中小学及大学开设阅读导读课程，要在中小学及大学开展多种形式的阅读活动，如举办读书月、读书周、阅读报告会等活动。应向学生传授必要的阅读方法和技巧，帮助学生制订阅读计划，并在计划的实施过程中提供必要的帮助。整合资源打造联动阅读环境，馆、校、家三方共促未成年人阅读行为，培养终身学习型国民。营造书香社会，共享书香人生。

三、未成年人阅读活动的组织特点

1. 阶段性

未成年人是一个行为能力、心理智力和阅读能力不断发展的有机体，不同年龄阶段拥有不同的阅读心理特点和阅读发展需求。这就要求公共图书馆针对特定发展阶段的未成年人设计组织风格各异的阅读活动。如婴幼儿的阅读不仅是视觉的，也是听觉的，甚至是触觉的；学前儿童阅读活动主要以体验式为主，融合绘画、说话、音乐欣赏、手工、拼图、表演等形式；针对学龄初期儿童（6、7岁—11、12岁）在引导性阅读的基础上强调开始培养自主阅读能力，同时通过亲子阅读和集体阅读培养阅读兴趣和阅读方法。对于少年时期的儿童(11、12 岁—14、15 岁)主要在图书选择上做好引导,在阅读兴趣上培养空间,在阅读方法上进行提升;青少年时期孩子(14、15 岁—17、18 岁)的阅读活动主要集中在兴趣阅读和课外延伸阅读方面。通过活动搭建阅读交流分享平台,培养个性阅读计划。

2. 广泛性

儿童阅读推广是个复杂的社会系统工程。公共图书馆在组织未成年人阅读活动时,应分别针对不同年龄段的孩子如婴幼儿、学龄儿童、青少年等;应组织服务于相应整个地区的少年儿童、家长及儿童工作者;应积极与各机构加强横向纵向合作,争取更大的社会影响,获得社会普遍认可,以求阅读推广活动良性循环发展。

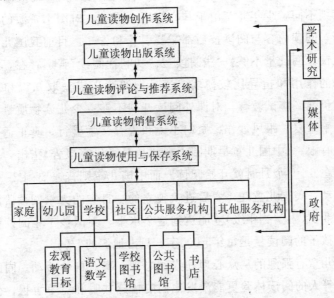

如上图,① 从儿童读物的生产与流通过程来看,儿童阅读问题涉及儿童图书的创作与出版、儿童图书的推荐与评论、儿童图书的销售与购买以及使用等各个环节,是纵向系统。从儿童阅读的空间来看,儿童阅读问题涉及家庭、幼儿园、学校、社区、图书馆、书店等最主要的环境,是横向系统。学术研究、媒体、政府对儿童阅读推广的所有环节和所有空间都构成影响,因此成为综合系统。在这个系统中,各个子系统共同构成儿童阅

---

① 朱淑华. 从战略高度推进儿童阅读[J]. 图书馆理论与实践,2010(2):75—79.

读推广系统的有机总体，子系统之间互相影响。国内外经验证明，只有政府、学校、家庭、图书馆、媒体、民间组织等各方力量及儿童读物的创作、出版、评论、使用等各环节协作推动，才能真正有效地推广儿童阅读。因此，公共图书馆界应该保持开放的视野、宏观的高度，摆脱封闭的行业局限，既要充分认识到公共图书馆在儿童阅读推广系统的位置和独特性，也要充分了解其他系统的作用、现状与动态，与教育界、出版界、儿童文学界、评论界、心理学界、研究界、媒体、家长等建立良好的互动，充分发挥合力，共同推广儿童阅读。

3. 引导性

成年人的阅读兴趣、阅读习惯与阅读品位一旦形成就很难受外界影响。儿童则不同，少年儿童由于其心智还未成熟，对图书资源的选择缺乏正确判断，阅读内容与阅读技巧都需要引荐和告知。目前我国儿童阅读水平令人担忧，阅读量不够，"浅阅读"及"功利性阅读"普遍存在，家庭在早期阅读中的作用和指导比较薄弱。过早把阅读当成获取知识和信息的工具；学校仍强调应试教育，对课外阅读开展不够；少儿读物质量不尽如人意，低水平重复、跟风炒作、魔幻小说和青春文学盛行，真正适合儿童阅读的书籍有限。《中国儿童早期阅读现状与对策研究报告》指出，西方发达国家儿童在 6—9 个月时就开始阅读。而中国儿童则普遍要到 2—3 岁才开始阅读活动：美国儿童在 4 岁后进入独立的、自主的大量阅读阶段，而中国平均要到 8 岁(小学二年级)才能达到这个水平；美国孩子年阅读量是 3 万字，中国孩子的阅读量是每年 5 000 字，只占他们的 1/6。

此外儿童有强烈的从众心理和崇拜心理，喜欢群体活动，同龄人或家长、老师等人的阅读体验更能激发他们的情感共鸣和竞争意识，公共图书馆可基于对少年儿童的阅读心理分析，通过书目推荐、讲故事等一系列阅读活动引导少儿读者选择合适的、优秀的图书，以培养其良好的品质。公共图书馆应积极为儿童打造一个良好的阅读环境，使其得到良好的阅读引导与培养。这样的儿童成年以后往往能保持终身的阅读习惯。

4. 趣味性

儿童的生理和心理特点都使他们在阅读过程中渗透了更多的游戏性。只有让儿童在阅读中不断地感受到乐趣，阅读才会对他们产生吸引力。而图书馆的其他功能：如提供知识、技能、综合评价等教育过程，也是等兴趣激发出来后才可能实现。从讲故事这种儿童的认知水准能够接受的形式将孩子引入到图书的美好世界，孩子们最能接受，也最能产生兴趣。在欧美国家，图书馆一般都设有馆员或志愿者的讲故事时间。通过提问、续说、扮演角色、制作图画书等手段，让孩子在"说"故事，"演"故事，"画"故事，甚至是"玩"故事的过程中享受阅读的乐趣。① 美国一些学校图书馆还实行阅读奖励计划，将图书按难易程度分级计点，孩子读完后可获得相应点数，累积点数就可以换取奖品，此举增加了孩子们对阅读的热情，大大提高了图书的借阅量。② 举办儿童读书会是一种提供阅读经验交流的好方法。聘请专家按年龄分级作专书阅读讨论，并撰写图书评论，不仅能提升阅读乐趣、提供同龄人的相处机会，也使孩子的表达欲望得到充分的展现。图书馆举办的阅读活动内容应是少儿读者喜好和关注的，形式应是多样变化和生动活泼的。这样才能抓住小读者的眼球，激发小读者的参与热情。例如，制作儿童阅读测量尺，将不同的读物与儿童身高联系起来，就是一个很能吸引儿童长期关注阅读的构想。

5. 持续性

阅读是一项高尚的心智锻炼，少年儿童阅读能力的提高是一个渐进的过程。图书馆应该结合当地实际，能够定期开展未成年人喜闻乐见的阅读辅导课、专题演讲、知识讲座、读书品评、美文欣赏、诗词朗诵、科普竞赛等各类读书活动，来吸引未成年人参加活动，使之常规化、高频率化。活动模式固定，但是活动内容丰富多样并且及时更新。让未成年人乐读、多读、会读、好读，力图寓教于乐、寓教于学、寓教于知，让好书充实未成年人的青春岁月，锻炼其心智、陶冶其情操、净化其灵魂，让他们在阅读中身心健康、幸福快乐地成长，即以长期的量的积累引起少儿读者阅读能力质的提高。

---

① 杨其慧. 美国公共图书馆的儿童服务[J]. 图书馆工作与研究，2001(3)：58－59.
② 王林. "天堂应该是图书馆的模样"——各国儿童图书馆多种途径鼓励孩子阅读[J]. 中国教育报，2007-03-29.

第二节 不同服务对象阅读活动的组织与管理

一、婴幼儿的阅读活动组织

（一）婴幼儿的阅读心理特点和阅读发展需求

婴幼儿时期是人的生命起跑线，是人的智慧潜能开发的关键期。人的终身阅读习惯始于其在儿童期所感受到的快乐阅读。婴儿早期语言的发展主要通过感官刺激学习，以婴儿自我和家庭为中心，通过眼睛、耳朵、手、脚、嘴巴来认识这个世界，因此，环境对婴儿的影响非常明显。这就要求公共图书馆的儿童阅览区的建筑、布局和装饰要符合儿童生理与心理特点。引导家长选择适合孩子发育的阅读方式，在孩子不同敏感期对孩子加以不同的引导和培养，是婴幼儿期开展亲子阅读的主旋律。

对于这一阶段的儿童来说，阅读不仅是视觉的，也是听觉的，甚至是触觉的。可提供一些供婴幼儿翻阅触摸且不易撕扯的书，如专为婴幼儿设计的布书、木质书、塑料书、立体书等。据上海教科院在上海各地区 7 所教养机构随机抽取的托、小、中、大班共 665 名婴幼儿所做的婴幼儿阅读行为的观察研究报告表明，婴幼儿选择的阅读内容应与孩子的生活经验比较接近，由以动物为主逐渐过渡到植物、人物等。选择的题材由与婴幼儿日常生活相关的儿歌、故事逐渐过渡到与自然、周围生活相关的儿歌、故事、散文等，与生活、游戏相关的图文说明书等。孩子普遍喜欢概念图书，有趣味的故事、重复讲述的故事。由于孩子注意力集中时间短，看书持续时间不长，喜欢听一些简单的故事但仍然需要肢体语言的配合和一对一的互动，所以父母应该成为孩子的第一任老师。

（二）婴幼儿的阅读活动策划

由于婴幼儿不识字或者识字很少，主要是翻阅图画且一般都是由家长带到图书馆，因此图书馆不仅要有适合孩子阅读的色彩鲜艳、画面活泼的图书，还应为家长购置儿童阅读指导、儿童心理学及幼教、科普保健等图书，让婴幼儿在家人的陪伴下轻松阅读。这一阶段的阅读活动可指导家长进行一些启发式的口述阅读活动，提供提高语言能力、开阔孩子视野、培养良好习惯、培养优秀品质、培养生活情趣的书，并提供阅读指导。

国外图书馆关于少儿工作的宝贵经验是值得我们学习的，例如，美国图书馆协会在 2000 年 5 月就推出了"从出生就阅读"计划，鼓励父母教育热爱阅读的孩子。新加坡政府提出"天生读书种，读书天伦乐"计划，从 2001 年 11 月开始，新加坡婴儿出生时，在医院护士叮嘱产妇的事项中就有"如何读书给婴儿听"一项。因此，图书馆可以联合妇联、妇幼保健、工会等机构共同开展婴幼儿阅读推广工作。

二、学前儿童的阅读活动组织

(一)学前儿童的阅读心理特点和阅读发展需求

学前儿童语言技能、词汇扩展很迅速。在这一阶段，孩子对"语言"和"文字"已经开始具有一定的相关知识了，开始能从生活经验中了解到文字的"功能"，会将新学会的字与句法在日常生活中不断尝试应用。开始同家庭成员外的人进行接触，通过和他人的交往来认识社会，开始辨认自己身边的小朋友。

孩子开始进入到喜欢语言游戏的阶段，这时父母伴随孩子进行互动分享阅读是个不错的选择。在共读中，他们能够理解并遵从口头指令。聆听故事时能够将故事内容与自己的生活经验联系起来，敏锐地感知故事发生的顺序，顺序、空间关系和其他基本的数学技能就获得了发展。对于"语音"的知觉更加敏锐，可以指认出童谣中押韵的字音，喜欢没有任何意义的歌谣和诗歌，各种想象性的游戏受到欢迎。能够比较长时间的坐着听故事或是参加活动，能够辨认几个简单的字，同时可以做一些简单的手工劳动。这些看似普通的阅读能力，对于孩子的阅读兴趣与未来独立阅读能力的养成具有非凡的意义。

(二)学前儿童的阅读活动策划

这一阶段的儿童阅读活动主要是以体验式为主，对阅读环境要求很高，针对学前儿童活泼好动、好奇喜新的特点，应设计充满童趣、富有想象力的阅读空间。如将阅览区装饰成城堡风格，布置些小沙发、小靠垫以及可爱的长绒毛玩具，让小朋友惬意自由、无拘无束地享受阅读的乐趣。优美舒适的阅读情境与"悦"读心境相互映衬，更有利于激发儿童的阅读兴趣和提升儿童的阅读能力。在针对学前儿童开展的阅读活动中可以融合游戏、绘画、说话、音乐欣赏、手工、拼图、表演等形式。满足学前儿童这一时期的各项身心发展需求，积极调动孩子的娱乐性和积极性。由于学前儿童的阅读活动一般都是由家长带领参加，所以为达到良好的活动效益，活动策划时要兼顾孩子的需求和家长的需求。

三、学龄初期儿童的阅读活动组织

(一)学龄初期儿童的阅读心理特点和阅读发展需求

计算、巩固和合作这个被称为"3C"(Calculate，Consolidate，Cooperation)的能力在学龄初期得到了发展。这个阶段的孩子开始从读图阶段逐渐进入读字的过程。孩子开始主动探索文字，他们会注意商店的招牌，喜欢抓着笔画字，尽管可能在你看来这根本不是什么字。在亲子共读的过程中，父母发现孩子开始尝试阅读文字时，应适时地加以鼓励。对阅读过程中所出现的不熟悉的词语非常敏感，喜欢打破沙锅问到底，并在这个过程中掌握大量丰富、生动的词汇。对制作图画书开始感兴趣，如喜欢《我爸爸》这个绘本故事，就会自己编出一个关于自己爸爸和其他小朋友爸爸的小故事。能够讲故事给自己听或进行简单的猜测阅读，但同时仍然喜欢听别人朗读。

学龄初期的阅读状态非常活跃，他们的求知欲强烈，接受能力也强，阅读能力提升很快。这个年龄段的孩子阅读主要以童话、寓言、故事等儿童文学作品为主，特别是一些情节跌宕起伏、幽默的故事受到欢迎。但对一些既有知识性，又有欣赏性的读物，他们也乐于接受。如爱国主义类、品德教育类等读物。这一年龄群的孩子可以对他们进行一些革命传统教育和理想教育等方面的引导，培养他们从小爱祖国、爱科学的思想，丰富他们的基本知识，开阔他们的视野，提高他们的综合能力。

(二)学龄初期儿童的阅读活动策划

这一阶段的儿童阅读活动在引导性阅读的基础上强调培养自主阅读能力，同时通过亲子阅读和集体阅读培养阅读兴趣和阅读方法。公共图书馆要积极拓宽学龄儿童的阅读服务领域，引导残障儿童体会阅读的乐趣；以图书丰富务工子弟的文化生活；走进农村，把书送给留守儿童，走进社区，让阅读就在家门口。通过赠送借书证，提供无偿服务，实行免费借阅。

以活动为载体，积极营造声势唤醒大众的阅读意识，形成社会阅读氛围。如举办读书报告会、评选最佳图书、优秀图书推介会、经典朗诵、童话剧场、"学习之家"评选、"书籍伴我成长"征文、"我最喜爱的书房"设计大赛、读书夏令营、评选阅读之星、图书漂流、阅读有礼、作家与学生互动、组建"故事妈妈"宣讲团等，都是行之有效的推动儿童阅读的活动。如温州市少年儿童图书馆在每个寒暑假，都推出"小小图书管理员"活动，参与阅览室的管理，从学龄初期开展读者教育活动，培养读者良好的借阅习惯。图书馆可根据学校阅读计划和各个年龄层的阅读倾向，设立专柜，如"童话故事"、"动漫"、"校园文学"等以吸引读者。图书馆员要利用各校的第二课堂，主动推介图书馆的职能和服务，调动少年儿童的阅读热情。向家长宣传渗透一些阅读理念，对亲子阅读交流进行观念和技巧的指导，让家长志愿者成为公益阅读推广活动的有效助力，使图书馆真正成为儿童自我学习，开阔视野，激发潜能的成长乐园。

四、少年时期的阅读活动

(一)少年时期未成年人的阅读心理特点和阅读发展需求

少年时期未成年人处于高级阅读期。他们对于许多事物似懂非懂，并且对人物、事物有极强的追逐倾向。喜欢收集东西，可以处理一些抽象的推理。他们心理活动极强，情绪不够稳定，开始发展自己的个性，但某种程度上还受到除了家庭以外其他社会关系的影响。

同时，随着组织和自我约束能力的增强，研究和学习的技能也开始增长。这个年龄段的读者阅读兴趣向知识型转变。普遍喜欢阅读现实小说、探险、传记。书中的幽默、虚构、悬念以及主人公的行为吸引着小读者，并时常激励着小读者的上进精神。阅读涉及面非常广，对非故事性的图书也感兴趣，如科普类图书等。开始阅读分为章节的文章和材料，独立完成学习。可以充分利用参考资源，偶尔也会使用青少年或是成人的资源。开始对大众文化感兴趣，同伴之间开始互相推荐读物并探讨相关话题。

(二)少年时期未成年人的阅读活动策划

这一阶段的儿童已经具备了相当的自主阅读能力，在开展阅读活动时主要在图书选择上作好引导，在阅读兴趣上培养空间，在阅读方法上进行提升，通过活动着重提升其阅读品味。阅读俱乐部和书话会等活动受到他们的欢迎，对这个年龄群的读者，要引导他们通过阅读提高认识、明辨是非，正确把握人生观和世界观。

图书馆的阅读活动还可以着重向家长宣传一些阅读理念。随着家长对儿童阅读认识的不断深入和重视，越来越多的家庭注重家庭阅读环境的营造。家庭藏书建设的指导性需求日益强烈，可以针对不同阅读背景的父母提供相关的教育参考用书，为不同年龄层不同阅读力的孩子提供个性化的书目清单，为家长提供亲子阅读交流的相关辅导。公共图书馆对书香家庭的营造应提供相关的参考咨询服务。

公共图书馆开展阅读活动要充分利用图书馆平台和图书资源，广泛吸收教育、媒体、妇联、共青团等社会机构资源，吸纳一支热忱的志愿者队伍，组织搭建一个阅读推广平台。尤其要利用好学校优质的教师资源和校园群体环境资源，让教师和社会各方面力量参与儿童阅读指导，走进图书馆阅读分享，走进家庭阅读合作。

五、青年期的阅读活动组织

(一)青年时期未成年人的阅读心理特点和阅读发展需求

系统正式的学习成为这一时期孩子的重要生活内容，他们独立自主学习的能力进一步增强。他们经常被认为是有大人身的小孩子，逐渐成为全面参加社会活动的人员。这个阶段的孩子开始逐步由阅读青少年读物向阅读成人读物转变，需要自己的空间，开始关注一些社会和实际的问题。

(二)青年时期未成年人的阅读活动策划

这一阶段的未成年人已经具备了自主阅读能力，阅读时间的分配上因为学习压力增大作了倾斜，这一时期的阅读活动主要集中在兴趣阅读和课外延伸阅读方面。通过活动搭建阅读交流分享平台，培养个性阅读计划。做好教辅阅读的参考咨询工作，如指导中小学生开展科学小实验，指导中小学生开展主题阅读等活动。

第三节 不同载体阅读活动的组织与管理

一、纸质文献阅读活动的组织

(一)纸质文献阅读的特点

纸质文献以文字、图表等静态符号传递信息，信息内容被印刷在平面的、静态的纸质载体上。纸质文献的阅读方式更具休闲与随意性，就阅读本身而言几乎不需要阅读成本。纸质文献的存储空间和文献本身所含的信息量较少。纸质文献载体灵活、容易获取、存储和收藏。阅读纸质文献不拘于空间、地点的限制，人们可以将其带到自己喜欢的场所以自己喜欢的方式阅读，易于读者在同一时间对多种文献信息进行对照阅读，即便长时间阅读，只要光线自然柔和，对视力影响也不大。纸质文献可以随意圈点，还可多篇文献同时参考，比较符合人们几千年来形成的阅读习惯。

未成年人阅读使用的纸质书包括文字书和图画书。

(二)纸质文献阅读活动组织的策划

互联网和信息技术的发展，使电子出版、网络出版逐渐兴起，让人类的信息存储、传播、获取与利用方式均发生了重大变革。信息存储与传播方式的变化，不断地改变着读者阅读的行为方式。但对于广大未成年人来说，由于网络环境的局部限制和外力约束，纸质文献阅读仍是他们的主要阅读方式。在各类型图书馆里，纸质文献仍然是图书馆资源的主体和核心。纸质文献在过去五千年文化里源远流长，惠泽百代。

针对未成年人的纸质文献阅读活动可开展展示型活动，如通过建立有公信力的书评机制，向读者推荐好书，邀请有见地的学者做好书评工作；以图书板报的形式推出书目推荐、专题书展、借阅排行榜等，立体延伸导读功能，直观展示读者阅读倾向。积极推出互动型活动鼓励读者参与，搭建阅读分享平台和阅读成果展示区，如开展读后感交流茶话会活动，组织读者开展主题读书沙龙。互动式的活动参与不仅是面对面的交流，还可以是书面形式的联动，比如定期开展的"书海扬帆知识问答"、"猜猜我是谁"猜书名、"我爱记诗词"等活动。

公共图书馆服务面向广大未成年人，可策划各类有奖读书活动，吸引读者的阅读兴趣。以图书馆优惠待遇、优秀读者称号等作为奖励，调动读者纸本文献阅读的兴趣。在图书建设中充分发挥小读者参与度，要深入开展读者调查，推出"小读者点书，图书馆买单"的特色创新服务，读者提供精品文献阅读保障。即通过以特定读者为对象的采购推荐、文献提供等个性化采购服务，使小读者能读到自己喜欢的书，拥有图书借阅的自主权，实现图书馆与读者的联动。

二、视听阅读的活动组织

(一)视听阅读的特点

视听阅读是未成年人最重要的阅读方式之一。阅读不只限于书籍，视频、音频都是重要的阅读内容。视频、音频记载于视听资料或声像资料上，目前大多数视听资料都是数字化格式，或者可以转换为数字化格式，存贮于 CD、DVD、本地磁盘或远程服务器上，通过计算机软件播放。这种阅读方式解决了未成年人识字不多、好动、注意力难以集中的问题，特别适合未成年人的阅读方式。特别是一些文学作品，音频作品给不同角色配不同声音或配以背景声音，视频作品将文字人物情节形象化、动作化，大大强化了作品的阅读效果，深受未成年人的欢迎。

视听阅读的视听资料，除了由专门音像制作部门制作发行的视听资料外，图书馆还可以利用自己制作的视听资料开展阅读活动。目前简易的录音、摄影、录像设备非常便宜，而未成年人也非常愿意表演。图书馆可以将未成年人的表演记录下来，成为今后开展视听阅读的资料。

公共图书馆组织未成年人视听阅读活动，还可以不借助视听资料进行。例如，图书馆可以组织未成年人参加讲故事、讨论、表演一类活动，让他们通过"真人"的展示，去"阅读"各种儿童读物。近年国外流行的 living library，就是读者可向图书馆"借"一位真人，作为"阅读"的对象。

(二)视听阅读活动组织的技巧

1. 场地选择与设计

开展视听阅读活动，阅读对象(如电影)或阅读主体(如小学生)往往会发出较大声响。传统图书馆的定位是一个安静的阅读场所。大中型图书馆可能建有专门的视听活动场所，比如小剧场、活动室、放映室，这些场地一般有隔音设施，不会影响安静的阅览室。但小型图书馆很难保证有这样的场地，组织视听阅读活动有时会影响其他读者。例如，某市公共图书馆中央大厅上方为各楼层走廊，走廊上有阅览座位，走廊旁边是阅览室。该馆在大厅组织未成年人视听阅读活动，几乎影响所有楼层的所有读者，成为读者投诉的重点。因此，在视听阅读活动场地选择方面，要尽量避免对其他读者产生影响，比如选择在大门外小广场，庭院或其他可隔音的场所。

2. 人数与时间

未成年人视听阅读活动，应该追求未成年人的参与与互动，因此人数一般不宜过多，10—30 人为宜，少至数人也可。有些图书馆喜欢组织较为大型的电影放映，虽然服务的读者人数上去了，但效果有限。由于儿童特别是低幼儿童持续注意的时间不会太长，每次活动的时间也不宜过长，一般应该控制在 30—45 分钟以内，考虑到还有读者的互动时间，所以视听资料的播放时间应该更短一些。

3. 互动与参与

未成年人视频阅读活动应该注重读者的互动与参与，简单的播放作品组织收看、收听很难称之为阅读活动。为此，图书馆员应该将编剧、导演、演员的身份集于一身，在与未成年人互动中完成视听阅读活动。此外，未成年人阅读活动中常常包括阅读困难儿童、表达困难儿童、轻度自闭儿童甚至轻度弱智儿童等特殊儿童，活动的组织者既要鼓励那些"强势"的儿童参与，调动活动的氛围，更要注意有效调动特殊儿童群体，使那些在应试教育中处于弱势地位的儿童获得阅读的乐趣。在回答问题时，应该多给予儿童以鼓励，防止成年人"知识竞赛"类活动中常见的由主持人简单判断正误，甚至调侃参与者的情形。

三、新阅读活动的组织

(一)数字阅读

数字阅读指的是阅读的数字化，主要有两层含义：一是阅读对象的数字化，也就是阅读的内容是以数字化的方式呈现的，如电子书、网络小说、电子地图、数码照片、博客、网页等；二是阅读方式的数字化，就是阅读的载体、终端不是平面的纸张，而是带屏幕显示的电子仪器，如各种电脑、MP3、手机、阅读器等。由于数字出版物价格低廉，携带方便，传播广泛，数字阅读受到读者的欢迎，成为阅读的新趋势。数字阅读也是深受未成年人喜好的阅读方式。与成年人相比，未成年人对新生事物有天然的亲近感，他们更容易掌握各种数字阅读载体，对纸质阅读物的"迷恋"程度也更低，所以他们一直是数字阅读的主体。

对于未成年人数字阅读需要辩证地看待。一方面，阅读是指对于载体内容的接受，目前几乎所有纸质阅读资料的内容都可以数字化，而有些数字阅读资料的内容却无法纸质化。因此数字阅读具有优势，简单指责数字阅读是浅阅读并没有道理。但另一方面，毕竟数字阅读是新生事物，它们对于儿童心智发育、儿童阅读能力、儿童社交能力及儿童身体（如视力）方面的影响，目前还缺乏科学的研究数据。因此公共图书馆对于组织未成年人的数字阅读活动应该积极慎重地开展，注意相关的研究进展，总结活动经验，预防活动中出现问题。

（二）移动阅读

移动阅读是指利用手机或专用手持阅读器作为承载终端的一种阅读行为，用户一般通过智能手机、电子阅览器等移动阅读终端设备，阅读手机报、资讯、小说、杂志、动漫等内容。移动阅读是数字阅读的一种形式，它使数字阅读终端延伸到读者的"口袋"，从而大大普及了阅读。据一项对2—5岁儿童的调查，能够自主使用智能手机的比例大于能够自主系鞋带的比例。

对于未成年人群体，由于低幼儿童一般不拥有移动阅读设备，所以移动阅读的主体是青少年。公共图书馆未成年人移动阅读活动的主要对象也是青少年群体。

第四节　不同阅读活动的组织与管理

一、亲子阅读活动的组织

（一）亲子阅读的定义和开展意义

亲子阅读特指家庭情景中父母和孩子共同阅读故事书或图画书的一种阅读活动。实践证明，这种共读活动能帮助幼儿掌握词汇，为幼儿提供印刷符号的经验和故事的叙述结构，对培养幼儿的口语表达能力、阅读能力和学前书写能力大有帮助，并能促进幼儿社会性的发展。

2009 年 5 月 16 日在北京召开了"首届两岸四地亲子文化论坛"，来自澳门大学中文系博士生导师、文化评论家李观鼎先生提出，亲子教育是一个系统工程，要着力培养智慧。而学校教育通常都是着重知识的灌输，而不是培养智慧。培养智慧的土壤在家庭教育，亲子阅读是家庭教育的基础；亲子阅读是建立健全儿童人格发展的基础。广泛的阅读、知识的积累、优良品格的形成都离不开图书馆，图书馆无疑是家长和孩子最好的选择。

公共图书馆开展亲子阅读活动不仅能开发幼儿智力、培养其阅读兴趣、提高其口语表达能力和阅读能力，有利于充分发挥图书馆教育职能，而且可以让家长与孩子进行更好的交流，为家长和孩子提供了相互沟通、交流的平台，有利于全面提高家长和孩子的思想道德水平。亲子阅读是儿童语言学习的最好课堂，亲子阅读将为培养终身阅读读者打下良好的基础。

(二)对亲子阅读活动组织的建议

1. 设计科学、实用的亲子阅览室是开展亲子阅读活动的基础保障

图书馆的亲子阅读室读者对象主要是 0—6 岁的婴幼儿及其家长，所以其内部设计要具有科学性、实用性，而且富有童趣，充分满足幼儿及其家长的阅读需要。首先，阅览室应设在光线充足，楼层不太高的位置。其次，内部的布置要考虑适合少儿的色彩、尺寸、样式、风格等设计因素。最后，选购的书架或书柜应便于幼儿取放书籍。在亲子阅读室里配备富有童趣的桌椅、五颜六色的地毯和靠垫、卡通形象的阅读标记、彩色的墙面、卡通的人物或动物的图画，为孩子营造可爱、生动、色彩斑斓的阅读场所。如深圳少儿图书馆，它的建筑设计充分体现了人性化。在馆内设计了城堡、榕树，小朋友或坐、或卧，可以用一种很休闲的方式津津有味地阅读自己喜欢的书籍。还专门为婴幼儿设计了阅览区中最大的，适合婴幼儿进行阅览活动的空间。其中设有兴趣诱发阅览区、启蒙阅览区、讲故事区、表演台，该馆独特的装饰设计，充分体现了设计者要为婴幼儿的健康成长创造一个"多彩梦幻"的主题世界。又如温州市少儿图书馆，在馆舍布置上色彩鲜艳，书架高度比平常书架略低。该馆开辟了 300 平方米的亲子阅览室，并配置了大量玩具。出于保护幼儿的考虑，所有桌椅设计上大都避开棱角，地面采用了防滑的地胶板。

2. 配备适合小孩阅读的书籍是开展亲子阅读活动的前提

笔者调查发现，不少家长在为孩子准备阅读材料时带有很大的盲目性和主观性，大部分家长只是凭自己的兴趣爱好和判断为孩子选书，较少考虑到孩子的需求和意愿，而且在为孩子选择图书时，更多的是从智力开发需要考虑，范围较窄，有的家长还说不清为孩子选择图书的依据。因此，选择适当的书籍，作为亲子阅读的载体就更重要了。图书馆为小孩选购图书时，既要满足家长教育的需要，又要符合孩子的口味。如《图画书阅读与经典》、《绘本赏析与创意教学》、《童书非童书》等都是不错的书籍，在亲子阅读活动中给家长提供书目选择和交流技巧的指导。在亲子阅读过程中，家长要自然地让幼儿培养阅读技能和良好的阅读习惯。例如，教小孩学会以正确的方式取书、拿书、翻书，学会从上到下、从左到右按图画的顺序阅读；选择在光线好的地方看书；不撕书、爱护书，看完书后放回原处，摆放整齐等。

3. 举办丰富多彩的读书活动是开展亲子阅读活动的主要形式

公共图书馆要鼓励家长和小孩共同参加各种生动有趣的读书活动：(1)亲子比读。当孩子有一定的阅读能力之后，家长可以和孩子们进行亲子比读、故事表演、趣味游戏等。(2)游戏与智力活动。高尔基说："游戏是儿童认识世界的手段。"举办讲童话故事、玩具置换、诗歌朗诵、图书漂流、故事演绎、有奖知识竞答、跳蚤市场等少儿活动，丰富孩子们的生活，从而让孩子们爱上阅读，爱上图书馆。(3)设计"亲子阅读卡"。记录孩子读过的书籍、亲子阅读的心得体会，以及孩子的兴趣爱好等信息，以方便家长选书。(4)开设童心影视窗，节假日为孩子播放儿童电影。学前这个时期，不仅是帮助儿童认识颜色、动物、植物、交通工具，学习简单语文、算术知识的好时机，也是培养他们养成良好的读书习惯和学习习惯的好时机。

4. 让家长掌握阅读技巧是开展亲子阅读活动的有力保障

在亲子阅读中，家长的阅读技巧是很重要的，直接影响着孩子的接受能力及对事物的理解。家长作为孩子的第一位启蒙老师，也是最重要的老师，家长阅读技巧的掌握也是很重要的。图书馆应对家长进行阅读技巧培训，使家长掌握一定的阅读技巧，帮助孩子更快地理解知识，享受阅读的快乐。家长应掌握以下阅读技巧：(1)朗读。声情并茂的朗读是激发孩子产生阅读兴趣的前提。如夸张的表情、抑扬顿挫的音色、生动的语言、形象的手势等都会加深孩子的印象。(2)参与模仿，表现图书情节内容，充分调动孩子阅读图书的积极性。家长可以通过声音的演绎、动作的演绎把书中所要表达的内容淋漓尽致地表现出来，让孩子更容易理解书中内容。(3)在游戏中阅读，让孩子充分享受阅读图书的快乐。家长可以用游戏的心态和孩子一起进行亲子阅读。如可以一起模仿图画书中的故事人物，家长和孩子分配好角色，共同把故事演绎出来。这种寓教于乐的方式很适合孩子。(4)反复阅读图画书。家长通过反复阅读图画书，把书籍中隐含着的教育价值、知识技能、道德品质、情感体验和处事交往等方面的内涵诠释出来。幼儿自身也需要反复阅读书籍，通过多次的阅读来感受、体会和理解。开展这样的亲子阅读活动，既是一种学习手段，也是一种生活方式。(5)确定固定的阅读时间。在亲子阅读中，应有相对固定的阅读时间，从而形成相对稳定的阅读习惯。家长要指导孩子利用零碎的时间阅读书籍。美国教育家霍勒斯曼说："假如每天你能有 15 分钟阅读的时间，一年后你就可以感受到它的效果。"

5. 提高馆员队伍综合素质是开展亲子阅读活动的重要保证

图书馆作为传递知识、进行文化科学知识教育的重要机构，图书馆员是图书馆的核心，是图书馆开展亲子阅读活动的重要保证。图书馆员应具备以下素质：(1)具有良好的服务意识。在图书馆的亲子阅读室，图书馆员除做好本职工作以外，还应真诚、热情、主动地为家长和孩子提供服务，帮助他们找书，教会读书方法，制订读书计划，将书库内书籍的摆放位置、排列方法教会家长，这样才能方便他们查找图书，同时向他们推荐新书。(2)具有勇于开拓创新的精神。"人皆学而知之，而非生而知之。"图书馆作为提供知识和教育的场所，图书馆员更应进行学习，接受教育，不断提高知识水平，才能更好地为读者服务。(3)具备积极向上的心理素质和思想道德素质。良好的心理素质是做好本职工作的前提，是为读者提供热忱服务的保障，是每一个图书馆员都应具备的基本素质，同时馆员应树立正确的人生观、价值观，热爱图书馆事业。(4)具备现代服务技能。在科技日新月异的今天，图书馆员应掌握最新的现代化技能，全心全意为读者服务。

二、自主阅读活动的组织

(一)自主阅读的定义和开展意义

自主阅读有两个含义,一个是"独立阅读"(independent reading)的意思,儿童独立地阅读文字读物。独立阅读能力的形成发生在亲子阅读期间,国际上大量研究表明儿童在3—8岁期间形成自主阅读能力,此后儿童逐步摆脱父母的指导,形成自己选择读物、阅读文献的能力。还有一个含义是"自由自愿阅读"(Free Voluntary Reading,FVR),这是著名阅读专家Stephen D. Krashen 大力倡导的一种阅读方式。自由自愿阅读是儿童凭兴趣而主动自愿的阅读行为,其基本特征是:兴趣与主动独立性是儿童自主阅读的初衷;创意与创新是儿童自主阅读的核心,是少年儿童应有的权利,也是他们终身学习的必备技能。儿童自主阅读就是自然阅读,因此应打造良好的儿童自主阅读环境,将孩子从沉重的课业中解放出来,走进图书馆亲近图书,还孩子更多的自由空间和自主阅读的时间,让孩子在自主阅读中去思考问题,寻找解答的方法,培养孩子的创新能力。养成孩子自主阅读的习惯,培养终身阅读者。

(二)自主阅读活动的组织

公共图书馆开展未成年人自主阅读活动,要根据孩子的年龄特点和智力发展水平选择相适宜的读物,内容简单,情节生动有趣些,以便激发孩子的阅读兴趣,这有利于孩子阅读信心的建立。为了吸引孩子主动地去阅读,在阅读前要作些适当的提示,让孩子带着问题和悬念来预测整个故事情节的发展。还有好书推荐(权威推荐、同龄人推荐、父母推荐);读书赛跑,如趣味有奖读书知识问答;读书成果展示等活动。

自主阅读没有规定的程序,图书馆可以根据自己的资源与读者状况进行设计。自主阅读有几个原则,根据 Stephen D. Krashen 对 FVR 的解释,① 笔者认为公共图书馆在组织自主阅读活动时应该做到以下几点:(1)使儿童真正拥有选择权。例如,对儿童在阅读活动中选择了与活动举办方指定文献范围不一致的文献,应该给予欣赏的态度。(2)活动应该保

---

① STEPHEN D. KRASHEN. The power of reading: insights from the research[OL]. http://teachers. saschina. org/jnordmeyer/files/2011/06/The-Power-of-Reading. pdf.

持一致性和持续性。阅读习惯与阅读能力的形成需要时间，在一个较长时间的阅读过程中，儿童才能积累词汇、逐步提高理解力，因此自主阅读活动需要一致性与连续性。（3）当儿童阅读时图书馆员或家长也要阅读。Krashen 认为，学生阅读时老师也要阅读，只有当家长、老师或组织活动的图书馆员也像儿童一样进入阅读世界，而不是在这个世界外面看着他们，儿童才能真正进入自主阅读的状况。

三、共享阅读活动的组织

（一）共享阅读的定义和开展意义

共享阅读（shared reading）又称共享图书阅读（shared book reading），它是新西兰教育家 Holdaway 等人 1979 年首创了一种成人与低幼儿童互动式早期阅读法。共享阅读原先是教师课堂阅读的方法，后来被图书馆引进，作为阅读推广活动的一种方法。共享阅读的设想起源于儿童睡前故事的体验，儿童触摸书籍、听成人讲故事、自己复述故事、发表自己对故事的意见的过程都属于共享阅读的范畴。在这种轻松愉快的亲密氛围中，成人和儿童并非以学习为主要目的地共同阅读一本书，这是一种类似游戏的活动。分享阅读的目的是让孩子学会阅读，享受阅读的乐趣。分享阅读中灵活引入多种方式引导未成年人阅读，从猜图会意再到指读，萌发了孩子们对文字的意识，使其开始了解图文对应的意义。在指读中，孩子们不但对文字产生浓厚的兴趣，也对事物间相互的联系有了初步的认识。从倾听故事到朗读故事，他们对故事的情节和语言越来越熟悉，很自然地过渡到独立阅读，孩子们在成功和自信中体验到了阅读的乐趣，从而，自然轻松地爱上阅读。

（二）共享阅读活动的组织

"共享"并不意味着每一个参与儿童轮流大声读一本书，而是要求图书馆员与他们面前的儿童共享读物，让儿童们跟着成人流畅、传神、热情的阅读，享受阅读的乐趣。下面的步骤和组织环节均根据国外多种文献的描述改写而成，需要图书馆有"大书"（所有读者看得到的书，可以是纸质大书，也可以是大屏幕上的电子书或投影）和"小书"（普通的个人阅读的图书）。如果不具备"大书"条件，可以参照步骤。

1. 分享阅读的步骤

加拿大从事教育培训的皮尔逊公司将共享阅读的步骤分为以下三个部分①。

前期步骤	
介绍读物 个性化 建立预期	制订评估阅读和差异化教学的计划。 激活有关主题的前期知识。 检查封面或带文字的图片，进行前期学习取得个人体验。 分享学习过程的目标和经验。 使用大书或电子书，以便所有学生看得到。
中期步骤	
阅读读物 要点并欣赏 重读读物， 每次都有一个 特定焦点	制订共享阅读活动计划，持续时间不超过 10—15 分钟，以确保学生的兴趣。 初次阅读全文，阅读重点是读物的意义和要点，注重分享，鼓励学生对情节作出预测。 将读物割成若干部分，每一部分就是一次共享阅读活动的焦点。 为儿童流畅并具有表现力地展示读物某部分的阅读，要求针对读物内容提出普通的问题，表现个性化体验。 重读该部分两到三次，邀请学生参与，并通过重复或模仿的方法分享这次阅读的技巧，每次强调一个重点，如语言模式或理解策略。 注意在整个活动系列中使用恰当的活动技巧、阅读策略和好的组织者，以达到儿童阅读的效果。
后期步骤	
响应读物 独立地阅读	提供对应的独立阅读的小书。 为儿童提供读物的视听资料，便于他们独立的听或读。 让儿童响应读物，即用一种有意义的方式，如语言、图画，探索读物的内容。

① The steps of shared reading [OL]. [2012-02-15]. http://www.pearsoned.ca/school/echos/media/echos1_steps_sharedreading.pdf.

2. 共享阅读的组织

共享阅读的组织可以参考以下四个环节。

第一环节："兴趣激发"。此时的图书馆员需要积极参与到未成年人活动中，发起友好的交谈，调动儿童的兴趣，创造积极、互动的交流氛围。

第二环节："看图猜测、大书导读与指读"。分享阅读强调在看图猜测时教师要少提示，给儿童充分表现、表达自己水平的空间，图书馆员就可以通过观察儿童的表现、倾听儿童的讲述，从而初步确定儿童当前的阅读水平，接着运用一系列的方法来判断幼儿具体需要提高或需要帮助的地方。然后图书馆员运用适当方法引导儿童一步步地明了故事的内在逻辑关系，引导儿童在阅读中发现、运用图画中的提示性线索等。

第三环节："从听故事到读故事"。此时图书馆员从前台逐步退向后台，前一环节中图书馆员和儿童针对故事内容及语言，不断地进行提问、讨论和协商，图书馆员已经为儿童提供了示范和协助作用。随着儿童对故事语言和情节越来越熟悉，他们对阅读活动的参与水平也越来越高。重复阅读故事中的某些内容，图书馆员将对阅读活动的控制权逐步转移给儿童。

第四环节："小书阅读"。通常进行到"小书阅读"这一环节时，大部分儿童已经能够独立朗读、讲述分享阅读读本。图书馆员此时的工作是放手让幼儿自己进行独立阅读，并在一旁仔细观察幼儿的阅读行为，随时准备帮助个别儿童的阅读。

四、户外阅读活动的组织与管理

(一)户外阅读的定义和开展意义

户外阅读，即在户外开展阅读活动。现代的家庭生活使得孩子很少有机会与大自然接触，因此，在开展阅读活动时，应该尽量把孩子引向户外，充分利用环境优势，让孩子们在公园里、广场上、田野里互动，让孩子多接触大自然、接触社会，充分体验户外广阔天地带给他们的快乐，翻阅自然这本天然的书籍。在阅读活动的互动环节中，教师可以引导孩子利用废旧物品自己亲手制作玩具，如用废旧报纸做风筝、用旧光盘做飞碟、用废纸做风车并学会感知风向等，这些活动不仅可以提高孩子对阅读活动的兴趣，还能有效发挥孩子潜在的创造能力。开展户外阅读不仅能发挥未成年人参与阅读活动的积极性和创造性，还有助于促进孩子在德、智、体、美等方面的全面发展。

（二）户外阅读活动组织的建议

在户外开展阅读活动要充分利用环境因素的优势，在阅读活动中帮助孩子更好地认识自然、珍惜生命、欣赏生命，提高生存技能。通过阅读要让孩子认知世界，点燃对生命的热情和积极的生活态度。阅读的乐趣，发现在户外宽广的天地中；阅读的感动，来自于对自然的尊重与呵护；阅读的分享，可以触动未成年人对生命的感动。在组织户外阅读活动时可以开展各类主题阅读，如"环境保护阅读沙龙"；"春天，送你一首诗"少儿诗会；"花朵的秘密"绘本主题阅读；"今天我们一起过植树节"主题阅读等。

【本章小结】

国际图联是阅读活动的积极倡导者，《公共图书馆宣言》将"从小培养和加强儿童的阅读习惯"列为公共图书馆使命的第一条。公共图书馆未成年人阅读活动适应未成年人生理、心理特点，以活动带阅读，有区别地引导阅读。本章将图书馆阅读活动按年龄分为婴幼儿、学前儿童、学龄初期儿童、少年期和青年期分别介绍，按文献类型分为纸质文献阅读、视听阅读和阅读活动分别进行介绍，按活动形式分为亲子阅读、自主阅读、共享阅读和户外阅读进行介绍。

【思考题】

1. 阅读推广活动在图书馆未成年人服务中的地位是什么？
2. 纸质文献阅读和视听阅读有何区别？
3. 公共图书馆如何组织亲子阅读？
4. 公共图书馆如何组织自主阅读？
5. 公共图书馆如何组织共享阅读？

【推荐阅读】

1. 范并思. 图书馆与阅读研究[J]. 图书与情报，2010(2)：1-4.

2. 瞿艳. 亲子阅读在国外[J]. 教育文汇，2010(5)：46-47.

3. 王余光，李雅. 图书馆与社会阅读研究述略[J]. 山东图书馆季刊，2008(2)：4-12.

4. 全国读书文化研讨会. 关于倡导"全民阅读"的深圳宣言[OL]. http://culture.people.com.cn/GB/22219/5010569.html.

第八章 图书馆未成年人服务与社会合作

【目标与任务】

本章讨论公共图书馆与社会合作开展未成年人服务的背景、意义及合作类型，帮助图书馆员掌握与社会合作关系的管理要素，树立社会合作理念，寻找恰当的合作伙伴，达到共赢共存。借助社会资源促进图书馆未成年人服务的发展。

第一节 社会合作的目的与意义

一、未成年人服务与社会合作的目的

由于图书馆职业特性和职业人员个性及当今图书馆现状的局限性，加之社会分工日趋多元化、细分化、专业化，整合资源、互惠互利、建立合作、实现共赢已是诸多行业战略发展中寻求的契机。公共图书馆应确立合作的理念、寻求合作的机会、通过合作共赢获得可持续的发展。合作是双方或多方相互借力、彼此共赢的好办法，因为在合作过程中，双方或多方均会创造新的增值点，实现合作关系价值的最大化。

随着社会分工的细化、专业化，图书馆与社会各领域的合作、与各方资源的共建共享已是大势所趋、人心所向。图书馆事业的发展已不再局限于传统的收集文献、借阅服务，而是保存文献资源、挖掘文献知识、活化知识、传播知识，培养图书馆意识、阅读意识、阅读习惯、阅读兴趣，依托各种载体举办各类活动，推动阅读。但在现阶段社会条件下图书馆面对的挑战来自社会各方面、各领域，怎样在这样一种环境下求得生存和发展，在更广阔的领域开拓新的共享途径和服务合作机制，全面提升为读者服务的品质，这是图书馆界亟需解决的难题。未成年人服务作为公共图书馆和专业少儿图书馆的核心业务之一，面对数字化、网络化、社会化的浪潮亦需调整工作思路走合作共赢的道路。合作是为了共赢，更是为了做强做大图书馆事业，更好地为社会提供高品质的服务产品。

二、未成年人服务与社会合作的意义

我国现有 18 岁以下的未成年人约 3.67 亿，占全国人口的 28％，但实际上，目前我国独立建制的少年儿童图书馆只有 96 个，总体数量偏少，而且分布不均。成人公共图书馆尤其是省级公共图书馆未成年人服务空间、未成年人服务馆员配备、未成年人业务份额比例均处于一个较弱势的地位，所提供的服务与其未成年人成长的需求差距很远。[①] 由于图书馆职业使命驱使，关心未成年人的成长，为他们身心健康发展创造良好的条件和社会环境，是公共图书馆义不容辞的职责。因此，公共图书馆开展未成年人服务，实现目标最大化的前提是与社会各方的合作。合作是增强竞争力的强大动力。"共同愿景"是各独立体之间紧密合作的基础。国际图联《儿童图书馆服务指南》指出："图书馆与社区内的其他组织和机构的联系是非常重要和有益的。"该指南指出，图书馆要调查社区的信息和文化需求，并努力通过图书馆资源满足这些需求，这将保证为了未成年人的利益，图书馆与社区其他机构的关系不是竞争而是合作。[②]

公共图书馆要切实地、科学地了解未成年人的成长规律，认识和把握未成年人服务的本质和目标，努力倡导健康的服务理念，为未成年人创建优良的服务环境，提供优质的服务资源，还原未成年人服务的真正本质，使未成年人最终成为终身读者、忠诚的阅读者。但由于图书馆自身能力的局限，图书馆未成年人服务研究滞后于未成年人服务实践，未成年人服务实践缺乏科学理论、方法支撑，未成年人服务理论滞后、未成年人服务盲目、未成年人服务效果不佳的现象比较普遍。由于公共图书馆与宣传、文化、教育部门、出版发行机构等社会各领域团体，各方的社会责任和目标有共同之处，因此图书馆在开展未成年人服务中可以与有共同目标的社会各方合作，迅速获得所需的资源、技术、方法和能量，形成资源、能力的互补，取得最大效益。整合社会资源，借力发展，与社会携手合作，是一条互补共赢之路。

---

① 卢文. 公共图书馆未成年人服务研究综述. 图书馆工作与研究，2009(1)：86—88.

② 国际图联儿童图书馆服务发展指南[OL]. [2011-12-15]. http://www.ifla.org/files/libraries-for-children-and-ya/publications/guidelines-for-childrens-libraries-services-zh.pdf.

三、未成年人服务社会合作的对象

图书馆未成年人服务是一个系统性的社会化工程，要想为未成年人提供高品质的服务产品，单靠图书馆一家之力远远不能满足未成年人需求；只有将未成年人服务放在社会大系统中，将图书馆未成年人服务的上下游及各个环节充分结合起来，整体互动，合作共赢，才能真正为未成年人提供更好的服务。

学校是图书馆的重要合作伙伴。学校以其独特的优势对在校学生有着巨大号召力、动员力，因此可以使图书馆意识通过学校准确地传达给学生，让更多未成年人尽早认识图书馆、了解图书馆、走进图书馆。如果单靠图书馆一馆之力，效果往往事倍功半。所以各级学校是图书馆的重要合作伙伴，是对未成年读者进行有效宣传的重要场所。

保健中心、看护中心、幼儿园以及其他看护机构也是图书馆必要的和值得争取的合作伙伴，① 尤其是在为未成年人父母开展的阅读推广活动中，这些机构往往能对幼儿起到图书馆意识、阅读意识启蒙和激发阅读兴趣、培养阅读习惯的作用，在未成年人心灵里早早种上阅读的种子。

与媒体、作家尤其是儿童文学作家的合作更是能有效提升图书馆未成年人服务的广度和深度，通过媒体的宣传和作家的知名度，可以影响更多的未成年读者参与到图书馆活动中来。媒体、作家往往都具有很高的社会知名度和影响力，与他们的合作将提高图书馆的社会地位，有利于品牌形象的树立和推广。

与图书馆相关联企业，如出版社、图书公司、发行企业、数字动漫企业、软件开发企业等，图书馆是他们的主要业务对象之一，与他们密切合作能够使图书馆获得更加有针对性的产品和服务，有利于图书馆事业的发展。

公共图书馆未成年人服务与社会合作是全方位、立体的，图书馆可合作的对象是很多的。如宣传部门、文化部门、教育部门、妇联、团委、民政部门、卫生部门、志愿者协会、社科联、科协等政府部门、社会团体、企事业单位。另外，社区、家庭是图书馆未成年人服务中重要的、不可缺

---

① 国际图联儿童图书馆服务发展指南[OL]. [2011-12-15]. http://www.ifla.org/files/libraries-for-children-and-ya/publications/guidelines-for-childrens-libraries-services-zh.pdf.

少的合作对象，与他们的合作使图书馆未成年人服务的外延扩大。

四、合作过程管理

现代商业合作以契约为基本原则。契约内容的全面性和执行过程中的严肃性是合作过程管理的重要特征。契约明确规范了缔约各方的责任、义务和权利，使工程管理的全过程规范、严格和理性。图书馆在提供未成年人服务的同时与社会各领域、各方面的合作，同样要遵循现代商业合作的契约原则。[①]

(一)建立合作关系的原则

1. 优势互补原则

合作各方都必须具有明显的优势和独特的专长，合作的目的就是以彼之长补己之短。

2. 互惠原则

合作的目的是合作者利用各自的优势和强项，组成一个新的更强的竞争实体，增强在市场上的竞争力，创造更高的利润。公共图书馆与社会各方的合作，其目的是为了给未成年人读者提供更好的服务。合作各方均必须充分认识到，一切利益都是共同拥有的，一切风险都需共同承担。

3. 自愿原则

合作的各方对彼此的优势、劣势进行充分详细的评估、分析、对比以后，确定合作对象，并对彼此的优势与弱势有充分的了解和认识，必须在自愿的原则下组成合作伙伴关系。所谓"强扭的瓜不甜"，勉强走到一起，不可能达到理想的效果。

4. 诚信原则

合作各方的"诚信"是指对彼方的信任和坦诚。更主要的是在今后的合作过程中，合作各方领导者个人的行为、品德和涵养。"诚信"是一切成功合作行为的营养品和催化剂。

(二)合作关系的特点

1. 长期性

合作关系的建立不仅要着眼当前，还要着眼于未来。只有长期经营和

---

① 姚先成. 国际工程管理过程中的合作伙伴关系[J]. 国际经济合作，2004(8).

培育才可发挥其作用。因此在商谈合作时，应该从合作机制、合作对象的意愿、资金来源等方面判断合作的可持续性。对于未成年人服务品牌项目可争取项目合作或长期合作。

2. 排他性

由于合作伙伴关系的建立，一般都是优势互补。图书馆在与企业的合作关系中尤其要注意排他性，因为企业的目标是追求利润，不能保证企业的利益，合作也不可能进行下去。

3. 灵活性

只有保持未成年人服务内容多样性，才能够适应不同合作方的合作变化。图书馆未成年人服务中可以尝试多种渠道、多种形式与各方进行合作，以灵活的合作方式对待合作过程管理。对于某个重大活动、临时性活动等可灵活地采取分散合作。

(三)合作中应注意的问题

图书馆作为公益性事业单位，对市场信息、市场竞争等存在着不敏感的特点，所以特别注意解决好信息不对称、知识不对称、权力不对称等矛盾。另外，通过寻找合作点，分析对方拟合作的意图、可能性、增长点，找出合作项目的附加值；分析谈判涉及的要点，充分考虑并恰当处理谈判中可能会出现的问题；谈创意，谈附加值，谈项目的亮点，谈对方的赢利点；通过换位思考，引起共鸣等方式，可以尽可能争取和把握合作过程中的主动权。制定合作管理制度，保障合作规范有序，谋取双赢共存之道。遵循平等、互利、理解、尊重原则，用一种长远宏观的眼光看问题，不要只顾眼前的利益或自己团体利益。在实现自身利益最大化的前提下，从对方获取利益出发，尽量达成让对方满意的合作。存大同求小异，在合作中达到共赢。

第二节　社会合作的类型

各职能部门由于职责不同、资源优势不同，因此要了解不同职能部门的特点、掌握各职能部门运作的规律，把握与各职能部门合作的切入点，知己知彼方能达到有效合作。

一、未成年人服务与民政部门合作

新婚阅读礼包。家庭是社会最基本的细胞，小家庭诞生之时灌输家庭阅读意识对家庭和谐的影响巨大。此项活动可与婚姻登记中心或计生部门合作，在小家庭诞生之时，奉上阅读小礼包，开启小家庭阅读第一课。为小家庭及新婚夫妇优生优育提供和睦幸福家庭类书籍、充满温暖与感动的书籍、胎教类书籍、亲子教子类书籍。最重要的意义在于图书馆提前介入新婚之家，不仅仅让他们感受到图书馆存在的关爱、更是能对下一代孩子的成长产生深刻影响。所谓"醉翁之意不在酒，在乎山水之间也"，养成新家的阅读习惯，让未来的孩子一起沐浴阅读的雨露。

二、未成年人服务与医疗机构合作

产前阅读礼包。与医疗卫生机构、计划生育部门合作，为新婚小夫妻提供优生优育类书籍，举行健康讲座，在产前教育中对孕龄妇女开展胎教阅读及为小夫妻们提供婚育指导。我国的未成年人出生缺陷率较高，可以说有一个这样的孩子就少了一个幸福的家庭；少一个缺陷儿，就多一个幸福快乐的家庭。通过阅读、讲座等让更多人了解优生优育知识，也是图书馆未成年人服务的内容，是从源头上对即将出世的未成年人提供良好的健康保障。

新生儿阅读礼包。在新生儿降生之际，送上图书馆人的祝福，同时开启阅读启蒙篇章。阅读要从娃娃抓起，有良好阅读家庭氛围的孩子，爱上阅读的几率就越大；爱上阅读，可能对孩子的一生都具有重要影响，或者改变孩子一生的命运都未为可知，可见阅读的重要性。

当然，国外有不少图书馆已经做了尝试，取得了不错的效果。国内也有图书馆推出了新生儿阅读计划，图书馆给刚刚来到这个世界上的婴儿送一份阅读大礼包，里面包括成长档案、借阅证、图画书等，既浪漫又充满温馨。

三、与政府有关部门的合作

政府职能部门是巨大资源的拥有者，有着强大的号召力、动员力和协调力，在举措实施、战略部署上容易得到较好的社会效果。公共图书馆是国家从制度上为了保障公民自由获取信息的权利(文化权利),从知识与信息的角度维护社会的平等与公正而设计。图书馆的发展离不开政府政策、人力物力的支持;同时图书馆的任何一个举措均代表了政府为公民均等化服务的理念,因此图书馆人要凭借智慧、专业赢得政府职能部门的支持,所以发展图书馆事业需要图书馆从业者高度重视对政府部门的公关,让图书馆工作不再是边缘工作,而是政府为居民提供普遍、平等服务的重要窗口。

(一)立足本职、专业立馆、赢得尊重

从"有为"到"有位",以服务成绩换取服务资源,博取社会地位,赢得政府的关注和支持。从政府层面上来看,关注未成年人就是关注祖国的未来。图书馆未成年人服务着眼于推动未成年人服务实践,着眼于培养未成年人阅读意识、阅读兴趣、阅读习惯、阅读方法,提高思维能力、明辨是非的能力,最终提高未成年人的综合素质,推动国民素质的提高。只有这样,才能以专业赢得尊重、才能在社会立足。

(二)配合发展、专业创新、获得重视

在文化强国战略目标指引下,各地文化建设及发展高潮迭起。政府同样需要图书馆等文化部门展示出深刻的文化内涵、提出推进城市文化发展的思路及举措。公共图书馆应以职业的敏锐性和专业性,提出为未成年人服务的方案,势必会引起政府的重视和支持。

(三)寻求机会、开展公关、增强合作

了解政府不同职能部门工作重心,找出合作点,主动出击、提出思路、积极沟通、争取合作。借助不同职能部门招牌、行业影响力,增强公共图书馆为未成年人服务的辐射力和社会效果。

公共图书馆作为未成年人社会教育的一个重要场所,具有文献资料众多、学习环境优越、活动场地宽敞、活动内容丰富等有利条件,较之青少年宫、展览馆、纪念馆等一些社会教育场所具有明显的行业特色和优势。所以公共图书馆应当结合自身实际,积极主动与社会各界联系,采取多种渠道、多种服务方式,把自己的优势在各种促进未成年人的素质教育实践中展示出来。

与教育部门联合开展道德实践活动。公共图书馆要为学校提供各种图

书资料、场地设备，联合开展各种道德实践活动，以新颖的内容、生动的形式、亲和互动的特点，吸引广大中小学生积极参与。如举行英雄烈士事迹模仿赛、文学名著赏析活动、自然科学探秘、历史人物讨论、义务图书小管理员招聘等活动，寓道德教育和文学体验于活动之中，使未成年人在服务社会中学会做人，学会做事，学会关心，学会合作，培养社会责任感。

又如：与文明办、团委、少工委、文化局等其他未成年人德育工作机构联合开展道德实践活动。可充分利用重要节庆日、纪念日加强未成年人的思想道德教育，把深刻的思想道德教育内容融入到各种生动有益的活动之中。可联合组织各种内容的野营活动，比如开展"徒步夏收"、"负重远足"、"变速行军"、"山区考察"等活动，让未成年人在艰苦条件下通过磨炼增强意志，提高自制力。在过集体生活时，通过一些带有一定难度的活动，使他们在活动中一起想办法克服困难，共同感受战胜困难的喜悦，从而自得其乐，乐中动情明理，陶冶情操，提高思想道德素质。

联合各类爱国主义教育基地、科技教育基地、德育基地、法制教育基地，充分发挥阵地作用，促进未成年人的思想道德建设；与特殊职能部门如福利院、少管所、残联、烈士陵园等联合开展道德实践活动，如走访福利院、聋哑学校，到企业实际工作一天。图书馆通过自愿参加的原则，组织未成年人到纸盒厂劳动，孩子们看到工人们用一张张硬纸片通过折叠、刷糊，做成一个个美观的包装盒，觉得简单又好玩，于是他们也干起了这活，结果干了半天，累得腰酸背疼，再一算，换来的钱，还不到一元。于是，孩子们对创造财富的艰辛，生活的不易，劳动的光荣，有了很深的体会。[①]

走访特殊社会群体，如特困户、残障者家庭，了解弱势群体的各种生活困难，培养未成年人的爱心，激发社会责任感。

图书馆在开展各种活动时，要坚持贴近实际、贴近生活、贴近未成年人的原则，从他们的思想实际和生活实际出发，深入浅出，寓教于乐。把党对未成年人的要求、经济社会发展的要求和未成年人成长的需求结合起来，并深化各种活动载体，引导他们自学、自理、自护、自强、自律，努

---

① 周红霞. 在联合举办活动中促进未成年人道德建设[J]. 图书馆研究与工作，2005(4)：50—51.

力成长为中国特色社会主义事业的合格建设者和接班人。

(四)充分展示和宣传、提升自身形象

把握契机,从培养未成年人阅读理念着手,深度开发系列的、递进的、专业的、影响力大的各类阅读活动;同时精心包装,开幕式邀请领导出席,总结会请领导参加,充分展示工作成果,加深领导对图书馆开展阅读推广工作的了解,提升图书馆的社会形象和专业地位。

在英国,普里蒂斯市图书馆馆长哈里斯在公共关系方面花了50%的工作时间,结果是该馆按人口平均购书费用居英国各地方图书馆之首,可见,图书馆赢得社会支持、获得社会赞助是完全可能的。在美国,图书馆协会把图书馆形象和宣传问题列入战略重点,并据调查表明开展公共关系的图书馆都比其他馆增加了经费。

四、与幼儿园、中小学校的合作

公共图书馆具有社会教育功能,是学校教育的补充,是除学校之外未成年人学习的一个重要场所。在公共图书馆的读者群中,未成年人的比例相当高,未成年读者是公共图书馆最重要的读者之一。未成年人一旦与公共图书馆建立良好的关系,并养成利用图书馆的好习惯,无异于帮助孩子打开可供其自由遨游的知识海洋,同样,这些未成年人长大后也将是公共图书馆的常客。因此,公共图书馆如能和学校密切合作,让学生们了解图书馆所提供的服务,对公共图书馆服务事业的拓展,是很有好处的。

未成年人处在人生观、世界观形成的阶段,需要正面引导与教育。在资源的开发、采集等方面要充分考虑他们的特点和需要,选取那些思想性、知识性、趣味性、科学性强的资源进行整理加工、分析、综合,产生出新的健康有益的信息,为未成年读者提供优质高效的服务。由于这一阶段的孩子心智大部分还处在稚嫩的阶段,新鲜、有趣的环境往往对他们具有"魔力"。图书馆未成年人服务可充分利用环境的变化吸引他们进入图书馆,针对他们的心理特征和个性化需求,从室内装饰、阅览桌椅、图书排架等方面进行整体策划,体现"硬环境"的特色化。同时,尽量要求工作人员利用自己的爱心、耐心呵护未成年人,从"软环境"方面为未成年读者营造良好的读书氛围。

由于公共图书馆未成年人服务与幼儿园、中小学校的服务目标一致,

对象相同，因此公共图书馆未成年人服务与幼儿园、中小学校合作的最密切、最频繁。公共图书馆未成年人服务与幼儿园、中小学校可采取多方位合作。如意识培养：主要指公民意识、图书馆意识、阅读意识、阅读习惯、能力培养；利用图书馆、依赖图书馆、忠诚阅读者的培养；可通过"图书馆之旅"、"走进图书馆"、"图书馆零距离"、"图书馆阅读推广进校园"等活动形式启蒙未成年人图书馆意识及阅读意识。合作建馆：采用总分馆形式在学校设立分馆；设立公共图书馆学校服务点。合作推广：班级读书会、故事会、读物情景剧、征文比赛、亲子阅读、经典诵读等。

广州图书馆少儿部有专门的图书馆员负责与学校沟通，在活动密集期间这位馆员几乎全部时间都是与各个学校的老师联系并推广活动。这样做可以增加公共图书馆与学校之间的合作，使学校的老师与馆员的接触比以前频繁。图书馆推出的活动经老师宣传，参加的学生相当踊跃，不再是以前的不热络。例如，2007年广州图书馆主办的"我是亚运小主人"征文活动中，共收到5364件文稿，影响非常大。

随着社会的进步，教育事业不断发展，教师面对的教学要求也不断提高。在这样的社会环境里，把最新最重要的知识传授给学生，启发学生潜在能力，是当今教师所面对的难题。图书馆收藏了大量文献资料，包含了大量人类文明知识，而且与社会同步。公共图书馆是社会教育机构之一，承担着社会教育任务。因此，让教师们了解图书馆资源，有利于教师们教学工作的开展。广州图书馆少儿部、技术部、信息咨询部，向各学校老师开展了"面向教师介绍图书馆资源"讲座。由图书馆资深辅导员向各位老师介绍了图书馆多个方面的内容：图书馆各对外部门基本情况、图书分类法、检索系统、指导未成年人阅读的技巧，以及中外重要图书馆建筑设施，而接受讲座的老师们对讲座给予极高的评价。有的老师评价说，讲座让他们学习了许多图书馆的知识，了解到图书馆除了一般的借阅服务外，还存在很多的内涵。[①]

例如，2002年年初，北京石景山区少儿图书馆和苹果园第三小学的双方领导协商怎样充分利用图书馆的资源，与学校联合组织学生开展读书活动时，一个大胆的设想引起了双方的兴趣——把课堂搬进少儿图书馆，在

---

① 高崇军. 浅谈广州图书馆与学校的合作关系[J]. 内蒙古科技与经济，2009(12)：112，115.

图书馆里建立"活动课堂"，组织学生开展适合的教学活动。这对于双方来说都是一项新的尝试，为了取得好的效果，大家都做了认真、充分的准备工作。学校让班主任设计了教学内容，制订了教学计划，校长亲自把关。少儿图书馆根据学校的教学计划提供相关的阅览室，准备适合的图书。双方协商并确定了学习时间。同时为了取得好的效果，决定暂时先从一个班开始进行尝试。

2002年4月12日，"活动课堂"的开通仪式在石景山区未成年人图书馆举行。苹果园第三小学30多名四年级（1）班的学生排着整齐的队伍，异常兴奋地走进了少儿图书馆。图书馆的老师给予了热情的接待，他们首先向学生们介绍了石景山少儿图书馆的功能、设置情况，提出了在图书馆的注意事项和要求，然后带着学生们参观了图书馆阅览室，向他们一一介绍了各部室的具体情况，最后带他们来到"活动课堂"所在的阅览室——科学之窗，向学生们讲解室内图书的大致分类及查找图书的方法。然后同学们按照事先分好的小组围坐在一起，根据自己的问题到书架上去查找相关的图书，回到座位上认真地翻看起来。此时，虽然阅览室里坐满了人，可是却很安静，只听到翻阅图书的纸声和换书时轻微的脚步声，大家都在认真地阅读着，紧张地抄写着。当老师宣布停止阅读，开始讨论时，同学们把手中的图书放回书架摆好，按照老师的题目进行交流、讨论。老师提出问题后，大家都争相举手，说出自己摘抄的内容。一节课，用了近一个半小时的时间，同学们仍然兴趣盎然，意犹未尽。

此后，在每周固定的时间，该班级的学生都会在老师的带领下来到图书馆的"活动课堂"上课。到馆后，他们按照老师事先布置的教学内容进行阅读、摘抄、交流、讨论。这项活动一直坚持到期末考试前夕。9月份新学期开始后，校长又和少儿图书馆商量要扩大来馆阅读的学生范围，在四至六年级中分期、分批开展此项教学活动，并增加了文学、历史等多项阅读内容。"活动课堂"的开设，拉近了学校与当地公共图书馆的距离，教给学生从小认识图书馆，了解图书馆，学会使用图书馆，弥补了学校资金短缺、购书不全的遗憾。①

图书馆作为未成年人的"第二课堂"，学校文化教育的重要阵地，图书

---

① 李树平，高华程. 架起公共图书馆与学校的桥梁——石景山少儿图书馆拓展服务活动侧记[J]. 中国教育报，2003-09-11(5).

馆要通过自身建设的完善，提高图书馆利用率，提供优质的服务，吸引未成年人把目光重新投放在这巨大的信息文化宝库中，让学生养成到图书馆学习的习惯才是培养图书馆意识的关键所在。

五、未成年人服务与作家之间合作

少年智则中国智，少年强则中国强，未成年人阅读则中国进步。厚爱未成年人就是厚爱我们自己的国家和民族的未来。让未成年人在阅读中成长，在阅读中丰富，在阅读中提升精神品位，但是没有书或者说没有好书，提高心智从何谈起，未成年人服务更无从做起。在知识传播的精神产品链中，作家是上游，好的作品直接可以影响人心智的成长。未成年人阅读服务应加强与作者尤其是未成年人文学作家、科普作家的联系与沟通，反馈少儿读者阅读喜好，或尽可能请未成年人作家与少儿面对面，通过互动为作家和少儿之间搭起一个沟通的桥梁，展示作者的思想、魅力。作家是源头，读者是终端。好的作品可以影响人心智的成长。图书馆应搭起作家与未成年人读者之间沟通的桥梁，让作家倾听孩子们的心愿、让孩子们走近心目中的作家。

六、未成年人服务与出版发行机构的合作

未成年人阅读兴趣、阅读习惯的形成与图书创作、出版发行、推广与引导关系密切。图书馆与出版社处在出版发行——图书馆——读者同一知识传播链上，两者有着共同的目标和共同的利益。与出版发行机构合作：一是可以及时获取最新的图书出版信息，充分选择、主动采购适合所服务的未成年人的图书文献。二是及时反馈未成年人图书文献阅读的喜好、趋向，便于出版机构掌握未成年人阅读兴趣，将阅读服务提前至选题层面。

图书馆开展未成年人服务与出版社之间不是简单的出版、购买关系，而是处在出版发行商——图书馆——读者同一知识传播链上，有着共同目标和共同利益。

1. 联手调查

双方联手做好少儿阅读需求调查，获得第一手资料。

2. 联手研究

(1)研究少儿思维特征、身心特征、阅读特征和习惯特征，相对地确定出不同特征下适合少儿的读物。(2)建立分级阅读体系。(3)研究出不同

情绪、不同成长阶段易碰到的问题相对应的阅读书目，使每一个孩子都有一个适合自己的循序渐进的阅读书目。(4)出版时进行分级指导并在书上注明，图书馆分级展示。

3. 联手推动

双方发挥各自优势，将出版社的图书推销品牌活动及作家推介活动与图书馆全年阅读推广计划结合起来，促进少儿阅读的深化。

4. 联手推出出版物配套产品

从婴幼儿到未成年人各个年龄段都能找到相适应的读物：如历史、科普、人物传记、各类小说等多体裁系列读物；影像资料、有声读物、音乐制品；与书配套的玩具、与阅读配套的游戏、与手工配套的图书等；与学校课程配套的读物(教辅)。相关费用由出版社自理，也可以由双方共担。图书馆和出版社之间在推广计划上的互动可以极大地提升阅读对少儿读者的吸引力。馆社互动，推进少儿图书的推广，为未成年人读者带来更多的优质阅读服务，也为图书馆事业和未成年人出版业的发展带来新的机遇。

"全国少儿公共阅读论坛"是由中国图书馆学会、中国出版工作者协会未成年人读物出版工作委员会联合图书馆报共同主办，立足打造一个"促进少儿文献资源建设、推动少儿阅读深入开展"的全新平台，是图书馆事业与出版产业相互融合、共同提升、实现多赢的桥梁和平台。论坛价值主要是对图书馆界而言，加强与出版界、作家的互助与合作，将阅读指导前移到选题层面，必将能够更加深入地开展对广大未成年人的全民阅读活动，提升图书馆阵地服务的价值。对出版界而言，拓宽渠道，开辟市场，结合中国孩子的实际，给孩子们提供更多、更好的原创作品。

七、未成年人服务与媒体合作

当前媒体多样化，互联网普及化，新闻传播时效化，为未成年人阅读推广提供了更广大的舞台，可谓"心有多大，舞台就有多大"。媒体宣传的过程也是阅读推广的过程。好的产品还须有好的包装来提升其价值，好酒也怕巷子深，图书馆要克服只埋头干活、不抬头看路、不计效果、低调行事的作风，展示也是宣传。善用媒体，加强与媒体沟通，让媒体准确而有深度地报道。

(一)善用媒体 实现共赢

电视台争观众、电台争听众、报纸争读者、互联网争网民,追求收视率高、收听率高、发行量高、点击率高,就要有有价值的新闻。对于大众来说,喜闻乐听的新闻、关乎切身利益的报道才是有价值的。对于媒体来说,需要的是新颖、吸引眼球、有冲击力、切中要害的新闻。未成年人阅读关乎千家万户,是家长非常在意的事情。因此图书馆未成年人服务要吸引媒体,引起市民关注,在策划时既要不改变阅读推广的初衷,又要站在媒体的角度,站在未成年人阅读心理的角度进行设计。除常规循序渐进的推广外,要紧抓暑期、黄金假期、政治与社会大背景、大事件策划具有新闻价值的活动。扎扎实实的未成年人服务工作与热热闹闹的宣传应该是和谐的统一。另外要善用媒体,通过媒体把图书馆的专业思想与社会发展中的某些诉求的契合、图书馆的某项重大创新对社会发展的推动、某项贴近民心的服务举措告知天下。

(二)善待媒体 和谐共处

与媒体相处也是一把"双刃剑"。正面的报道可以提高图书馆的声誉,使关键受众者建立起信任感,但是任何一个有损于信誉的举动,都将成为图书馆"自我毁灭"的行为。

与媒体建立正常良好的关系,就要善待一切媒体,不以疏亲远近而待之,不以轻重而分之。无论是正面报道还是负面报道,或是报道失实,都要冷静处之。图书馆要想发出自己的强音,首先要时时刻刻树立自己的公众形象、专业形象,积极维护自己的信誉。经常与媒体沟通,尤其是与媒体管理者及主跑文化线的记者保持畅通的沟通,让媒体了解图书馆未成年人服务工作的真实情况,准确把我们的服务理念、目的、意图传达出去,这样媒体会给图书馆带来积极的新闻报道。出现负面或失实报道,最好是善意向媒体解释,说明情况让媒体寻求其他机会予以更正、弥补过失。还需要指定对外发布新闻和提供报道材料的部门和人,以保证报道的准确、统一。

(三)善于包装 宣传展示

图书馆要改变埋头苦干、不善宣传的习惯,要注重包装,不失任何时机地展示推广自己。可借助各种途径通过媒体向社会传递信息,如举办新闻发布会、邀请媒体参与活动、与媒体共同主办活动、主动提供有新闻价值的素材(除文字表述外,还可以发送新闻图片,一张好的图片是一种优秀的宣传工具),阐明专业意义,确保素材生动有趣、非同寻常、新颖独特、意义深远,避免新闻稿件千篇一律和浅层次的报道。

八、未成年人服务与企业合作

(一)合作对象的选择

图书馆未成年人服务与社会合作是全方位、立体的,未成年人的成长是全社会关注的事情,图书馆可进行合作的对象是很多的。首先,考虑重视企业文化建设的企业,这些企业一般在规模和发展上已经步入轨道,企业有自己的文化愿景,就有可能、有余力参与公益性文化建设;其次,考虑热心公益慈善事业的企业,这类企业在做好企业工作的同时热衷公益,说明他们有实力从事文化活动;再次,关注未成年人成长的企业,有关注才有共同的目标;最后是专门生产与未成年人日常生活、学习用品等紧密相关的企业,这种企业为了市场占有率或者是企业形象,一般比较热衷于公益文化事业,特别是图书馆未成年人服务与企业的消费群体目标一致,大大加强了这种合作的可能。了解拟争取合作对象的推广目标、推广重点、推广计划,然后投其所好,策划出能提高企业文化、市场份额、社会影响力的活动方案,以促成合作的成功。最后寻求回报企业的途径。

(二)合作方式的选择

在图书馆业务工作中,业务外包是一种新型的合作方式,它是资源配置的一个增值过程。图书馆可将部分工种、服务实行外包。如后勤服务、书目数据采集、图书加工、数据库制作等均可采用外包形式。通过整合、借力,促进图书馆核心业务的发展,提高图书馆社会服务能力。发挥各自优势,寻找合作点,实现共赢。

业务外包这一现代企业经营管理方法在最近十几年已被西方图书馆界吸收和采用,图书馆将非核心工作通过合约外包给社会机构来完成,从而达到降低成本,节约人力资源,提高工作效率,提升竞争优势,以便集中自身的力量搞好基础建设,加强核心工作。业务外包在图书馆的应用主要集中在事务性的加工工作和采编工作,随着信息时代的到来,图书馆服务功能的变化,业务外包在图书馆的应用将日益扩展,有着更大的发展空间和意义，业务外包这一经营管理方法已日益受到图书馆界的重视，是正在形成的一个趋势。

早在 1977 年日本东京一份报告中称，93 所图书馆中有 47 所将工作部分外包。1981 年 5 月 15 日日本《自治日报》报道，在被调查的 542 所公共图书馆中，警卫外包的占 37.7%，清洁外包的占 58.5%。1997 年在被调查的全美授学士学位以上的 117 所高校图书馆中，33 个正在进行或已进行编目外包，16 所正在考虑。1998 年秋美国图书馆协会特别成立了一个"外包工作组"来研究业务外包相关的课题，并在冬季会议上设立了公开论坛来讨论业务外包对图书馆的影响等相关问题。① 在我国，从 90 年代以来，业务外包逐渐为图书馆所重视和采用，外包的业务目前主要集中在物业管理工作和编目工作方面。

程焕文教授认为，虽然信息技术的发展正在主宰着图书馆的变化，但是图书馆从以信息技术为重心向以资讯服务为重心的转变正在悄然进行。这是信息技术发展的必然归宿，更是图书馆发展的终极目标。摆脱信息技术的羁绊，冲破传统观念的樊篱，积极开展图书馆业务外包，进而解放图书馆的"生产力"，已经成为大势所趋。

业务外包作为一种新型的图书馆与社会合作模式，对于提高图书馆的服务效率，促进图书馆的重心转移，发挥图书馆的竞争优势，具有重要的作用。但是，任何事情有它的两面性，业务外包也存在一些缺陷。如直接购买图书馆管理系统的最大缺陷是使图书馆工作人员产生对外部技术的严重依赖。一般情况下，技术外包可以产生良好的短期回报，但不知不觉中图书馆的技术人员只停留在使用上，而不对技术进行研究开发（包括人才），从而损害图书馆的技术能力，特别是某些技术诀窍必须通过开发的过程才能学会。业务外包不是一脚踢，而是要全程介入，本着培养和锻炼本馆人才的目的，把握好业务外包的度，充分发挥其积极优势，最大限度地减少负面效果。只有这样，才能真正推动图书馆与企业的合作。

① 臧凤梅. 论图书馆的业务外包. 湖北社会科学，2006(9)：181—183.

第三节 社会合作的实施

一、选择合适的合作对象

图书馆未成年人服务合作要具有针对性，而不是盲目地为合作而合作，坚持合作原则的条件下挑选出最佳"拍档"。公共图书馆根据其职能开展各项工作，许多都是可以通过与社会合作提高其服务效益、提高工作效率的，但是合适的项目选择了不合适的合作对象，合作目的、合作效果就会大打折扣。选择合作对象的前提条件是：相互尊重、信任、开诚布公；双方积极、主动、注重沟通；增强了解、理解、知己知彼；把握合作节点、甄选合作对象。

（一）提炼合作亮点，提升合作价值

公共图书馆自身在未成年人服务方面首先提炼优势，找出合作点，总结合作价值，引起合作方的高度认同。

（二）换位思考，放大合作方赢利点

公共图书馆在推动社会公平上具有先天优势。图书馆在促进社会各阶层的和谐共存，特别是实现弱势群体的自我提升方面有着独特作用。正如吴慰慈教授所言，直到今天，比较社会中各类型组织，很难找出一个能像公共图书馆这样贴近群众、体系完备、基本免费的机构。不分年龄、种族、性别、宗教信仰、国籍、社会地位，所有社会成员原则上都可以免费享受公共图书馆的服务。这些特征决定了公共图书馆在和谐社会的构建中，必将起到缓解社会矛盾、缩小社会差距；维护住处安宁，保障公民权利；活跃文化生活，提高教育水平；弥补数字鸿沟，推动和谐发展等作用。

（三）合作对象要志同道合、取长补短

志就是目标和动机，道就是实现志的方法、手段；公共图书馆从事的公益性文化事业，合作对象也要有共同的目标方向，才有合作的可能。《山海经》里长臂国的长臂人和长腿国的长腿人各有长处和短处，下海捕鱼，一个涉不深，另一个却够不着。可是当长臂人骑在长腿人的肩上时既能涉得深又能够得着。合作就像一部机器需要不同零件的组合，企业的最

佳人才、资源等的最佳配置也是这个道理。例如，希望集团的四兄弟：老大精于计算，负责集团财务；老二在教育局供职，负担管理、规划工作；老三农学院毕业对化肥农药有研究，担当技术这一块义务；老四善于交际作法人代表，处理行政事务。这样的优势互补创造了私营企业快速发展的榜样。公共图书馆与合作伙伴的合作也要考虑取长补短，不过更多时候图书馆缺少的是经费，合作方缺少的是资源，这正是合作的契机。

二、合作谈判和双方权益确认

合作谈判是合作双方就合作具体事项相互确认及保证己方利益最大化，保证合作共赢的前提下，适当让步的一个过程。谈判双方就拟定的初步合作意向进行逐个确认，进一步明确合作项目和合作目标，将合作内容进一步细化，双方的合作权责明确下来。

当然，谈判不仅仅需要诚意，也需要技巧，能否熟练运用谈判技巧对合作中的地位具有重要影响。

（一）在合作式谈判中经常使用到的一些谈判战术①

1.“共同利益”法

巧妙地提醒谈判者，双方之间有着共同的利益。在整个谈判过程中强调“共同利益”有助于双方加强合作，搁置争议。

2.“取舍”法

“取舍”是指在对方愿意做出某些让步的基础上做相应的让步，以示回报。它是一种“予”与“取”的技巧，是指在自愿的基础上放弃某物以换取他物。“取舍”是制定备选方案时的最佳战术。在你明确了对方利益，确定了可谈判议题的价值，并将全部备选方案按照由“好”到“差”（从“最佳”到“最差”）的顺序排列时使用。请注意：在对利益和价值没有很好把握时，运用“取舍”战术会使你陷于更多的谈判中。如果发现自己正处于做“取舍”的谈判境地，请注意：(1)避免过早地让步。过早地让步会让对手觉得你还可以继续让步，他(她)可能会因此迫使你不断让步。(2)如果必须让步，你可以运用下面的方法来进行控制：放慢让步的速度，并且清楚地知道自己正在哪方面让步；使让步的加码幅度逐步减少（这样会使谈判朝着能令双方都满意或达成协议

---

① 芳萍. 合作谈判经常用到的谈判战术[OL]. [2012-02-15]. http://edu.gongchang.com/a/tanpan-2011-07-13-19211.html.

的方向发展）；或者，慢慢地增加让步的幅度；尽量不要成为第一个做出较大让步的谈判方；不要迫于最后期限的压力而放弃一些重要的事情。

3. "探测气球"法

这是一种通过"如果……将会……"的提问来为谈判者制定备选方案的方法。

在提问时你并没有承诺，而只是抛出供双方讨论的话题，同时也将第一优先权交给了对方。为了使本战术有效，你应避免在特定的谈判中过于频繁地使用，并运用下列表述来进行提问："假设我可以……"或"我不能保证能做到这一点，但如果我们可以……你将如何……"

运用"探测气球"法有助于"揣摩"合作者的心理，了解对方的立场和利益。如果你的"探测气球"被对方接受，可能会以较快的速度与对方达成协议；如果你的"探测气球"被"击落"（即遭到对方的否决），双方也不至于在面子上难看，而且，用这种方法提出建议有助于谈判双方以合作的心态来共同解决问题。

4. "柔道"法

从字面上看，"Jujitsu"（柔道）是日本的一种武术，它通过对"平衡"、"技巧"和"时机"的把握来化解对手的攻击力。它讲究通过"借力打力"的方式将对方的力量改向或完全避开对方的锋芒，这对谈判而言也是一个很好的比喻。

在谈判中，它意味着当对方质疑你或你的观点时，你应该平静、客观地接受对方的质疑。不要针锋相对地与对方争论，相反，你应该对其建议和帮助表示欢迎。例如，如果有人说："你看，你的想法不可行，数据也不可信。"此时，你只需心平气和地反问对方："你有没有更好的主意？你能得到更准确的数据吗？"以谨慎的措辞来积极获取反馈信息，力图弄清对方为何会采取强硬的谈判立场。最重要的是，你在谈判中应心平气和，力图不要在对方的压力下让步。

5. "增援"法

"增援"法是指请第三方（或多方）人士参与谈判，这些人可以是你的上级主管、技术专家，也可以是你团队中的其他成员。在下列情况下，可以考虑引入"增援"：

当你必须独立面对一个团队的时候；

当你缺乏应对谈判议题的专业知识、权力或经验的时候；

当你面临着对方不公平或不合理的行为的时候；

当你为沟通完全中断而一筹莫展的时候。

(二)在谈判中需要谨慎使用的战术

下列战术在谈判中有特定的用处，但应慎用，以免出现"独断"或"操控性"行为。

1."推延"法

"推延"法是指在谈判中策略性地延迟或暂停某些项目的谈判，而不是立马答应对方的要求。当谈判议题比较庞杂，你缺乏足够的信息或对方在故意向你施加压力时，你可以考虑使用本战术。但在使用时应注意，推延的程度要视问题轻重缓急的程度而定。

2."最后期限"法

"最后期限"法是指为了确保(己方)一定的利益，使客户同意在一定的日期之前采取行动。它最大的好处是：一方面，可以将"谈判时间"与达成"最终协议"这一目标相挂钩；另一方面，可以据此获得相应的利益回报。这种战术最大的弊端是：它会对达成协议带来"操控性"压力。

3."假装退出"法

在使用"假装退出"法时，向对方暗示你可能会退出谈判，或至少暗示对方你正在考虑其他备选战略。你必须小心翼翼地在"未必真的要退出"之前改变谈判方向，或者，你必须做好"真的退出"的准备(因为你的利益将无法得到保证)。

4."佯攻"/"转移注意"法

"佯攻"/"转移注意"法的目的是将对方(注意力)从主要谈判议题上转移或引开。使用这种方法时，你需要强调一些无关紧要的议题；向对方做出表面上看起来非常重要实际上很小的让步，从而使对方沉迷于小利之中；最终，当你们谈论到重要议题时，对方会觉得你已经在许多"重要"事项上做出了重大让步。

谈判过程就是一个合作双方利益确认的过程，所以处处留心皆学问，在谈判中一定要小心谨慎。另外，谈判中掌握主动，直入主题，抓重点而不纠缠于细枝末节，善于倾听，积极提出建议和回应建议，创造积极的谈判气氛，举止得体，真诚可信。

三、常见问题讨论

图书馆与社会合作开展未成年人服务，应该是双方乐见其成的事。《图书馆服务宣言》指出："图书馆与一切关心图书馆事业的组织和个人真诚合作。图书馆欢迎社会各界通过资助、捐赠、媒体宣传、志愿者活动等各种方式，参与图书馆建设。"而对于合作方而言，良好的合作能够帮助对方履行使命、承担社会责任、扩大社会知名度。但是要实现图书馆未成年人服务社会合作的双赢，不但需要图书馆管理者的真诚，还需要管理者有智慧、有经验。合作中常见问题有：

(1)盲目合作，合适的项目选择了不合适的对象；

(2)判断失误，错误地判断了合作对象的意图；

(3)信息不对称，沟通不到位，导致合作效果差异；

(4)对方利益、回报的形式及途径不明晰。

【本章小结】

图书馆未成年人服务是一个系统性的社会化工程，靠图书馆一家之力无法满足未成年人服务的需求。因此要求公共图书馆确立合作的理念、寻求合作的机会、通过合作共赢获得可持续的发展。为实现图书馆与社会各界的合作，图书馆管理者需要了解合作的目的、意义、原则和特点，了解图书馆未成年人服务与民政部门、医疗机构、政府有关部门、幼儿园和中小学校、作家、出版发行机构、媒体、企业之间的合作特点，知晓如何选择合适的合作对象，确认合作谈判和双方权益，能够处理常见问题。

【思考题】

1. 公共图书馆为什么要与其他机构进行服务合作？

2. 公共图书馆如何与政府部门、医疗机构、社会组织、幼儿园和中小学、作家、企业合作开展未成年人服务？

3. 公共图书馆开展社会合作应该如何实施方能取得良好效果？

参考文献

[1]Ellis A. Public Library Services for Children in England and Wales，1915-1927. Journal of Librarianship and Information Science，1970（2）：92-106.

[2]IFLA. Guidelines for Library Services For Young Adults. http：//archive. ifla. org/VII/s10/pubs/ya-guidelines-en. pdf.

[3] IFLA. Guidelines for Library Services to Babies and Toddlers. http：//www. ifla. org/VII/d3/pub/Profrep100. pdf.

[4]Sullivan M. ALA Fundamentals Series：Fundamentals of Children's Services. American Library Association，2005.

[5]IFLA. 多元文化社区：图书馆服务指南（第 3 版）. http://www. ifla. org/files/library-services-to-multicultural-populations/publications/multicultural-communities-zh. pdf.

[6]曹桂平. 关于台湾地区阅读推广活动的思考. 图书馆建设，2010（3）：78－82.

[7]常怀生. 环境心理学与室内设计. 北京：中国建筑工业出版社，2000.

[8]陈立民. 城市公共信息导向系统设计：与空间的交流. 重庆：西南师范大学出版社，2008.

[9]程焕文，张靖编译. 图书馆权利与道德（上、下）. 桂林：广西师范大学出版社，2008.

[10]迪米特雷·塔什普洛斯. 大型活动的组织管理与营销（第 2 版）. 沈阳：辽宁科学技术出版社，2010.

[11]范并思. 图书馆学与阅读研究. 图书与情报，2010（2）：1－4.

[12]芳萍. 合作谈判经常用到的谈判战术. http://edu. gongchang. com/a/tanpan-2011-07-13-19211. html.

[13]菲利普·吉尔. 国际图联/联合国教科文组织公共图书馆服务发展指南. 上海科学技术文献出版社，2002.

[14]付跃安. 构筑阅读天堂——图书馆服务设计探索. 广州：暨南大学出版社，2010.

[15]国际图联，联合国教科文组织. 学校图书馆指南. 北京：北京图书馆出版社，2003.

[16]国际图联儿童图书馆服务指南. http://www.ifla.org/files/libraries-for-children-and-ya/publications/guidelines-for-childrens-libraries-services-zh.pdf.

[17]国务院. 中国儿童发展纲要(2011-2020年). http://news.xinhuanet.com/edu/2011-08/08/c_121830087.htm.

[18]海飞. 中国儿童阅读出版物及作家的情况分析. http://baobao.sohu.com/20090423/n263584015.shtml.

[19]瞿艳. 亲子阅读在国外. 教育文汇，2010(5)：46-47.

[20]李超平. 阅读推广中的"技术性"话语体系. 图书与情报，2010(2)：8-10，73.

[21]劳拉·E·贝克. 儿童发展. 南京：江苏教育出版社，2002.

[22]雷雳. 发展心理学. 北京：中国人民大学出版社，2009.

[23]连榕，李宏英等. 发展与教育心理学. 福州：福建教育出版社，2007.

[24]联合国. 儿童权利公约. http://www.unicef.org/magic/resources/CRC_chinese_language_version.pdf.

[25]联合国教科文组织，国际图联. 公共图书馆宣言(1994). http://www.ifla.org/VII/s8/unesco/chine.pdf.

[26]林崇德. 发展心理学. 北京：人民教育出版社，2009.

[27]刘洪辉. 少年儿童图书馆服务永恒的主题——培养自主阅读者. 图书馆工作与研究，2005(4)：89-91.

[28]刘小琴. 我国少年儿童图书馆事业发展概况. 图书馆工作与研究，2001(6)：69-71.

[29]莫雷. 教育心理学. 北京：教育科学出版社，2007.

[30]潘兵，张丽，李燕博. 公共图书馆的未成年人服务研究. 北京：国家图书馆出版社，2011.

[31]师丽娟. 港澳地区阅读推广活动介绍及启示. 图书馆杂志，2007(5)：61-63，41.

[32]王黎君. 儿童的发现与中国现代文学. 北京：中国社会科学出版社，2009.

[33]文化部关于进一步加强少年儿童图书馆建设工作的意见. http:// www.gov.cn/zwgk/2010-12/14/content_1765361.htm.

[34]吴黎. 策划学——原理、技巧、误区及案例. 北京：中国人民大学出版社，2006.

[35]吴建中. 21世纪图书馆新论. 上海：上海科学技术出版社，1998.

[36]吴志宏，郅庭瑾. 多元智能：理论、方法与实践. 上海：上海教育出版社，2003.

[37]熊钟琪. 少年儿童图书馆（室）工作. 北京：北京图书馆出版社，2000.

[38]杨其慧. 美国公共图书馆的儿童服务. 图书馆工作与研究，2001(3)：58—59.

[39]于良芝. 公共图书馆基本原理. 北京：北京师范大学出版社，2012.

[40]郑莉莉. 少年儿童图书馆学概论. 长沙：湖南少年儿童出版社，1990.

[41]郑雪玫. 资讯时代的儿童图书馆. 台北：台湾学生书局，1987.

[42]中国图书馆学会. 图书馆服务宣言. 中国图书馆学报，2008(6)：5.

[43]中华人民共和国未成年人保护法. http://www.gov.cn/flfg/2006-12/29/content_554397.htm.

[44]朱迪·艾伦. 活动策划全攻略. 北京：旅游教育出版社，2010.

[45]朱淑华. 从战略高度推进儿童阅读. 图书馆理论与实践，2010(2)：75—79.

[46]朱永新：探索中国教育发展创新之路. http://news.sina.com.cn/c/2006-09-04/145010917261.shtml.

[47]朱智贤. 儿童心理学. 北京：人民教育出版社，2009.